HOCHWEIT 2022

JAHRBUCH DER
FAKULTÄT FÜR ARCHITEKTUR
UND LANDSCHAFT
Leibniz Universität Hannover

INHALTSVERZEICHNIS

VORWORT

REDAKTIONSTEAM

Dr. Jens Broszeit

Prof. Dr. Margitta Buchert

Christian Eickelberg

Valerie Hoberg

Sabine Junige

Kristin Korf

David Kreis

Morgane Martin-Alonzo

Katharina Niemann

Christoph Sander

Maleen Schrader

Lisa Seiler

Bignia Wehrli

Johannes Wolff

Liebe Lesende,

nachdem wir im letzten Jahrbuch studentische Arbeiten präsentiert haben, die ausschließlich in der Covid-19-bedingten Online-Lehre entstanden sind, können wir nun wieder auf Arbeiten zurückgreifen, die in Präsenz an unserer Fakultät entstanden sind. So konsequent wie an wenigen anderen Universitäten in Deutschland hat unser Präsidium seit dem Wintersemester 2021/22 auf Präsenzlehre gesetzt. Unsere Fakultät hat diese Strategie sehr unterstützt, und mit Masken und Eingangskontrollen konnten wir wieder vor Ort arbeiten. Aus meiner Sicht waren insbesondere die Studierenden sehr glücklich, wieder aus der Isolation des Homeoffice herauszukommen und die – vor Covid-19 – unterschätzte Bedeutung analoger, vielschichtiger Kommunikation zu erleben.

Dieses klare Plädoyer für Präsenzlehre mag eine der Ursachen für zahlreiche Erfolge bei studentischen Wettbewerben sein, seien es die erneute Auszeichnung als beste niedersächsische Hochschule beim Lavespreis der Architektenkammer, die Aufnahme in die Shortlist der zehn besten Universitäten weltweit bei der Barcelona Landscape Biennale als einzige deutsche Universität oder Auszeichnungen von Abschlussarbeiten beim Hochschulpreis der Niedersächsischen Akademie Ländlicher Räume. Besonders erfreut sind wir über das im Mai 2022 veröffentlichte CHE Ranking, bei dem nur die kleine private Alanus-Hochschule vor uns liegt, unter allen großen Architekturfakultäten in Deutschland haben wir am besten abgeschnitten. Herausragende Preise gingen auch an Praxisprojekte unserer Kolleginnen und Kollegen: Andreas Quednau erhielt mit seinem Büro SMAQ den Deutschen Architekturpreis 2021 für das Projekt „Zusammen Wohnen" in Hannover, Katja Benfer gewann mit ihrem Büro bbzl – böhm benfer zahiri landschaften städtebau im April 2021 den Deutschen Städtebaupreis 2020 für das „Quartier am ehemaligen Blumengroßmarkt" in Berlin-Kreuzberg.

Personell hat unsere Fakultät im vergangenen Jahr einen großen Wandel erlebt. Mit Dirk Bohne, Alexander Furche, Eva Hacker, Hilde Léon, Gilbert Lösken und Joachim Wolschke-Bulmahn sind sechs Kolleginnen und Kollegen in den Ruhestand gegangen, an dieser Stelle sei ihnen für ihre Arbeit in Forschung, Lehre und Selbstverwaltung noch einmal ganz herzlich gedankt! Neu im Kollegium sind Alexandra Bach, Philipp Geyer, Jochen Hack und Ann-Kathrin Koessler, zudem laufen aktuell drei Berufungsverhandlungen und drei weitere Professuren sind ausgeschrieben. Einen solch radikalen Wandel – ein Drittel neue Gesichter im Kollegium – hat die Fakultät innerhalb von zwei Jahren noch nicht erlebt. Wir freuen uns auf die Impulse der neuen Kolleginnen und Kollegen, die sich schon im kommenden Jahrbuch abbilden werden!

Dear Readers,

After presenting student projects in last year's yearbook that was created exclusively in Covid19-related online teaching, we can now return to work that was created in presence at our faculty. As consistently as few other universities in Germany, our President's Office has focused on face-to-face teaching since the winter semester 2021/22. Our faculty has been very supportive of this strategy, and with masks and entrance checks, we have been able to work on site again. From my point of view, students in particular were very happy to get out of the isolation of the home office and to experience the – before Covid19 – underestimated importance of analogue, multi-layered communication.

This clear plea for face-to-face teaching may be one of the reasons for numerous successes in student competitions, be it the renewed award as the best university in Lower Saxony at the Laves Prize of the Chamber of Architects, the inclusion in the shortlist of the top ten universities worldwide at the Barcelona Landscape Biennale as the only German university, or awards for final theses at the University Prize of the Academy of Rural Areas Lower Saxony. We are particularly pleased with the CHE ranking published in May 2022, in which only the small, private Alanus University is ahead of us, but among all the major architecture faculties in Germany, we performed best. Outstanding prizes also went to practice projects by our colleagues: Andreas Quednau and his office SMAQ received the German Architecture Award 2021 for the project "Living Together" in Hannover, and Katja Benfer and her office bbzl böhm benfer zahiri landschaften städtebau won the German Urban Design Award 2020 in April 2021 for the project "Quartier am ehemaligen Blumengroßmarkt" in Berlin-Kreuzberg.

In terms of personnel, our faculty has undergone a major change in the past year. With Dirk Bohne, Alexander Furche, Eva Hacker, Hilde Leon, Gilbert Lösken, and Joachim Wolschke-Bulmahn, six colleagues have retired. We would like to take this opportunity to thank them once again for their work in research, teaching and self-administration! Alexandra Bach, Philipp Geyer, Jochen Hack and Ann-Kathrin Kößler are new members of the faculty. In addition, three appointment negotiations are currently underway and three additional professorships have been advertised. The faculty has never experienced such a radical change with a third being new to in the faculty within two years. We are looking forward to the impulses of our new colleagues, which will already be appearing in the upcoming yearbook!

MARTIN PROMINSKI
Dekan der Fakultät für Architektur und Landschaft/
Dean of the Faculty of Architecture and Landscape Sciences

HILDE LÉON

Prof. Hilde Léon, geboren in Düsseldorf, absolvierte
1981 ihr Diplom am Fachbereich Architektur der Technischen Universität (TU) Berlin. 1987 gründete sie mit
ihrem Ehemann Konrad Wohlhage († 2007) das Büro
léonwohlhage Architekten in Berlin, das mit vielen rea-
lisierten Projekten international erfolgreich wurde. Im
Jahr 2000 erhielt Hilde Léon den Ruf an den Lehrstuhl
für Entwerfen und Architektur der Leibniz Universität
Hannover. Zuvor war sie bereits Gastprofessorin an der
Hochschule für bildende Künste in Hamburg und Mitglied zahlreicher Gestaltungsbeiräte und Preisgerichte
in nationalen und internationalen Wettbewerben. 2002
wurde sie zur Kommissarin des Deutschen Pavillons
der Architekturbiennale in Venedig ernannt, der renom-
miertesten Architekturausstellung weltweit. Seit 2013
ist sie Mitglied in der Akademie der Künste, Berlin.

ZEITLOSE ARCHITEKTUR UND DIE SUCHE NACH QUALITÄT

Man kann Architektur nicht zeitlos entwerfen. Ob eine Architektur über die eigene Zeit hinauswirkt, entscheidet nicht der Architekt selbst.[1]

Trends kommen. Trends gehen.

Mal schnell. Mal langsam. Trends sind immer ein zeitlich begrenztes Phänomen und somit alles andere als zeitlos. Dennoch können wir eines nicht: uns der eigenen Zeit entziehen, auch wenn wir widerständig gegenüber Trends zu sein scheinen oder sein wollen. Wer glaubt, sich vor den Einflüssen seiner Zeit bewahren zu können, liegt in jedem Fall falsch. Trends zu folgen, sich Trends zu entziehen, sind zwei Seiten derselben Medaille. Es gibt wenige Architekten, Kunst- oder Kulturschaffende, die in ihrem Werk ihrer Zeit voraus sind, die eben nicht nur Trendsetter sind, sondern eine neue Entwicklung einleiten. In den seltensten Fällen gelingt dies einem Individuum, stattdessen entwickelt ein Klima guter sozialer, politischer und ökonomischer Bedingungen und Umstände einen Sog. Und dann kann mehr entstehen, etwas Neues, etwas Anderes – etwas, das in seiner Andersheit aber doch unmittelbar mit der Kultur seiner Zeit verbunden ist.

Ob ein Werk seine Zeit überdauert und möglicherweise eine Referenz für die Zukunft darstellt, womöglich zu einer neuen Typologie wird, das entscheidet nicht der schaffende Architekt selbst, sondern folgt aus der Rezeption seines Werkes. Nun wissen wir allerdings auch, dass die Rezeption eines Werkes keine feste Größe darstellt, denn wir haben erfahren, dass sich jede Generation neu orientiert und neue Maßstäbe setzt. Deswegen kommt die Verankerung des Werkes in der Gesellschaft hinzu, die mitbestimmt, ob ein Werk zu einer Ikone oder die Grundlage einer neuen Typologie werden kann – hier fällt uns als erstes die Berliner Philharmonie ein, die sich als Typologie fest verankert hat.

Ein Architekt, der sich selbst als zeitlos handelnd begreift, möchte eigentlich etwas anderes ausdrücken, nämlich dass er sich auf Bekanntes und scheinbar Bewährtes bezieht. Das heißt in der Konsequenz aber auch, dass in einem solchen Fall eher ein Bild verfolgt wird als einer Aufgabe auf den Grund gegangen.

Die Zeit wird es zeigen.

Ist nun das Beispiel der klassischen weißen Moderne, die inzwischen vor allem im populären Umgang als Bauhausarchitektur international bekannt ist, eine zeitlose Architektur? Architekturtheoretiker sehen das bekanntermaßen differenzierter, da der architektonische Ausdruck jener Zeit viel komplexer war und viele Abzweigungen unbeachtet blieben. Dennoch, diese Architektur konnte sich im Laufe der Jahre behaupten, sie hat ihre Zeit überdauert und ist heute noch wirkmächtig – und wurde doch in ihrer Zeit nur von wenigen goutiert und mehrheitlich eher abgelehnt.

Die damals handelnden Architekten wollten nicht zeitlos sein, sondern im Gegenteil: Sie wollten radikal sein, wollten sozial sein, pragmatisch sein. Heute – rund hundert Jahre später – hat sich gerade in der Allgemeinheit eine grundsätzlich positive Haltung zur klassischen Moderne manifestiert. Warum? Weil die Gebäude einer inhaltlichen Idee folgen und die Architekten in der Lage waren, dieser Idee einen gestalterischen Ausdruck zu verleihen. Damit erfüllen sie einen Qualitätsanspruch, der den Stempel „zeitlose Architektur" ermöglicht, weil sie in ihrer Zeit verankert sind und eine Wiedererkennung erlauben. Es ist eben nicht das Werk eines Einzelnen, sondern der Sog, der die Architekten, Bauherren und Stadtverwaltungen mitgerissen hat. Man hat sich gegenseitig beeinflusst und beflügelt, mitunter ist auch Mittelmäßiges entstanden, was in der Kraft neuer Räume und Themen untergeht. Vielleicht hat es sogar mit einem Trend angefangen, der sich über viele Themen und Orte international ausgebreitet hat, mit mehreren Quellen in verschiedenen Städten. Der gesellschaftliche und wirtschaftliche Aufbruch hat ein vielfarbiges Gesicht und einen unterschiedlichen Ausdruck erhalten.

Den Ausschlag gibt die Qualität der Architektur: der richtige Grad an äußerer Prägnanz, an räumlicher Präsenz – sie punktet mit unaufdringlicher Wirksamkeit. Inzwischen fällt der Wiedererkennbarkeit, dem bekannten Bild die Hauptrolle für die der Bauhausarchitektur zugesprochene Zeitlosigkeit zu.

Ein architektonischer Entwurf kann zunächst nur anspruchsvoll, nicht aber zeitlos sein. Wir Architektinnen und Architekten können die Basis schaffen, über den Rest entscheidet die Gesellschaft im Laufe der Zeit. Das kann dann so etwas wie ein Ritterschlag werden.

Die Suche nach Qualität.

Wie aber erfüllen wir den Qualitätsanspruch? Mit den Kriterien schön und hässlich kommen wir hier nicht wirklich weiter. Aber eines eint die Gebäude, die das Potenzial haben, ihre Zeit zu überleben: das Gefühl, dass den Gebäuden eine Idee zugrunde liegt und dass diese auch durchgehalten wurde. Wobei die Idee nicht etwa vor dem Anfang steht, sondern sich im Prozess herauskristallisiert, sich aus einer Haltung ergibt, aus der Reflexion erarbeitet wird.

Dazu ein Beispiel: Arne Jacobsen entwickelte sich in den 1950er Jahren zu einem der bedeutendsten Architekten in Dänemark und wurde durch seine großen öffentlichen Projekte auch in der deutschen Nachkriegszeit bekannt. Er hatte sich der kühlen, klaren Moderne verschrieben. Seine Entwürfe sind strukturell, scheinen pragmatisch.

Der gestalterischen Umsetzung vorausgegangen ist seine Interpretation der Aufgabenstellung und des jeweiligen Kontextes, wobei seine Einschätzungen nicht unbedingt offensichtlich sind und deswegen heute noch radikal anmuten. So bleiben seine Bauwerke mitunter sperrig und sind in ihrer Härte auch heute nicht unbedingt mehrheitsfähig, sie bleiben befremdlich, auch wenn seine Ideen und die gestalterische Umsetzung schlüssig und überzeugend elegant sind: vom Konzept zur räumlichen Idee und einer präzisen architektonischen Haltung bis hin zu den Möbeln – also bis ins letzte Detail.

Ein Beispiel hierzu ist der nicht realisierte Entwurf „Bella Vista" (Abb. 1), eine begehbare Skulptur anstelle des zerstörten Sommerschlosses der Hannoveraner Könige. Eine fantastische Idee: der Park als Bühne, eine gigantische Tribüne zum Barockgarten ohne weitere anwendungsbezogene Nutzung – eben für alle, zum Schauen und Bewundern. Das absolute Gegenteil eines Schlosses, radikal und mit 30 Meter Höhe monumental. Der Entwurf wurde nicht realisiert. Die

Zeit war nicht bereit und wäre es heute noch weniger für ein solch radikales Statement. Das beweist die Rekonstruktion des Hannoveraner Schlosses mit der unterirdischen Erweiterung um einen Kongresssaal, anwendungsbezogen und allgemeintauglich.

Immerhin wurde von dem Gesamtkonzept für die Herrenhäuser Gärten der Eingangspavillon gebaut. Im Kontrast zur großen Form nimmt sich das Foyer des erhaltenen Barocksaals mit Garderobe, Toiletten und Pausenbar sichtbar zurück, eine Art Antithese zum „Bella Vista". Wenn schon nicht monumental, dann eben scheinbar unsichtbar, gleichzeitig aber fein und elegant und in seiner Transparenz absolut präsent. Ein Hannoveraner Kleinod.

Fordern und fördern.

Gute Architektur ist nicht allein die Leistung des Architekten. Stadt und Bauherr nehmen hier eine wichtige Rolle ein. Gerade die Stadt muss mit ihrem Personal das Städtische verteidigen und Qualität einfordern, allein schafft es der Architekt nicht. Sie kann im Zweifelsfall hinsichtlich der geforderten Qualität eine schärfere Position einnehmen als der Architekt in direkter Abhängigkeit vom Auftraggeber. Im Idealfall findet sich ein mutiges Kraftpaket aus Auftraggeber, mitunter Nutzer und eben der Stadt. Sie geben die Rahmenbedingungen vor und öffnen den gestalterischen Spielraum für den Architekten. Diese gute Grundlage entbindet den Architekten nicht davon, das Thema für sich zu formulieren mit dem Ziel, die Aufgabe in Raum und Figur umzusetzen.

Am Ende ist der Architekt für das Artefakt verantwortlich und es interessiert niemanden mehr, welche Hindernisse während des Prozesses überwunden werden mussten. Daraus kann Großartiges entstehen, das vielleicht sogar zum Zeitzeugen wird, an dem Jahre und damit auch Trends nur so vorbeirauschen.

Für morgen und auch übermorgen.

Inzwischen ist das Attribut zeitlos auch unmittelbar mit dem Thema Nachhaltigkeit verknüpft. Abreißen und Neumachen war und ist nach wie vor ein Produkt unserer Zeit. Erhalten und Weiterentwickeln ist jedoch das Gebot der Stunde, auch wenn es bei allen

Beteiligten, Bauherren und mitunter Architektinnen und Architekten eher unbeliebt ist: weil es mehr Mühe macht, die Potenziale oft unterschätzt werden und die Möglichkeiten eingeschränkt sind. Dabei sorgt der Bestand für die Identität einer Nachbarschaft, einer Stadt oder sogar eines Landes.

Unabhängig vom Bestand, wiewohl dessen Erhalt nicht immer gerechtfertigt ist – diese Grauzone müssen wir akzeptieren –, gibt es eine qualitative Nachhaltigkeit, die im äußeren Ausdruck des Gebäudes zu seiner unmittelbaren und weiteren Umgebung liegt, also in der architektonischen Qualität von Figur und ihrer Hülle. Im Innern sind der Raum, das Licht im Raum und der Weg durch den Raum die Faktoren für einen konzeptionellen Ansatz im Entwurf.

Worauf kommt es an? Exkurs Wohnungsbau.

Der Ausdruck eines Wohnhauses oder eines Wohnquartiers zeigt sich in seinem Verhältnis zur Stadt. Sprechen wir also nicht primär über Wohnungsbau und Grundrisse, sondern über ein Haus der Stadt. Wohnungsbau dient allein aufgrund seiner thematischen Bestimmung, seiner schieren Masse am ehesten dazu, das Netz einer städtischen Struktur zu bestimmen. Wohnungsbau bestimmt den Rhythmus der Stadt.

Jedes Wohnhaus ist eine kleine Gemeinschaft von Tür an Tür lebenden Individuen und Kleingruppen, die sich – zwischen Vorgarten, Eingangstür, Treppenhaus und Wohnungstür – an der Schwelle von Öffentlichem und Privatem zeigt. Hier präsentiert sich der Charakter eines Gebäudes, der in der Wohnung seine individuelle Fortsetzung findet. Der öffentliche Bereich eines Hauses, der Auftritt und die Schwelle von außen nach innen, wird die Visitenkarte des Hauses.

Es geht nicht um ein Verschwinden in der Masse, sondern das Individuelle zeigt sich hier im Gemeinschaftlichen. Der Schwerpunkt liegt deswegen auf der Gestaltung von gemeinschaftlichem Raum und dem Gesicht zum Öffentlichen, also der Gestaltung der Fassade, ein Primat des Wohnungsbaus.

Das Innere der individuellen Wohnung wird bestimmt von Normen, wobei gerade im sozialen Wohnungsbau Obergrenze und Mindestanforderung in

einem festgelegt sind. Der Spielraum für den Architekten ist gering, aber doch vorhanden, zeigen die unzähligen Beispiele. Es sind die Beziehungen der Räume untereinander, die Beziehung von innen nach draußen. Übergänge und Öffnungen zwischen Räumen verleihen einer Wohnung Atem, auch bei einer beengten Größe.

Rationalität und Wiederholung, die schon immer Voraussetzungen für bezahlbaren Wohnungsbau waren, spielen schon bei der Planung von Wohnungen eine wichtige Rolle. Der Gegensatz zwischen dem Kalkül des Systems und größtmöglicher Individualität stellt immer wieder eine Herausforderung dar. Diejenige Form von Reihung, die aus einer wirtschaftlichen Notwendigkeit der Serienproduktion stammt, muss eine architektonische Überhöhung in der Reihung finden, eine Sorgfalt in der Ausführung, in den Materialien und bei der Klarheit im Detail. Erst dann wird es den Bewohnern möglich, in der Repetition die Individualität und Wertschätzung ihrer Existenz zu erkennen.

Es ist ein Scheinargument, dass die Normen jegliche Entwicklung von neuen Wohnformen behindern. Nur wenn der Architekt, der Bauherr und nicht zuletzt der Subventionsgeber die Norm als Endpunkt und nicht als Ausgangspunkt betrachten, kann diese Behinderung ihre volle Wirkung entfalten. Die wattierte Argumentation, dass man wisse, was gebraucht werde, behindert den Wohnungsbau für die Zukunft.

Denn es ist immer noch der Wohnungsbau, der die Herausforderung an die Architekten stellt, nach dem Zukunftsfähigen im Zeitgenössischen zu suchen. Dieser langen Genealogie an Erfahrung etwas hinzuzufügen, bedeutet vor allem, aus den Fesseln von ökonomischen und normativen Grenzen Ideen zu ziehen.

Worauf kommt es an? Exkurs Kirche.

Eher selten ist der Architekt heute mit der Aufgabe konfrontiert, eine Kirche zu entwerfen, und doch ist ein Kirchenbau ein radikales Beispiel, um über die Wirkkraft von Raum zu sprechen.

Wir alle haben sicherlich schon die Erfahrung gemacht, an einem heißen Sommertag aus dem gleißenden Licht einer pulsierenden, staubigen Stadt in

Abb. 1: Arne Jacobsen: Projekt „Bella Vista" in den Herrenhäuser Gärten 1965 (Quelle: Historisches Museum Hannover)

eine Kirche einzutreten, in der es kühl und still ist. Die Atmosphäre ist überwältigend. Man bleibt stehen, vielleicht sinkt man erschöpft auf eine Bank und lässt die Stimmung auf sich wirken. Nur um aus dem Alltag ein Stück herauszutreten und andere Gedanken zuzulassen, sich an Gott und die Welt zu erinnern, und an sich selbst. Wir alle suchen und verlangen nach einer spirituellen Sinnesempfindung, in diesem Augenblick sind wir offen, sie zu fühlen. Aus dieser Erfahrung heraus unterstützt ein Kirchenraum die Erwartung, so ein Gefühl zuzulassen.

Aber, es ist auch mehr als dieser erste Sinnesreiz, der sich aus Erfahrung und Erwartung speist. Es geht um die Atmosphäre des Raumes, die Abstrahlung der Raumbegrenzung, das Taktile der Oberfläche, die Materialität, das gerichtete Licht, die Schatten, die starken Kontraste, das Umschlossensein im Raum. Zwischen innen und außen gibt es eine große Klarheit, eine scharfe Grenze mit einer Schwelle dazwischen, die auch ein eigenständiger Raum wie ein Narthex oder ein Hof, ein Atrium sein kann. Jeder Raum ist ein kleines Universum, ganz unabhängig vom architektonischen Charakter, unabhängig vom Baustil und auch unabhängig von der Größe. Hier gibt es eigene Regeln und Gesetze. Der Raum besitzt seinem Zweck entsprechend eine Eindeutigkeit, was nicht unbedingt bedeutet, dass er räumlich einfach zu verstehen ist. Ganz im Gegenteil, ein Kirchenraum kann schlicht und klar sein, aber er kann auch ein komplexes Gebilde ineinander gewebter Orte sein, die sich erst über den Weg erschließen lassen. Es ist so schön, dass es keine einfache Antwort darauf gibt, was die Qualität eines Raumes ausmacht. Durch eine widersprüchliche Parallelität und eine Gleichzeitigkeit von Verschiedenem werden scheinbare Gewissheiten aufgebrochen. Architektur hat sich in ihrer Gestalt immer auf Haupt- und Nebenwegen entwickelt und das ist eine Chance, sich auf Neues einzulassen.

Wir Menschen reagieren stark auf Kontraste. Wir brauchen die Enge, um eine Weite erkennen zu können, wir brauchen den erfahrbaren Übertritt vom einen zum anderen. Damit wird die Schwelle zum Thema, die sich hart als Grenze oder weich als fließender Raum zeigen kann, als Schnittstelle oder als eigenes

Element. Wir spüren die Enge erst nach der Weite, auch Helligkeit wird erst im Wechsel mit der Dunkelheit erlebbar. Stille und Klang, Schwere und Leichtigkeit sind gleichberechtigte Elemente für das jeweilige Erleben. Wir brauchen den Ausblick nach draußen und müssen auch nach innen konzentriert werden.

So wie wir selbst sind: Wir müssen in uns hineinschauen, um uns wieder nach außen zu öffnen, einatmen – ausatmen, schlafen – wach sein. Wir brauchen Phasen der Unterbrechung, die lang sein können oder auch knapp und kurz, aber es bleibt der Wechsel, die Schwelle, der Eingang und Übergang. Und es braucht die Idee des Weges, der Bewegung im Raum.

Ausgehend von der Anfangsszenerie scheinen wir immer noch über den Kirchenraum zu sprechen, dem Ort, der zur Suche nach unserer Spiritualität einlädt. Aber es ist gleichzeitig eine Suche nach der „inneren Kammer" oder der „inneren Burg", der Teresa von Avila nachging. Wir benutzen die Metapher „Raum", um uns die Seele, unser Innerstes, visualisieren zu können, überhaupt greifbar machen zu können. Wir sind zwar gewohnt von Raum zu sprechen, aber eigentlich lässt sich Raum nicht materialisieren. Ein Nichts wird durch Nicht-Raum, durch Materie erst zum Raum, durch Wände, Decken und Kanten. Masse und Raum sind zwei sich ergänzende Seiten derselben Medaille. Raum ist etwas Hochabstraktes, an das wir uns einfach gewöhnt haben. Die Analogie Mensch und Körper, als Behältnis vieler Räume und unendlicher Wege, wurde als Erklärungsmuster und Ordnungsprinzip durch die Architektur- und Kunstgeschichte hindurch mit Architektur in Verbindung gebracht.

Bleiben wir beim Kirchenraum, aber nur, weil es einfach ein wunderbares Beispiel ist, bei dem alle Aspekte von Architektur in konzentrierter und überhöhter Form vorkommen: die städtebauliche Dimension, die Wechselwirkung zwischen Stadtstruktur und Bauwerk, die Zeichenhaftigkeit, die Hülle, der Eingang, die Schwelle, der Weg im Raum, das Licht als tragendes Element für den Raum, die Materialität der Raumbegrenzung, die Details, die Atmosphäre und der architektonische Charakter.

Denn ein Festgelegtsein, wie etwas auszusehen hat, und sich dabei auf die Tradition zu berufen,

kommt einer Betäubung des kreativen Geistes gleich. Glücklicherweise gibt es neben den vielen blutleeren Repliken von historisierenden Kirchenräumen des 19. und 20. Jahrhunderts und den lauten, überzogenen Gegenreaktionen auch herausragende architektonische Beispiele.

Natürlich weniger dramatisch, weniger überhöht und weniger belastet mit einem gewichtigen Thema stellen sich doch bei jeder Bauaufgabe genau diese Fragen, auf die eine architektonische Antwort gefunden werden muss. Eine Schule beispielsweise ist keine Kirche, doch auch hier muss die gestalterische Umsetzung der Aufgabe angemessen wirksam werden. Diese Überlegungen haben eine Relevanz für die innere Gestalt und die äußere Wirkung eines Gebäudes. Genau das macht Architektur aus, und das ist nicht nur einer Kirche vorbehalten, wenn wir Architektur nicht als ein materialisiertes Funktionsdiagramm missverstehen wollen.

Das Neue im Bekannten zu finden, eine Einmaligkeit zu erzeugen, kann für jedes Gebäude einen Hauch von Spiritualität bewirken. Sicher ganz leise, manchmal so leise, dass es niemand spürt, vielleicht selbst der Architekt nicht. Vielleicht ist die Begrifflichkeit von Spiritualität hier überstrapaziert, aber jedes architektonische Projekt braucht Charakter und ein Gefühl für Raum.

Die Fähigkeiten des Architekten.

Der Architekt braucht, wie der Künstler, einen „avantgardistischen Spürsinn fürs Relevante", eine Fähigkeit, die Jürgen Habermas den Intellektuellen zuschreibt. Die eigentliche Herausforderung ist die Gratwanderung, wie das Relevante mit Spürsinn in Architektur, in Raum und Körper, in Material und Detail umgesetzt wird.

Die Fähigkeit des Architekten zeigt sich darin, ein Programm zu studieren, die Bedürfnisse der Auftraggebenden ernst zu nehmen, diese mit der Distanz des Außenstehenden neu zu lesen und zu verstehen, versteckte Qualitäten eines Ortes aufzuspüren, als Katalysator für seine Ideen. Darüber erreicht man einen Ausdruck, der auf den Ort zugeschnitten ist und nur dort seine Wirkung entfalten kann.

Dem verschreckten Zeitgenossen empfiehlt der Dirigent Sir Simon Rattle ein mehrfaches Hören, um den Schrecken des Neuartigen zu überwinden. Die Architektur darf Erstaunen und auch Befremden hervorrufen, sie soll überraschende, vielleicht nicht sofort durchschaubare Konstellationen erzeugen und die Herausforderungen ihrer Zeit annehmen.

Dem schwedischer Lyriker Thomas Tranströmer, 2011 mit dem Nobelpreis für Literatur ausgezeichnet, wird nachgesagt, er entziehe der Sprache die Nutzbarkeit. Die Architektur muss immer nutzbar sein, aber sie muss sich darüber hinaus der Sprache der Nutzbarkeit entziehen.

Das gilt nicht nur für dieses in der Tat offensichtliche Beispiel eines Kirchenraumes. Es ist programmunabhängig. Es lassen sich auch andere Themen in der Architektur finden, immer angemessen dem Thema entsprechend.

Nur Mut.

Sollten nun der Architekt und die Studierenden ganz auf eine Suche nach Neuem verzichten? Ganz im Gegenteil: Jede Fragestellung, jede Aufgabe muss neu gestellt werden, was erst einmal unabhängig von der Gestalt ist. Ob sozialer Wohnungsbau oder Kirchenbau – zwei Antipoden des Schaffens –, es ist egal, denn das Prinzip ist das gleiche: was ist die Fragestellung, was ist der Rahmen, was der ökonomische Rahmen, was das Umfeld und vor allem wo sind die Spielräume.

Natürlich wird sich das Berufsbild des Architekten ändern, es gibt viele Berufe, und dazu zählen die Architekten, die einem permanenten Berufswandel und einer sich verändernden Bandbreite des Berufsfeldes ausgesetzt sind. Gleichzeitig ist es ein traditioneller Beruf, denn es braucht immer wieder Individuen, die Ideen und Konzepte entwickeln und umsetzen.

Es geht weniger um das Neue, definiert als etwas nie Dagewesenes, sondern vielmehr darum, das Bekannte, das Vorgefundene, die Aufgabe neu zu sehen, sich nicht auf bekannte Bilder zu verlassen und das Thema in einem kulturellen Kontext neu zu formulieren. Architektur der Zukunft ist gewissermaßen eine Tautologie, denn Architektur machen heißt im besten Fall Zukunft gestalten.

Natürlich werden weiterhin neue technische Möglichkeiten, neue Materialien entwickelt und gleichzeitig wird der Umgang mit den Ressourcen – hoffentlich immer mehr – unsere Ideen mitbestimmen, aber es ist und bleibt ein Werkzeug, eine Erweiterung der Potenziale, und nicht das Ziel.

Der Computer ist inzwischen ein unersetzbares Produktionsmittel, um die Arbeit zu bewältigen und zu erleichtern. Wie alle anderen Medien bietet auch er neue Möglichkeiten – nutzen wir sie. Denn nicht der Computer bestückt uns, sondern wir bestücken ihn, und daraus ergeben sich neue Sichtweisen und Gestaltungsmöglichkeiten. Die Medien werden an Bedeutung hinzugewinnen und wir werden weiter hineinwachsen. Das haben wir jüngst in all den Online-Meetings erfahren und erweitern damit unsere Möglichkeiten. Dennoch, sie ersetzen nicht ein Zusammentreffen Aug' in Aug'. Das Gleiche gilt für das Entwerfen: Wir können alle technischen Möglichkeiten nutzen, um den Arbeitsprozess zu erleichtern, aber der Computer ersetzt nicht die Hand-in-Hand-Auseinandersetzung. Dazu gehören die spielerische Dimension des Suchens mit Skizze und Modell und die intellektuelle Reflexion des eigenen Tuns, die Analysen, die Referenzen sowie der menschliche Wunsch nach Erneuerung.

Der Sehnsucht nach Ordnung im Bekannten steht der Wunsch entgegen, sich zu befreien, und der Sehnsucht nach festen Bildern der Wunsch nach Erneuerung und Veränderung.

TIMELESS ARCHITECTURE AND THE SEARCH FOR QUALITY Trends are always a temporary phenomena and thus anything but timeless. However, there is one thing we cannot do: escape our time, even if we resist trends, seem to be or want to be in opposition to them. The Bauhaus architecture, for example, has been able to hold its own over the years, it has survived its time and is still relevant today – even though appreciated only by a few and mostly rejected by most in its time. So, how do we meet quality requirements? We don't get very far with the criteria of 'beautiful' and 'ugly'. The architect needs an "avant-garde sense of what is relevant", an ability that Jürgen Habermas attributed to intellectuals. The real challenge is this tightrope walk, as these considerations have a relevance for the inner form and the external appearance of a building.

---

1 Ich nutze hier und im Folgenden das generische Maskulinum, da es nicht um Personen geht, sondern um Akteure unabhängig vom Geschlecht w/m/d.

JOCHEN HACK

Jochen Hack studierte Bauingenieurwesen mit Schwerpunkt Wasserwirtschaft und Ingenieurhydrologie an der TU Darmstadt und promovierte anschließend in den Umweltingenieurwissenschaften zum Thema „Payments for Hydrological Ecosystem Services in Integrated Water Resources Management". Er vertrat für zweieinhalb Jahre die Professur für Ingenieurhydrologie und Wasserbewirtschaftung und war Gastwissenschaftler an den Universitäten von Salerno und Antwerpen sowie an der Universidad Tecnológica La Salle in Nicaragua, Universidad de Costa Rica und der Escuela Superior Politécnica del Litoral in Ecuador tätig. In den vier Jahren vor seinem Wechsel an die LUH war er als Professor für Ingenieurökologie an der TU Darmstadt beschäftigt und leitete die BMBF-Nachwuchsgruppe SEE-URBAN-WATER, die mit an die LUH gewechselt ist. Seit 2020 ist er Präsident der IÖV – Ingenieurökologische Vereinigung e. V.

ÜBER DIE WASSERWIRTSCHAFT, NATURBASIERTE LÖSUNGEN UND GRÜNE INFRASTRUKTUR ZUR DIGITALEN UMWELTPLANUNG

JOCHEN HACK, PROFESSOR FÜR DIGITALE UMWELTPLANUNG, STELLT SICH VOR Bereits zu Schulzeiten war bei mir ein ausgeprägtes Interesse am Ausland, an anderen Kulturen und Sprachen vorhanden und so besuchte ich in der 11. Klasse für ein Jahr eine Schule in Ohio, USA. Nach dem Abitur zog es mich für 18 Monate nach Rivas, Nicaragua, wo ich im Rahmen meines Zivildiensts landwirtschaftliche Projekte unterstützen konnte, die die Verbesserung der Ernährungssituation der ländlichen Bevölkerung und Kinderspeisungen zum Ziel hatten. Beide Auslandsaufenthalte zeigten mir sehr unterschiedliche Lebenswirklichkeiten und Formen der Mensch-Umwelt-Interaktion. Die Zeit in Nicaragua war entscheidend für die Herausbildung des Wunsches, Bauingenieurwesen zu studieren, eine Fachdisziplin, die ganz wesentlich für die (technische) Umgestaltung und Nutzung der Umwelt durch den Menschen verantwortlich und dadurch ein bedeutender Hebel für eine nachhaltige Entwicklung ist. Mit diesem Auslandsaufenthalt wurde jedoch nicht nur mein Interesse an einer Professionalisierung in der Nachhaltigkeitsgestaltung der Umwelt begründet, sondern auch eine bis heute andauernde, sehr persönliche Verbindung mit Lateinamerika.

Bauingenieurwesen als Basis für Interdisziplinarität in Forschung und Lehre

Im Bauingenieurstudium an der TU Darmstadt interessierten mich speziell die Fächer, die unmittelbar die Natur zum Gegenstand hatten und sich mit deren Komplexität sowie Dynamik auseinandersetzten – die Wasserwirtschaft und Ingenieurhydrologie, der Wasserbau, die Geotechnik, die Siedlungswasserwirtschaft sowie nachhaltiges Bauen. Über den Tellerrand schauend suchte ich Weiterbildung in der interdisziplinären Lehre (Abschluss des Zertifikats des interdisziplinären Studienschwerpunkts „Technologie und internationale Entwicklung"), in der Hochschuldidaktik und im Segelfliegen. Nach Studienabschluss konnte ich diese Interessen als wissenschaftlicher Mitarbeiter am Fachgebiet für Ingenieurhydrologie und Wasserbewirtschaftung sowie zwischenzeitlich als Koordinator des interdisziplinären Studienschwerpunkts „Technologie und internationale Entwicklung" weiter in Forschung und Lehre vertiefen. Speziell mit dem Thema „Integriertes Wasserressourcenmanagement" auf Flussgebietsebene und dem Konzept der Ökosystemleistungen – vielfältige Beiträge von Ökosystemen zum menschlichen Wohlbefinden – beschäftigte ich mich in dieser Zeit intensiv im Rahmen meiner Promotion, aber auch in der Lehre im Kontext der Umweltplanung. Hierbei arbeitete ich aus meinem Selbstverständnis heraus stets interdisziplinär und befasste mich sowohl mit der integrierten Modellierung verschiedener natürlicher und anthropogener Wasserflüsse und der Quantifizierung von Ökosystemleistungen als auch mit den benötigten sektorübergreifenden Abstimmungs- und Koordinierungsprozessen mithilfe von umweltpolitischen und -ökonomischen Instrumenten. Während integrierte Modelle eine wichtige Informationsquelle zur Entscheidungsunterstützung und Vermittlung von komplexen Sachverhalten darstellen und zur Analyse von Szenarien dienen, werden politische und ökonomische Instrumente zur Entscheidungsumsetzung benötigt. Das Konzept der Ökosystemleistungen ermöglicht dabei eine kommunikationsstarke Vermittlung von sektorübergreifenden Ursache-Wirkungsbeziehungen über alle Umweltkompartimente und kann so zur Identifizierung geeigneter Akteurskonstellationen und physischer Handlungsräume für eine nachhaltigere (Wasser-)Ressourcenbewirtschaftung beitragen sowie Aushandlungsprozesse unterstützen. Hierzu bedarf es einer ausgeprägten interdisziplinären Zusammenarbeit. Mit der Zeit betrachtete ich nicht nur die Integration von Land- und Wasserressourcen, sondern auch die Interaktion beziehungsweise den Nexus zwischen Wasser, Energie und Land, speziell in Bezug auf den Energiebedarf für die Wasserversorgung und Abwasserentsorgung als auch den Wasserbedarf bei der Energieproduktion verschiedener Energieträger und -umwandlungen.

Promotion und Forschung in Lateinamerika zu Ökosystemleistungen und Integriertem Wasserressourcenmanagement (IWRM)

Im Rahmen meiner Doktorarbeit setzte ich mich mit dem Stand der Umsetzung sowie den spezifischen Umsetzungshindernissen des Integrierten Wasserressourcenmanagements (ein internationales Nachhaltigkeitsparadigma der Wasserwirtschaft) in Lateinamerika anhand von Fallstudien in Nicaragua auseinander und untersuchte, wie die speziell in Lateinamerika häufig eingesetzten Zahlungssysteme für Ökosystemleistungen zu einer verbesserten Umsetzung beitragen können. Meine Forschungsarbeiten dazu wurden von verschiedenen Forschungsaufenthalten, unter anderem in Nicaragua und Brasilien, sowie zahlreichen Besuchen nationaler und internationaler Konferenzen gestützt.

Vertretung einer Professur, internationale Austauschprogramme und Gastdozenturen

Gleich zu Beginn meiner Postdoc-Zeit übernahm ich aufgrund einer verzögerten Nachbesetzung für zweieinhalb Jahre die Vertretung der Professur für Ingenieurhydrologie und Wasserbewirtschaftung an der TU Darmstadt bis zu deren Wiederbesetzung Anfang 2016. In dieser Zeit lag mein Tätigkeitsschwerpunkt in der Lehre, sowohl an meiner Heimatuniversität als auch im Rahmen von bis zu sechswöchigen Gastdozenturen an Universitäten in Salerno, Antwerpen und Nicaragua zu aus meiner Promotionsarbeit abgeleiteten Lehrinhalten. Später folgten noch weitere Gastdozenturen an Universitäten in Costa Rica, der Escuela Superior Politécnica del Litoral in Guayaquil, Ecuador, und der Virginia Tech, USA. Mit der Universidad Tecnológica La Salle in León, Nicaragua, organisierte ich über viele Jahre einen intensiven Austausch. Während die Studierenden- und Dozentenmobilität zunächst nur einseitig Richtung Nicaragua stattfinden konnte, wurde 2015 schließlich eine bis heute andauernde Internationale Studien- und Austauschpartnerschaft (ISAP) durch den DAAD finanziert, die einen Austausch in beide Richtungen ermöglichte.

Mit der Universidad de Costa Rica wurde 2020 ebenfalls eine ISAP gestartet, die sich seitdem durch eine intensive Zusammenarbeit in Forschung und Lehre ausdrückt.

Forschung zu naturbasierten Lösungen und (urbaner) Grüner Infrastruktur

Im zweiten Abschnitt meiner Postdoc-Zeit widmete ich mich dann verstärkt der Weiterentwicklung meines Forschungsprofils und wandte mich den Themen naturbasierte Lösungen und blau-grüne Infrastrukturen (in Folge nur noch Grüne Infrastruktur genannt) zu. Naturbasierte Lösungen sind laut Definition der Europäischen Kommission „Lösungen, die von der Natur inspiriert und unterstützt werden, die kosteneffizient sind, gleichzeitig ökologische, soziale und wirtschaftliche Vorteile bieten und zum Aufbau von Resilienz beitragen". Mein wissenschaftlicher Zugang zu diesen Lösungen kommt aus der Wasserwirtschaft und Ingenieurhydrologie, weshalb ich mich in meiner Forschung zunächst auf naturbasierte Lösungen zur Regen- und Abwasserbehandlung sowie zum Gewässer- und Hochwasserschutz und den damit verbundenen Ökosystemleistungen fokussierte. Speziell im urbanen Kontext mit regionalem Fokus auf Lateinamerika und Europa erforsche ich bis heute, wie naturbasierte Lösungen (zum Beispiel Gebäudebegrünungen, wassersensible Freiraumgestaltung, pflanzen- und bodenbasierte Wasserbehandlungssysteme, naturnahe Gewässergestaltung und Hochwasserschutzmaßnahmen) sich auf die Gewässerqualität und die Bereitstellung von Ökosystemleistungen auswirken. Während in Lateinamerika urbane Gewässer oft hochgradig verschmutzt sind, jedoch in den meisten Fällen gewässermorphologisch noch nicht vollends umgestaltet wurden und so einen der wenigen verbliebenen ökologischen Korridore darstellen, weisen sie in Europa in der Regel bereits deutlich verbesserte Wasserqualität auf, sind jedoch in der Gewässerstrukturgüte hochgradig verändert. Daraus resultieren sehr unterschiedliche Ausgangssituationen und sozial-ökologische Herausforderungen insbesondere in Bezug auf den Biodiversitätsschutz und die Nutzung von urbanen Gewässern als Naherholungsraum. In Verbindung mit dem Konzept der Grünen Infrastruktur – definiert als strategisch geplantes Netzwerk natürlicher,

naturnaher und gestalteter Flächen, welches als Ergänzung oder teilweiser Ersatz von grauer Infrastruktur ein breites Spektrum an Ökosystemdienstleistungen gewährleistet und die biologische Vielfalt schützt – untersuche ich, welchen Beitrag naturbasierte Lösungen mit Wasserbezug für die räumliche Vernetzung von vegetations- und wassergeprägten Flächen und eine multifunktionale Gestaltung des Netzwerks leisten können. Speziell in stark von Urbanisierung geprägten Gebieten betrachte ich dabei auch die multifunktionale Aufwertung von versiegelten und bebauten Flächen durch Entsiegelung, Begrünung und Bepflanzung als wichtigen Beitrag zur Grünen Infrastruktur. Zur Untersuchung der multifunktionalen Gestaltung gehört in Ergänzung zur wasserwirtschaftlichen und ingenieurhydrologischen Betrachtung unter anderem auch der Beitrag zur Förderung von Gesundheit und Wohlbefinden, Anpassung an den Klimawandel und Schutz der biologischen Vielfalt.

Transdisziplinäre Nachwuchsgruppe SEE-URBAN-WATER in der sozial-ökologischen Forschung und Professur für Ingenieurökologie

Mit der Förderung der inter- und transdisziplinär arbeitenden Nachwuchsgruppe SEE-URBAN-WATER (www.see-urban-water.uni-hannover.de) durch das Bundesministerium für Bildung und Forschung konnte ich ab 2018 meine Forschung zu naturbasierten Lösungen und Grüner Infrastruktur anhand zweier Fallstudien stark urbanisierter Flusseinzugsgebiete in Nicaragua und Costa Rica deutlich intensivieren. Unterstützt werde ich durch ein interdisziplinäres Team aus (zu Beginn) vier Doktoranden und einer Projektassistenz. Das übergeordnete Projektziel ist es, die Grundlage für einen nachhaltigen gesellschaftlichen Transformationsprozess durch die Entwicklung und Erprobung naturbasierter Wasserinfrastrukturen als Teil der urbanen Grünen Infrastruktur zu erarbeiten. Zentrales Element des Projekts ist ein Reallabor – ein physischer Kooperationsraum für Wissenschaft und Gesellschaft zum gegenseitigen Lernen und Entwickeln zukunftsfähiger Lösungen in einem experimentellen Umfeld –, in dem im Rahmen eines partizipativen Co-Design-Prozesses naturbasierte Maßnahmen geplant und

Abb. 1: Drohnenaufnahme des Reallabors (Bild: Dennis Jöckel)

Abb. 2: Dicht bebauter Gewässerabschnitt in Belén, Costa Rica (Bild: Jochen Hack)

umgesetzt werden. Dadurch erfolgt eine pionierhafte Koproduktion von Transformationswissen, welches die Förderung und Umsetzung von naturbasierten Lösungen hin zu einer urbanen Grünen Infrastruktur über das Reallabor hinaus unterstützt. Für diese Übertragbarkeit und Skalierung im Landschaftsmaßstab werden digitale Werkzeuge und Methoden wie Geoinformationssysteme, numerische Modelle und Fernerkundungsinformationen genutzt. Begründet mit der Nachwuchsgruppenleitung wurde ich Anfang 2018 zum Professor und Leiter des Fachgebiets für Ingenieurökologie am Institut für Angewandte Geowissenschaften berufen und vertrat bis zu meinem Wechsel an die LUH Anfang 2022 das Fachgebiet in Forschung

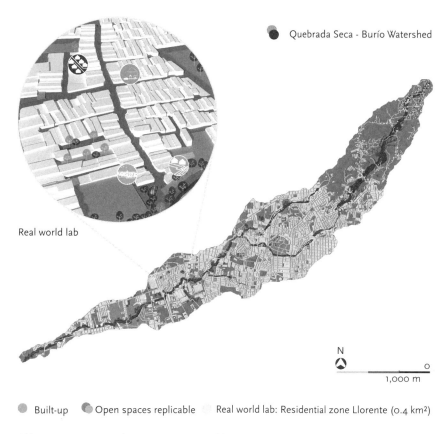

Real world lab

Quebrada Seca - Burío Watershed

N
1,000 m

● Built-up   ● Open spaces replicable   ● Real world lab: Residential zone Llorente (0.4 km²)

Abb. 3: Prototyp 4: naturbasierte Lösungen (Bild: Laura Vargas)

und Lehre. Die Ingenieurökologie ist ein interdisziplinäres Fachgebiet, das sich mit der nachhaltigen Gestaltung von Ökosystemen und deren Nutzung durch den Menschen beschäftigt. Im Mittelpunkt steht dabei die Integration gesellschaftlicher Nutzungen auf der Basis intakter Ökosysteme. Insbesondere die nachhaltige Gestaltung der Stadtentwässerung und Abwasserbehandlung im Zusammenspiel mit urbanen Ökosystemen und Gewässern mithilfe von naturbasierten Infrastrukturen stand im Fokus von Forschung und Lehre.

Professur für Digitale Umweltplanung am IUP – Quo vadis?

Am 1. Februar 2022 trat ich die Professur für Digitale Umweltplanung am Institut für Umweltplanung an. Meine Forschung am IUP ist zunächst noch geprägt von den Arbeiten meiner Nachwuchsgruppe SEE-URBAN-WATER, die ich mit an die LUH nehmen konnte und bis September 2023 weiterleiten werde. Zukünftig werde ich – neben der Forschung zu naturbasierten Lösungen, (urbaner) Grüner Infrastruktur und Ökosystemleistungen – auch verstärkt zu anderen Themen der Umwelt- und Landschaftsplanung forschen, bei denen digitale Technologien und insbesondere die geoinformationsgestützte räumliche Analyse und Modellierung als Planungs- und Entscheidungshilfe nützlich sind, wie zum Beispiel im Kontext der Energie- und Mobilitätswende. Als nicht weniger bedeutende Ergänzung zu meiner internationalen Forschung möchte ich zukünftig einen starken regionalen Forschungsbezug entwickeln und freue mich auf die bereits begonnene Vernetzung mit Kolleginnen und Kollegen in Hannover, in der Region und andernorts in Niedersachsen.

In der Lehre am IUP sehe ich meine Aufgabe zum einen in der Grundlagenvermittlung zur Anwendung von Geoinformationssystemen und anderen digitalen Technologien in der Umweltplanung. Zum anderen – eng verknüpft mit der Forschung meiner Arbeitsgruppe – in der Vermittlung von geoinformationsbasiertem Basiswissen zur Quantifizierung, Analyse und Bewertung von blauen und grünen Infrastrukturen und der Entwicklung von naturbasierten Lösungen um die jeweiligen multifunktionalen Netzwerke zu stärken und weiterzuentwickeln. Dies beinhaltet auch die Untersuchung von Ökosystemleistungen als Indikatoren für die Funktionalität und den Nutzen von naturbasierten Lösungen und Grüner Infrastruktur. Auch neuere Themen wie interaktive, webbasierte Geoinformationssysteme, Big Data (Fernerkundung, individuelle ortsbezogene Daten, Internet of Things etc.), Methoden der Künstlichen Intelligenz und des maschinellen Lernens sowie die Verbreitung „smarter" Technologien fließen in die Lehre ein.

Schließlich möchte ich meine bisherigen internationalen Aktivitäten, insbesondere den Studierenden- und Dozentenaustausch, von der LUH aus fortsetzen und so zur Internationalisierung der Universität beitragen.

JOCHEN HACK INTRODUCES HIMSELF In February, Jochen Hack has assumed the professorship for Digital Environmental Planning at IUP. His teaching deals with the use of spatial and remotely sensed data in geographic information systems for spatial analysis and planning as well as the spatial modeling of interactions between anthropogenic land use and ecosystems. His research focuses on the spatial analysis and modeling of nature-based solutions as well as the provision of ecosystem services, participatory planning and implementation of urban green infrastructure and geoinformation-based planning tools in the context of energy and mobility transitions. Jochen Hack studied civil engineering at the TU Darmstadt and received his PhD in environmental engineering. Thereafter, he substituted the professorship of Engineering Hydrology and Water Management for 2.5 years and was a visiting scientist at several European and Latin American universities. In the four years prior to his start at LUH, he was employed as Professor of Ecological Engineering at TU Darmstadt and he led the BMBF research group SEE-URBAN-WATER, which moved to LUH with him. In this essay, he illustrates with several personal milestones the path of his young career.

Abb. 4: Forschungsseminar mit Studierenden (Bild: Jochen Hack)

Prototype 4
Greywater treatment at household level at the street front

Abb. 5: Projektgebiet und Reallabor von SEE-URBAN-WATER (Bild: Laura Vargas)

ANN-KATHRIN KOESSLER

Seit Januar 2022 ist Ann-Kathrin Koessler die neue Professorin für Umweltverhalten und Umweltplanung. Koessler war zuvor Akademische Rätin an der Alexander-von-Humboldt-Professur „Behavioral Economics of Environmental Policy" an der Universität Osnabrück und Visiting Fellow am Department for Geography and Environment an der London School of Economics. Koessler studierte Volkswirtschaftslehre mit den Schwerpunkten Umwelt- und Verhaltensökonomik an der Universität Heidelberg. Anschließend promovierte sie an der Queensland University of Technology in Australien, mit Gastaufenthalten an der University of California San Diego und der New York University Shanghai. Ihr Fachwissen ergänzt die Analyse der drängenden Fragen der Raumplanung am IUP und der Fakultät um den entscheidenden Aspekt des menschlichen Entscheidungsverhaltens.

NEUE PROFESSUR: UMWELTVERHALTEN UND PLANUNG

Ob Stadt-, Regional- oder Umweltplanung – alle drei Disziplinen zielen darauf ab, menschliches Verhalten zugunsten des Gemeinwohls und der Nachhaltigkeit zu lenken. Diese Lenkungseingriffe sind notwendig, schließlich sind menschliche Aktivitäten der Ursprung der meisten Umweltprobleme.

Nehmen wir das Beispiel des Biodiversitätsverlusts: Um natürliche Ökosysteme zu bewahren, bedarf es Verhaltensänderungen von Konsumierenden, Produzierenden und politischen Entscheidungsträgerinnen und -trägern. Klassisch werden Bildungs- und Informationskampagnen, Regulierungen oder ökonomische Instrumente wie Steuern und Subventionen eingesetzt, um Verhaltensveränderungen herbeizuführen. Doch nicht immer führen diese Lenkungseingriffe zum gewünschten Erfolg: Kampagnen bleiben ohne sichtbare Wirkung, Vorschriften werden nicht eingehalten, Subventionsprogramme bleiben ungenutzt oder Planungsverfahren führen zu Reaktanz und Protest. Bei der Suche nach Ursachen zeigt sich, dass die Komplexität menschlichen Verhaltens oftmals unterschätzt wird. Viele Projekte versäumen, die Handlungsmotive, Einstellungen und Wahrnehmungen von zentralen Akteurinnen und Akteuren zu erfassen und in der Planung zu berücksichtigen. In der Folge büßen die Projekte an Akzeptanz und Wirksamkeit ein und/oder müssen aufwendig nachjustiert werden.

Forschungs- und Lehraktivitäten der Professur

An diesem Punkt setzt die neue Professur „Umweltverhalten und Planung" unter Leitung von Prof. Ann-Kathrin Koessler an. Zielgerichtet komplementiert sie die am IUP vorhandene Expertise in der Landschafts- und Regionalplanung, um die drängenden gesellschaftlichen und ökologischen Fragen in der Raumentwicklung zu bearbeiten. Die Forschungs- und Lehraktivitäten der neuen Professur fokussieren sich darauf, das Verhalten planungsrelevanter Akteurinnen und Akteure zu erfassen, zu analysieren und zu verstehen, um praxisrelevantes Wissen über die Voraussetzungen erfolgreicher und nachhaltiger Planung zu generieren. Aufbauend auf Erkenntnissen aus der Psychologie, Ökonomie und Public Policy wird das planungsrelevante Verhalten zentraler beteiligter Personen an der Schnittstelle von natürlicher, sozialer und gebauter Umwelt analysiert und entsprechende Steuerungsmöglichkeiten abgeleitet (Abb. 1).

Akteurinnen und Akteure, die für den Planungserfolg relevant sind, finden sich entlang des gesamten Planungsprozesses. Schließlich beeinflussen Planungsentscheidungen nicht nur das Verhalten von Menschen, sondern diese Entscheidungen werden auch von Menschen getroffen, implementiert, akzeptiert oder abgelehnt, befolgt und schließlich aktiv unterstützt oder bekämpft. Damit beeinflussen all jene Handelnden mit ihren Entscheidungen den Erfolg oder Misserfolg eines Planungsvorhabens (Abb. 2).

Zweistufige Verhaltensanalyse

Die konsequente Verhaltensanalyse erfolgt im Zwei-Stufen-Prinzip. Auf der ersten Stufe werden theoriegeleitet Determinanten identifiziert, die umweltfreundliches und gemeinwohlorientiertes Verhalten in der Raumentwicklung bedingen. Anschließend wird das Entscheidungsverhalten zentraler Akteurinnen und Akteure empirisch erfasst. In der zweiten Stufe werden institutionelle und räumliche Strukturen untersucht, die den Schutz und die Schaffung von ökologisch und sozial nachhaltigen Lebensräumen für Mensch und Natur zu fördern vermögen. Die Wirkung klassischer Lenkungs- und Steuerungsmöglichkeiten wird einerseits evaluiert und andererseits wird untersucht, wie diese, basierend auf verhaltenswissenschaftlichen Erkenntnissen, modifiziert werden können, um ihre Wirksamkeit zu erhöhen. Zusätzlich ergeben sich durch die verhaltenswissenschaftliche Betrachtung neue Gestaltungsansätze (zum Beispiel *nudges*, *boosts*, Perspektivenwechsel, soziale Normen), die ebenfalls Akzeptanz für notwendige Veränderungen schaffen und die Wirksamkeit von Planungs- und Politikmaßnahmen steigern können.

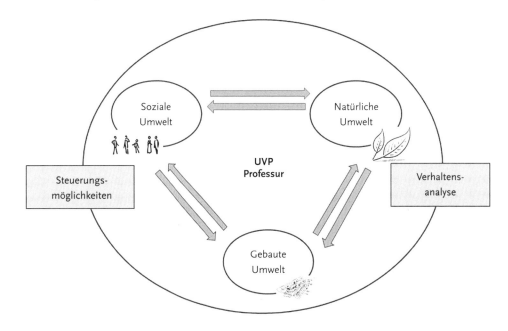

Abb. 1: Forschungsnexus der Professur „Umweltverhalten und Planung"

Ausbildung der zukünftigen Planerinnen und Planer

Die gewonnenen verhaltenswissenschaftlichen Forschungserkenntnisse werden in die Lehre transferiert und sind somit Bestandteil der Ausbildung der zukünftigen Planenden. Die Studierenden erlangen erste Kenntnisse und vor allem eine Sensibilität dafür, welche Rolle menschliches Verhalten bei Planungsentscheidungen und deren Umsetzung spielt. In den neuen Modulen lernen die Studierenden die Determinanten umweltförderlichen Verhaltens und die aus der Verhaltensperspektive notwendigen Voraussetzungen für wirksame Umweltpolitik und -planung kennen. Des Weiteren werden den Studierenden methodische Grundlagen der empirischen Sozialforschung vermittelt. Sie erlernen, wie die Wirksamkeit von Änderungen und Maßnahmen empirisch gemessen und evaluiert werden kann, um im Anschluss praxisrelevantes Wissen evidenzbasiert ableiten zu können. Die Studienprojekte der Arbeitsgruppe sind an das „TransferHub: Verhaltensdesign zur Nachhaltigkeit" angegliedert. Hier vertiefen die Studierenden in der praktischen Arbeit ihre Kenntnisse und untersuchen, wie verhaltenswissenschaftliche Erkenntnisse zur Stärkung von gemeinwohl- und nachhaltigkeitsorientiertem Verhalten genutzt werden können. In transdisziplinärer Zusammenarbeit mit Praxispartnerinnen und -partnern werden reale Umweltprobleme bearbeitet und verhaltenswissenschaftlich informierte Lösungskonzepte entworfen. Das transdisziplinäre Lernkonzept vereint die anwendungsorientierte Ausbildung der Studierenden mit der praktischen Unterstützung von nachhaltigkeitsorientiertem Handeln an der Universität und in der Region Hannover.

Werdegang von Ann-Kathrin Koessler

Trans- und Interdisziplinarität sowie das Schaffen eines gesellschaftlichen Mehrwerts waren auch im bisherigen Werdegang von Koessler zentrale Leitplanken. Koessler studierte Volkswirtschaftslehre an der Universität Heidelberg mit dem Ziel, die Leitungs- und Lenkungsstrukturen in Gesellschaften besser zu verstehen. In den präsentierten Theorien kam ihr die menschliche Komponente oft zu kurz, erst zum Ende wurde das Fach der neu aufstrebenden Disziplin

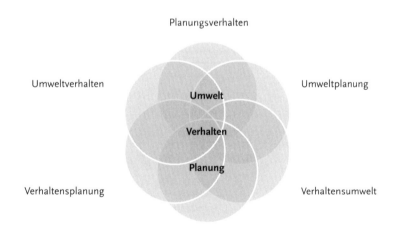

Abb. 2: Umwelt-Verhalten-Planung

Planungsverhalten

Umweltverhalten

Umwelt

Umweltplanung

Verhalten

Planung

Verhaltensplanung

Verhaltensumwelt

Planungsumwelt

Actors of interest

- farmers, hunters, fishermen, foresters
- landscapers, gardeners, rangers, pastoralists
- land owners, land users
- conservationists, activists, advocates, NGOs
- civilians, residents, citizens, voters, consumers, commuters
- planners, policy makers, public administrators
- companies
- scientists, artists, activists
- ...

Abb. 3: Relevante Akteure – Brainstormingergebnis der Teilnehmenden der Vorlesung „Behavioral Aspects of Environmental Planning" am 14.6.22

„Verhaltensökonomik" in der Lehre sichtbar. Koessler entschied sich, jene für sie zentralen Erkenntnisse im Rahmen einer Dissertation zu vertiefen. Ihre Wahl fiel auf die Queensland Group of Behavioral Economics in Brisbane, Australien – eine junge, dynamische Gruppe, die zu Themen mit hoher gesellschaftlicher Relevanz forschte. Neben ihren Forschungsarbeiten arbeitete Koessler zusammen mit Praxispartnerinnen und -partnern an transdisziplinären Beratungsprojekten für unterschiedliche australische Institutionen und unterrichtete in den durch hohe Internationalität geprägten Studiengängen. Ihre Dissertation beschäftigte sich mit der Rolle moralischer Gefühle im menschlichen Entscheidungsverhalten und der Frage, wie gemeinwohlorientiertes Verhalten institutionell gefördert werden kann. Der anschließende Wechsel als Akademische Rätin an die Alexander-von-Humboldt-Professur „Behavioral Economics of Environmental Policy" an der Universität Osnabrück war von der Erkenntnis geleitet, dass Gemeinwohl nicht ohne Nachhaltigkeit und den Erhalt natürlicher Ökosysteme zu denken ist. Koessler spezialisierte sich in den nachfolgenden Jahren auf Umweltverhalten und erforschte institutionelle Rahmenbedingungen, welche prosoziales und umweltfreundliches Handeln fördern und damit eine gesellschaftliche Transformation zur Nachhaltigkeit ermöglichen.

Um wissenschaftliche Erkenntnisse in die Praxis zu tragen und den transdisziplinären Austausch zu befördern, engagiert Koessler sich an verschiedenen Science-Policy-Schnittstellen. Sie war beispielsweise Mitglied der Expertenkommission des Bundesamtes für Naturschutz (BfN), um den sozialen Indikator ‚Bewusstsein für biologische Vielfalt' zu überarbeiten. Momentan trägt sie als Co-Autorin und Fellow zum nächsten Bericht des Weltbiodiversitätsrates IPBES zum Wert der Natur bei. Unter der Schirmherrschaft der Vereinten Nationen bietet das zwischenstaatliche Gremium wissenschaftliche Politikberatung für den Erhalt und die nachhaltige Nutzung der biologischen Vielfalt und der Ökosystemleistungen.

Koessler hat durch ihre bisherige Forschung in verschiedenen Regionen der Welt (Europa, Nordamerika, Südamerika, Ozeanien) gearbeitet. Diese Erfahrungen haben ihre Sicht nachhaltig geprägt: Nur wer den lokalen Kontext, die vorherrschenden (Welt-)Ansichten und Governance-Strukturen kennt und berücksichtigt, kann angemessene Planungs- und Lenkungsinstrumente entwickeln. Im Leibniz'schen Geist wird Koessler am IUP diesen internationalen Austausch und die internationale Zusammenarbeit weiter fortführen.

Mit diesem Profil erweitert die neue Professur „Environmental Behavior and Planning" die Untersuchung von Transformationspfaden zur Nachhaltigkeit um die zentrale Komponente Mensch. Das menschliche Entscheidungsverhalten in Planungskontexten wird erfasst und neue innovative Gestaltungsansätze werden untersucht, die die Nachhaltigkeit und Resilienz in Lebensräumen ermöglichen. Ein wichtiger Baustein für das Planungssystem der Zukunft.

Abb. 4: Studierende untersuchen die Wirkung biodiversitätsfördernder Maßnahmen im Wohnumfeld auf die Wahrnehmung, Akzeptanz und Mitwirkensbereitschaft der Anwohnenden und Flächennutzenden. Hier bei der Ortsbegehung in Vahrenwalde, zusammen mit dem Partnerstudienprojekt, das unter Leitung von Prof. Michael Reich und Carmen Rethschulte das ökologische Potenzial einer ähnlichen Fläche untersucht und einen Maßnahmenkatalog entwickelt hat, sowie mit Vertreter:innen der Stadt Hannover (Dr. Stefan Rüter) und der hanova WOHNEN GmbH (Daniela Schmedes), die dort die biodiversitätsfördernden Maßnahmen im Rahmen des gewonnenen Wettbewerbs „Naturstadt" angelegt haben.

BEHAVIOURAL ASPECTS OF ENVIRONMENTAL PLANNING Prof. Dr. Ann-Kathrin Koessler joins the IUP. In the new professorship "Environmental Behavior and Planning", she and her team analyse human decision-making at the nexus of natural, social and built environments with the aim of generating practice-relevant knowledge about the prerequisites for successful and sustainable planning projects. Based on insights from psychology, economics and public policy, the new group analyses the behaviour of planning-relevant actors, identifies central behavioural motives, and subsequently develops new innovative design approaches to enhance the effectiveness of planning processes and to support the creation of resilient and sustainable habitats for nature and people.

PROFESSORINNEN UND PROFESSOREN

Prof. Mirco Becker
Dekan
Institut für Gestaltung
und Darstellung

Prof. Zvonko Turkali
Institut für Entwerfen
und Gebäudelehre

Prof. André Kempe
Institut für Entwerfen
und Gebäudelehre

Prof. Oliver Thill
Institut für Entwerfen
und Gebäudelehre

Prof. Marieke Kums
Institut für Entwerfen
und Gebäudelehre

Prof. Michael Schumacher
Institut für Entwerfen
und Konstruieren

Prof. Dr. Philipp Geyer
Institut für Entwerfen
und Konstruieren

Prof. Alexander Furche
Institut für Entwerfen
und Konstruieren

Prof. Dr. Markus Jager
Institut für Geschichte
und Theorie
der Architektur

Prof. Tobias Nolte
Institut für Gestaltung
und Darstellung

Prof. Anette Haas
Institut für Gestaltung
und Darstellung

Prof. Dr. Klaus Littmann
Institut für
Berufswissenschaften
im Bauwesen

Prof. Christian Werthmann
Institut für
Landschaftsarchitektur

Prof. Dr. Christina von
Haaren
Institut für
Umweltplanung

Prof. Dr. Michael Reich
Institut für
Umweltplanung

Prof. Dr. Rüdiger Prasse
Institut für
Umweltplanung

Prof. Dr. Ann-Kathrin
Koessler
Institut für
Umweltplanung

Prof. Dr. Jochen Hack
Institut für
Umweltplanung

Prof. Jörg Schröder
Institut für Entwerfen
und Städtebau

Prof. Andreas Quednau
Institut für Entwerfen
und Städtebau

Prof. Tim Rieniets
Institut für Entwerfen
und Städtebau

Prof. Dr. Margitta Buchert
Institut für Geschichte
und Theorie
der Architektur

Prof. Dr. Andreas O. Rapp
Institut für
Berufswissenschaften
im Bauwesen

Prof. Dr. Alexandra Bach
Institut für
Berufswissenschaften
im Bauwesen

Prof. Katja Benfer
Institut für
Landschaftsarchitektur

Prof. Dr. Joachim
Wolschke-Bulmahn
Institut für
Landschaftsarchitektur

Apl. Prof. Dr. Michael Rode
Institut für
Umweltplanung

Prof. Dr. Rainer Danielzyk
Institut für
Umweltplanung

Prof. Dr. Martin Prominski
Institut für
Freiraumentwicklung

**Weitere Professorinnen und
Professoren der Fakultät:**

Prof. Dr. Bettina Oppermann,
Institut für Freiraumentwicklung
Prof. Dr. Anke Seegert,
Institut für Landschaftsarchitektur
Prof. Gilbert Lösken,
Institut für Landschaftsarchitektur
Prof. Dr. Bettina Matzdorf,
Institut für Umweltplanung

Fotos: Julian Martitz
Fotos Prof. André Kempe und
Prof. Oliver Thill: Rolf Vogel
Foto Prof. Marieke Kums: privat

SCHAUFENSTER

LEBENSWERTE PERSPEKTIVEN UND
FUNKTIONIERENDE INFRASTRUKTUREN SIND
WICHTIGE VORAUSSETZUNGEN,
UM KINDER UND JUGENDLICHE ZUM BLEIBEN
ODER ZURÜCKKEHREN IN DEN LANDKREIS
ZU MOTIVIEREN.

FRIEMELN
Lucas Höppner
> SEITE 52

DIE SCHÖNHEIT DER GROSSEN STRASSE
Marleen Hahn, Justus Smolnik
> SEITE 82

EUROPÄISCHES BÜRGERHAUS
Jonas Trittmann
> SEITE 78

MATERIAL UND KLIMA
Luca Maria Willenbrock
> SEITE 114

BESTANDSGEHÖLZE ZEIGEN EINEN VITALITÄTSVERLUST
DURCH WASSERMANGEL OFT ERST IN DEN FOLGEJAHREN,
SODASS DAS VORAUSSCHAUENDE,
PROPHYLAKTISCHE WÄSSERN RATSAM IST.

**ERMITTLUNG DES WASSERBEDARFS VON
BESTANDSGEHÖLZEN**

Janina Haupt

> SEITE 122

1. GASSE	LINEAR, MEIST SÜD-AUSRICHTUNG
2. SPATEL	ENGER EINGANG, NACH INNEN BREITER
3. WINKEL	GASSE KNICKT AM ENDE UM CA. 90 GRAD EIN, OFT MIT HOF
4. SCHWINDLER	MEHRERE KNICKS, ENDE DER GASSE VERSETZT UND NICHT SICHTBAR
5. SIGNORA	GASSE MIT VORPLATZ WIE EIN ROCK
6. DAUMEN	BREITE, KURZE GASSE
7. EINFAHRT	KLEINE, KURZE GASSE
8. FUSSGÄNGER	GASSE MIT DURCHGANG NUR FÜR FUSSGÄNGER

LE CORTI DELL'INCONTRO
Elizaveta Misyuryaeva

> SEITE 90

REBUILDING INFORMALITY
Razan Shaaban
> SEITE 84

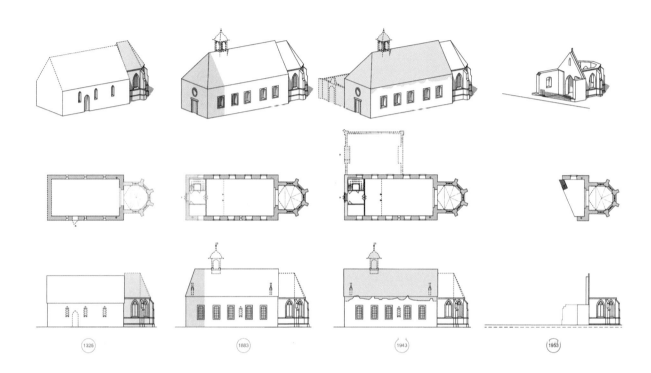

1326 1883 1943 1953

NIKOLAIKAPELLE UND NIKOLAIFRIEDHOF
IN HANNOVER
Anneke Burandt
> SEITE 94

GENERATIVE BRIDGE DESIGN
Adam Unger
> SEITE 100

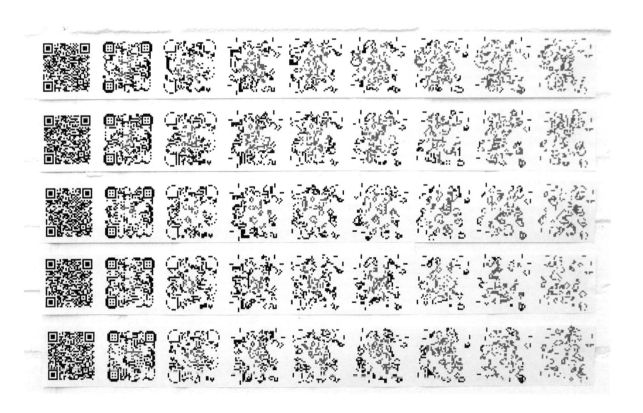

DATAART
Niklas Quast
> SEITE 104

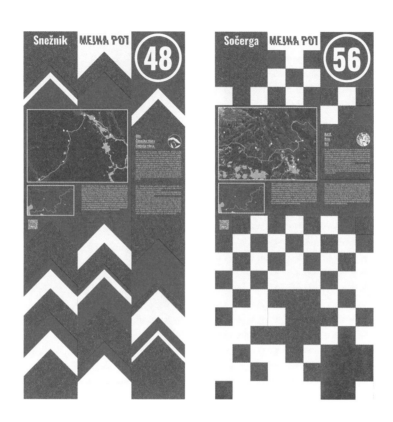

ES GIBT GRENZEN
Matthias Bierschenk

> SEITE 116

STÄDTE WAGEN WILDNIS – VIELFALT ERLEBEN
Carmen Rethschulte, Christoffer Zoch,
Prof. Dr. Michael Reich

> SEITE 162

LANDSCHAFT ERZÄHLT GESCHICHTE
Linda Düwel
> SEITE 126

INTERVENTION (VORHANG)
Martin Hajduga
> SEITE 102

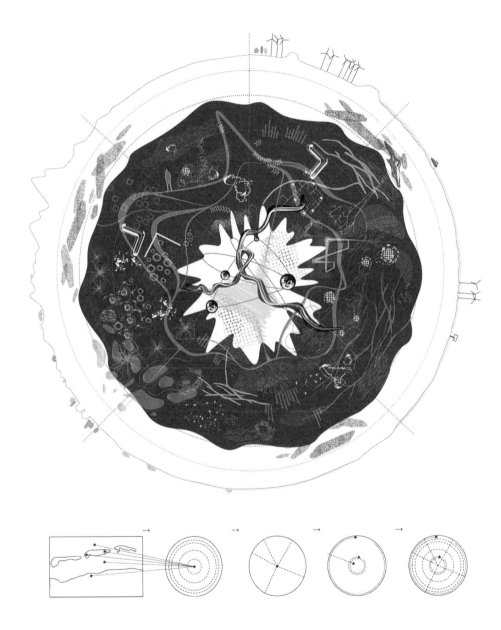

SCAPESHIFTER
Eva Liebig, Dag-Ole Ziebell
> SEITE 108

EIN VOLLSTÄNDIGER VERZICHT AUF GROSSKONIFEREN
IN DER HAUSGARTENGESTALTUNG IST AUS VIELFÄLTIGEN,
INSBESONDERE ABER ÄSTHETISCHEN UND ÖKOLOGISCHEN GRÜNDEN,
WEDER SINNVOLL NOCH UMSETZBAR.

SERBISCHE FICHTE, SCHWARZ-KIEFER UND CO.
Paul V. Tontsch
> SEITE 120

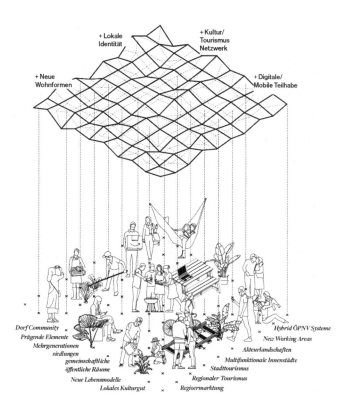

+ Lokale
Identität

+ Kultur/
Tourismus
Netzwerk

+ Neue
Wohnformen

+ Digitale/
Mobile Teilhabe

Dorf Community
Prägende Elemente
Mehrgenerationen
siedlungen
gemeinschaftliche
öffentliche Räume
Neue Lebensmodelle
Lokales Kulturgut

Hybrid ÖPNV Systeme
New Working Areas
Akteurlandschaften
Multifunktionale Innenstädte
Stadttourismus
Regionaler Tourismus
Regioermarktung

WALK THE LINE
Rebekka Wandt
> SEITE 74

STUDENTISCHE
PROJEKTE

INSTITUT FÜR ENTWERFEN UND GEBÄUDELEHRE

IEG

Baukunst
Prof. Zvonko Turkali

SKT – Studio Kempe Thill (Entwerfen und Ressourcen)
Prof. André Kempe | Prof. Oliver Thill

Stadt Raum Gestaltung
Prof. Marieke Kums

HELENE-NATHAN-MEDIATHEK

NEUE MEDIENRÄUME FÜR BERLIN-NEUKÖLLN In Berlin-Neukölln, einem kulturell stark durchmischten Stadtteil mit hoher Arbeitslosenquote, sind ein niedriges Einkommen und Schulabbrüche keine Seltenheit. Die neue Mediathek ermöglicht den Bewohnerinnen und Bewohnern einen niedrigschwelligen Zugang zu Bildung sowie Orientierung in geschütztem Rahmen. Während ein respektvoller Umgang mit dem Grundstück und der Umgebung die Akzeptanz des öffentlichen Hauses im Stadtteil stärken soll, fächert sich das aus Recycling-Beton und Holz gefertigte Gebäudeinnere über einem hohen, offenen Raum mit kaskadenartig angelegten Geschossen und Leseplätzen auf. Beim Spaziergang durch das Gebäude werden die unterschiedlich gestalteten Innenhöfe sichtbar und das vielfältige und lebendige Angebot der Mediathek erschließt sich. Dem überholten Prinzip „Bibliothek als Bücherlager" setzt die Helene-Nathan-Mediathek einen Ort mit großer Aufenthaltsqualität entgegen.

HELENE NATHAN MEDIA LIBRARY – FUTURE MEDIA SPACES FOR BERLIN-NEUKÖLLN Berlin-Neukölln, a culturally diverse district, is characterised by Berlin's highest unemployment rate, low incomes and school dropouts. The new media library offers residents low-threshold access to education, orientation, opportunities and safe spaces. Whilst a respectful handling of the site and its surroundings strengthens the public acceptance of the building in the district, the interior of the building, built of recycled concrete and wood, opens up to create a large void with cascading floors and reading areas. As you walk through, courtyards with different characters appear and the diverse programme can be experienced. The Helene Nathan Media Library juxtaposes the outdated principle of "library as book storage" with a place of great spatial quality.

MARIE-ANNA DUNKHASE
Masterthesis
Prüfende: Prof. Zvonko Turkali, Prof. Andreas Quednau
Baukunst

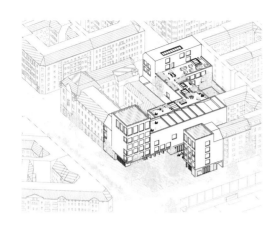

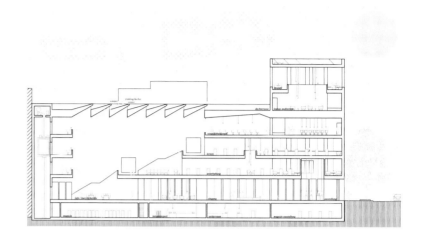

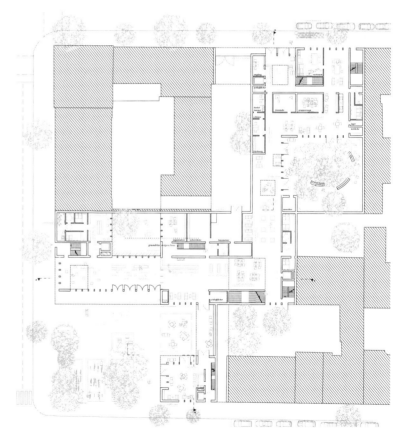

FRIEMELN   **ZENTRUM FÜR REGIONALE BAUKULTUR**   Der Entwurf des Zentrums für Baukultur bietet den im Mühlenkreis lebenden Menschen und Fachleuten aus Handwerk und Bauplanung einen Raum für Identifikation, Vernetzung und Teilhabe. Das Haus mit differenziert gestalteter Dachlandschaft schafft mit Setzung und Volumetrie ein neues Entree für die mittelalterliche Altstadt von Lübbecke: durch die Höhenentwicklung in Kubatur und Fassaden reagiert die Großform auf die unterschiedlichen Maßstäbe der Umgebung. Das Zentrum umschließt zudem einen zentralen Werkhof, der als vielfältiger Ort der Zusammenkunft gedacht ist. Konstruktion und Materialität bilden die Prinzipien und Eigenheiten regionstypischer Bauweisen ab und verknüpfen das Zentrum so deutlich mit dem Ort. Massive, kalkverputze Außenwände und rotgedeckte Ziegeldächer aus regionalen Baustoffvorkommen stehen für die Wiederentdeckung qualitativ hochwertiger traditioneller Bauweisen.

FRIEMELN – CENTRE FOR REGIONAL BUILDING CULTURE   The design of the "Centre for Building Culture in the Mühlenkreis" offers residents and those involved in crafts and planning a space for identification, networking and participation. The house with a differentiated roofscape creates a new entrance for the medieval town of Lübbecke. Through varying heights in cubature and façades, the large form reacts to the different scales of its environment. It encloses a central work yard as a multifaceted meeting place for the town's residents.

Construction and material directly reflect the principles and characteristics of the typical regional construction methods and clearly connect the building with its location. Massive, lime-plastered exterior walls and red tiled roofs made of regionally sourced materials represent a rediscovery of the qualities of traditional construction methods.

LUCAS HÖPPNER
Masterthesis
Prüfende: Prof. Zvonko Turkali, Prof. Jörg Schröder
Baukunst

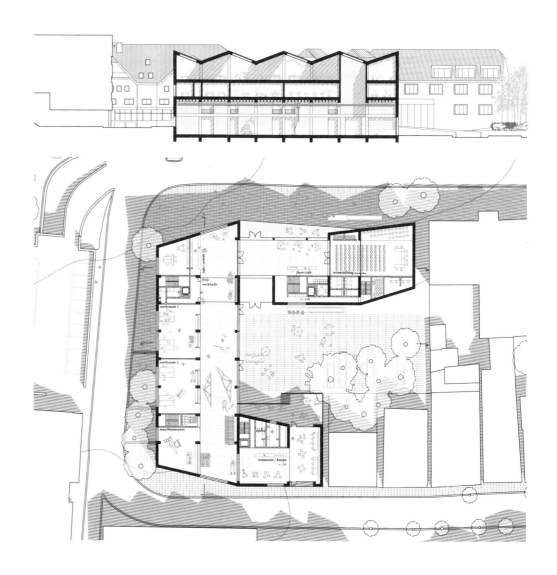

LEARNING CEN-TER – CAMPUS BAHRENFELD

TRANSFORMATION Für das zukünftige Herzstück der Science City Bahrenfeld werden drei einfache Bürobauten zu einem Learning Center umgebaut. Der Entwurf verbindet die drei Gebäude und lässt so ihre bisherige undefinierte Anordnung zu einem neuen Ganzen werden. Bei der Umgestaltung bleibt die Struktur des Bestands fast vollständig erhalten. Um das vielfältige inhaltliche Programm zu differenzieren, wird ein trennender Baukörper hinzugefügt. Dieser formt ein Atrium aus, um das sich die Kernfunktionen des Learning Centers anordnen. Die funktionale Fassade und der flexible Grundriss können nachhaltig auf zukünftige Nutzungsänderungen reagieren. Seiner ikonografischen Rolle als Herzstück des Campus wird das Haus dennoch gerecht.

Das Projekt entstand im Rahmen des mehrjährigen Forschungsprojekts „Learning Landscapes" des SKT in Kooperation mit der Universität Hamburg.

LEARNING CENTER – CAMPUS BAHRENFELD – TRANSFORMATION As the centrepiece of the Science City Bahrenfeld, three basic office buildings are being transformed into a Learning Center. The design connects the three buildings to transform their previously undifferentiated arrangement into a new whole. The transformation almost completely preserves the structure of the existing buildings. In order to differentiate the diverse programme, a dividing structure is added. This creates an atrium around which the core functions of the Learning Center are stacked. The functional façade and flexible floor plan can respond sustainably to future changes in use. Nevertheless, the building develops an appropriate iconography as the beating heart of the campus.

The project is part of the ongoing research project "Learning Landscape" at the SKT in cooperation with the University of Hamburg.

LUISA AUSTERMEIER, LORENZ BEHRENDT
Bachelorthesis
Prüfende: Prof. André Kempe, Prof. Hilde Léon
SKT – Studio Kempe Thill (Entwerfen und Ressourcen)

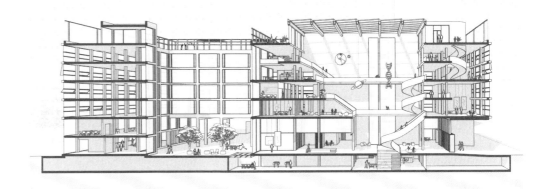

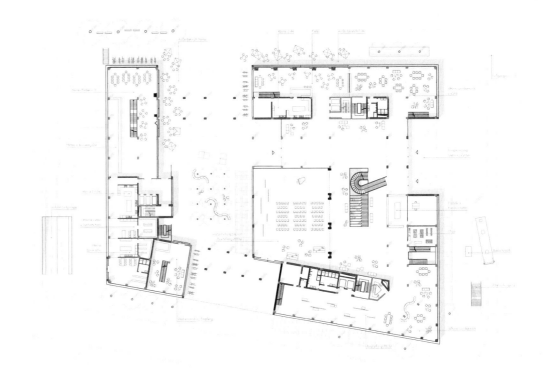

CONFERENCE CENTRE

CAMPUS BAHRENFELD Das Hörsaal- und Konferenzzentrum bietet neben großen Veranstaltungsräumen für viel Publikum auch Raum für innovative Lehrkonzepte, individuelles Lernen und Austausch außerhalb des Lehrbetriebs. Trotz der vornehmlichen Nutzung für Vorlesungen und Konferenzen dient das Gebäude bei öffentlichen Veranstaltungen und Programmbausteinen auch als Anziehungs- und Treffpunkt für die verschiedenen Nutzergruppen des Quartiers. Um dieser Funktion gerecht zu werden, ermöglicht die umlaufend offene Fassade eine ständige Beziehung zwischen innen und außen. Vor dem Gebäude entsteht ein neuer Stadtplatz des Quartiers.

Das Projekt entstand im Rahmen des mehrjährigen Forschungsprojekts „Learning Landscapes" des SKT in Kooperation mit der Universität Hamburg.

CONFERENCE CENTRE – CAMPUS BAHRENFELD In addition to spacious rooms for events with large numbers of participants, the lecture hall and conference centre also offers space for innovative teaching concepts, individual learning and exchange outside of teaching. Despite its specific use for lectures and conferences, the building, by offering more public programme modules, also serves as an attraction and meeting point for the various user groups in the neighbourhood. To fulfil this function, the all-round open façade facilitates a constant relationship between inside and outside. A new urban square for the neighbourhood is being created in front of the building.

The project is part of the ongoing research project "Learning Landscape" at the SKT in cooperation with the University of Hamburg.

ANNA MARTE, OLGA LUISE WAMING
Bachelorthesis
Prüfende: Prof. André Kempe,
Prof. Michael Schumacher
SKT – Studio Kempe Thill (Entwerfen und Ressourcen)

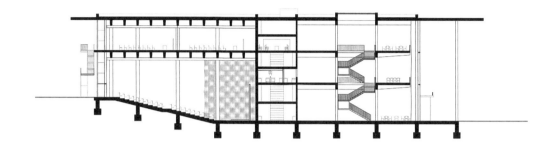

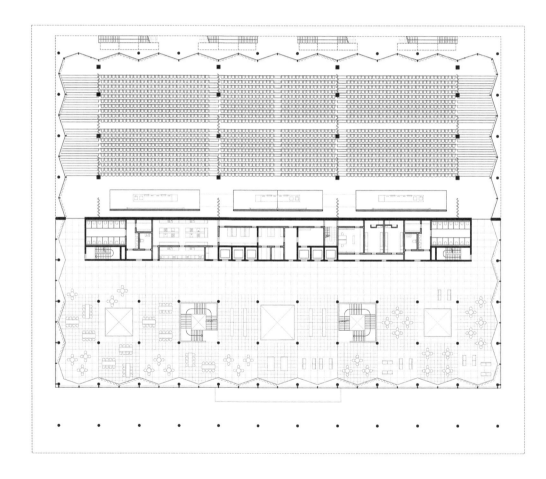

DESIGNING (WITH) UNCERTAINTY

Designing (with) Uncertainty bedeutet, sich auf offene Prozesse und unsichere Bedingungen einzulassen und aus ihnen zu lernen. Die Niederlande müssen sich seit jeher mit den Herausforderungen des Wassers auseinandersetzen: zunächst aufgrund der Nordsee, nun auch vermehrt durch das Flussdelta von Rhein und Maas. Seit 2006 ergreifen die Regierung und die jeweiligen Provinzen in enger Abstimmung mit den Anwohnenden Maßnahmen, um dem Wasser mehr Raum zu geben: So wurden im Rahmen des „Room for the River"-Projekts unter anderem Deiche (zurück)gebaut und zahlreiche großzügige Überschwemmungsgebiete und Inseln geschaffen. Steigen die Pegel, übernimmt die Natur vorübergehend die Kontrolle über die vom Menschen geschaffene Kulturlandschaft. Im Projekt wurden von den Studierenden zwei Gebiete bearbeitet, Meinerswijk in Arnhem und Noordwaard in Biesbosch.

DESIGNING (WITH) UNCERTAINTY Designing with uncertainty means to focus on and learn from open-ended processes and unstable conditions. Since time immemorial, the Netherlands has had to deal with the challenges presented by water: on the one hand from the sea and, on the other hand, increasingly from the river delta. Since 2006, the national and regional governments, in close consultation with local residents, have been taking measures along the rivers to give the water more room: the "Room for the River" project. For example, dikes have been (re)moved and several large inundation areas and islands have been created. The inundation areas are usually cultivated, except when the water level in the delta is too high: then nature temporarily reclaims the man-made landscape. The studio took as its subject two project sites, Meinerswijk in Arnhem and the Noordwaard in the Biesbosch National Park.

THORE BURMEISTER, OLE TÜBBECKE
Betreuung: Prof. Marieke Kums,
Johannes Arolt, Hannes Hölscher
Stadt Raum Gestaltung

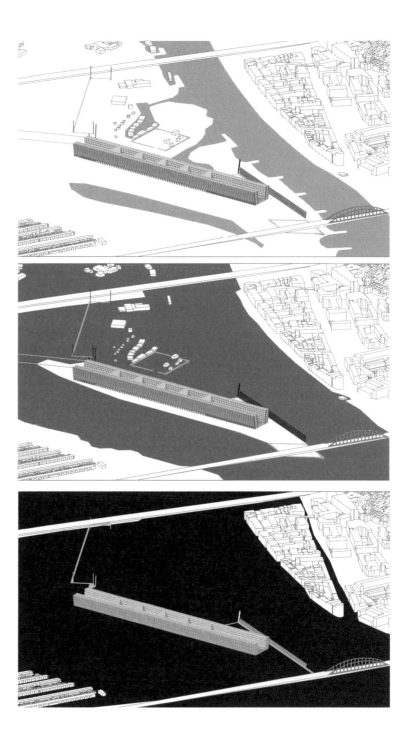

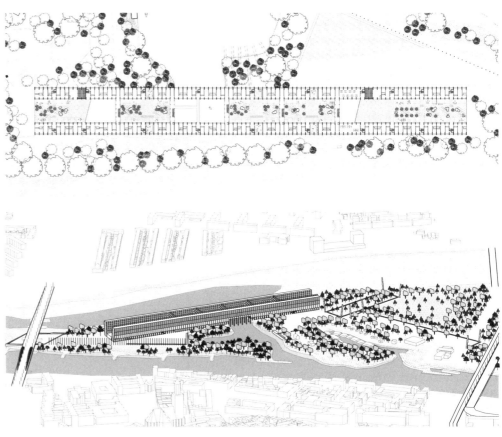

ZUSAMMEN-WOHNEN IN MÜNCHEN

Der (bezahlbare) Wohnungs-markt steht unter großem Druck. Vor diesem Hintergrund ist es wichtiger denn je, sich darüber klar zu werden, wie wir in der Stadt zusammenleben möchten. Denn wir definieren beständig die Übergänge vom Privaten ins Gemeinschaftliche, von Ruheräumen zu städtischen Räumen, und denken damit über Grenzen, Schwellen, Verbindungen, Nachbarschaft und das Gesicht bzw. die Fassade des Wohnens nach.

LIVING TOGETHER IN MUNICH Today, the (affordable) housing market is under great pressure. It is more important than ever to define how we wish to live together in the city. Sensing one's own memories, wishes and needs in the context of housing creates a starting point for us. From here we will follow up fundamentals of the spatial organisation of housing, study both conventional and alternative housing typologies and search for a creative expression of our attitude towards living and thus towards life in today's society. How do we want to live? When designing living spaces, we have to take a stand on how communal we want to live. It is important to define the transitions from the private to the communal, to think about borders, thresholds, connections, ecological impact and the face (façade) of living.

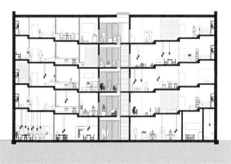

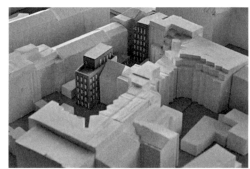

MAXIMILLIANUS AGITAMA, JULIUS ALBRECHT, JAKOB BARTELS, SARAH BOUGUEL, MATTHIA BRUCKER, ANOUK BULTJE, CHARLOTTE DAMERAU, KATHARINA DAPPERHELD, MELINA DECKERT, CEDRIC HOFFMANN, LISA HOLBROOK, PIA JÖRSS, KRISTIN KILLIAN, TILL KRÜGER, CHIRIN LACHKHAM, GERRIT MAASSEN, HENRIK MARX, CLAIRE MBAYO, RENEE MENKE, EVA OLDENBURG, MILENA PASCHALSKI, JANNA SABLOWSKI, FRDERIK SCHILLER, LAURA SUDHOLT, MICHEL TUTTAS, LIV WANNENMACHER, JUSTUS ZIMMERMANN
Betreuung: Johannes Arolt, Carolin Koopmann
Stadt Raum Gestaltung

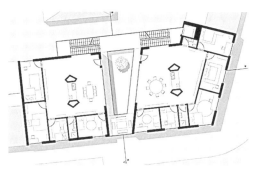

INSTITUT FÜR ENTWERFEN UND KONSTRUIEREN

IEK

Baukonstruktion und Entwerfen
Prof. Michael Schumacher

Gebäudetechnik
Prof. Dr. Philipp Geyer

Tragwerke
Prof. Alexander Furche

CAMPEN IN DEN BÄUMEN

BAUMHAUSENTWURF FÜR BAD GANDERSHEIM „Camping in den Bäumen" interpretiert das Potenzial von Orten sowohl auf architektonischer als auch auf sinnlicher Ebene und nutzt dieses gezielt, um eine Wertschätzung für das temporäre Wohnen in der Natur und im bewussten Kontakt mit der Umwelt zu fördern. Im Kontext bereits vorhandener Zelte und Wohnwagen wurden leichte und flexible Strukturen, die Naturerlebnis und ressourcenreduzierte Behaglichkeit in sich vereinen, zum Leitbild des Entwurfs. In einer funktionalen Zweiteilung soll außerdem die Verwandtschaft zu Wohnwagen mit Vorzelten gesucht werden. Die am Hang positionierten Baumhauskörper erzeugen eine spannungsvolle Komposition und Hierarchie von dezent abnehmenden öffentlichen Ebenen. Durch ihre Beweglichkeit und die weichen, texturierten, transluzenten oder gar transparenten Bauteile erzählen die Baumhäuser von möglichen intensiven (Wohn-)Erlebnissen an der Schwelle zum Wald.

CAMPING IN THE TREES – TREEHOUSE DESIGN IN BAD GANDERSHEIM "Camping in the Trees" interprets the place's potential architecturally and perceptually and uses it to promote an appreciation of temporary living in nature and in sensitive contact with other individuals. In the existing context of tents and caravans, lightweight, flexible structures that combine the experience of nature and resource-reduced comfort became the main topic of the design. In a functional dichotomy, the relationship to caravans with awnings is to be sought. The treehouses positioned on the slope create a suspenseful composition and hierarchy of subtle levels of decreasing publicity. By means of mobility and textured, soft, translucent or transparent components, treehouses with capacities for intensive experiences at the new threshold location to the forest are formulated.

JIAKUN HE, THORE BURMEISTER
Betreuung: Prof. Michael Schumacher,
Christian Eickelberg, Kurt-Patrick Beckmann,
Michael M. Vogt
Baukonstruktion und Entwerfen

WOHNEN + X **DER BAER** Das Projekt „Der Baer" in Hannover zeigt, wie und dass wir in Zukunft gemeinschaftlich in und mit der Stadt leben können. Durch die Betonung der Blockrandbebauung schafft der Entwurf eine klare Aufteilung zwischen urbanem Stadtraum und den Grünanlagen am Fluss, die dadurch an Aufenthaltsqualität gewinnen. Das als Ortbetonstruktur ausgeführte Erdgeschoss ist öffentlich zugänglich und verbindet die angrenzenden Räume. Die Wohngeschosse in Holz-Beton-Hybridbauweise werden durch einen Laubengang erschlossen und zeichnen sich durch die zentralen, durchgesteckten Wohnräume aus. Die Gemeinschaftsräume können von der Bewohnerschaft flexibel genutzt werden, ermöglichen neue Lebensmodelle und schaffen Raum für gelebte Nachbarschaft.

WOHNEN + X – DER BAER The "Der Baer" project in Hannover demonstrates that in future we will be able to live communally in and with the city. By emphasising the edge of the urban block, the design creates a clear division of the urban space and the landscaped space by the river, thus inducing new qualities. The ground floor, designed in concrete, is public and connects adjacent spaces. The residential floors in timberconcrete hybrid construction are accessed via an external corridor. They stand out for their central living space, with daylight entering from both sides. Communal spaces make flexible appropriation possible for the inhabitants, enables new forms of living and creates room for neighbourliness.

ANTONIA HAFFNER, MARIUS SCHUMANN
Betreuung: Prof. Michael Schumacher, Alexander Frisch, Maximilian Pape
Baukonstruktion und Entwerfen

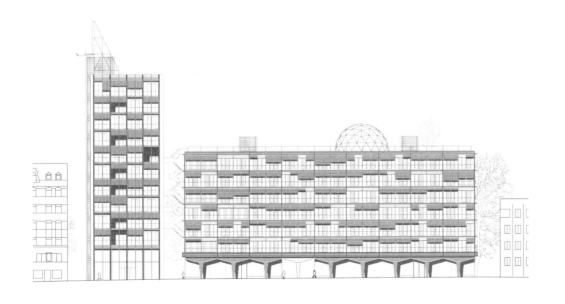

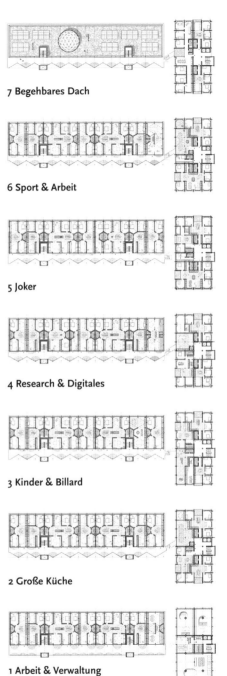

7 Begehbares Dach

6 Sport & Arbeit

5 Joker

4 Research & Digitales

3 Kinder & Billard

2 Große Küche

1 Arbeit & Verwaltung

DIE KUNST-FABRIK   Am Domagkpark wird eine Erweiterung des Atelierbestands geplant, um das ehemalige Künstlerviertel auf dem Gelände der alten Funkkaserne wiederzubeleben und gleichzeitig ein neues architektonisches Wahrzeichen zu schaffen. Die Architektur antwortet hier auf die Morphologie der Stadt und des Ortes mit einer gewissen Kühnheit, wobei für viele Fragen ein Lösungsansatz präsentiert wird. Die subtile Gebäudekubatur der „fast" vollkommenen U-Form wird vervollständigt, die Ausrichtung der Form bildet das Rückgrat des Quartiers, und das Grundstück wird durch die Architektur – auch beim Thema Schattenwurf – in keinster Weise beeinträchtigt. Gleichzeitig soll dieser Entwurf das Thema Nachhaltigkeit nicht anhand der Materialauswahl aufgreifen, sondern darüber hinaus neue Ideen und Lösungsansätze liefern.

THE ART FACTORY   An expansion of the existing studio at Domagkpark is planned in order to revitalise the thinned-out artists' community of the district in the old radio barracks and at the same time set a new architectural landmark. The architecture responds to the morphology of the city and the place with a certain audacity, presenting a solution to many questions. The subtle building volume of the "almost" perfect U-shape is completed, the orientation of the shape forms a backbone of the quarter and the architecture does not weaken the property in any way, even when it comes to the issue of shadows. At the same time, it is important to present a proposal that not only responds to sustainability issues through the selection of materials but also provides new ideas and approaches to solutions.

PAULINA KIRSCHKE, MAXIMILIAN GÖMANN
Betreuung: Prof. Alexander Furche, Christoph Rüther
Tragwerke

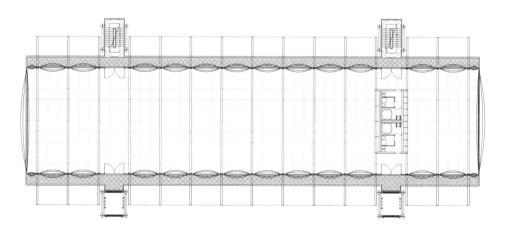

WERKSTADT LEINHAUSEN

UMNUTZUNG ZWEIER MAGAZINGEBÄUDE Die „WerkSTADT Leinhausen" ist als Nachnutzung für die beiden 1882 errichteten Magazingebäude geplant, die so der Öffentlichkeit zugänglich gemacht werden. Dabei wird eine Nutzungsmischung aus Sport, Freizeit und Kulturangeboten mit Werkstätten und Wohnen etabliert, die die Kommunikation zwischen den verschiedenen Nutzergruppen anregen soll. Zudem ergänzen diese Nutzungen den sehr stark durch Wohnen geprägten Stadtteil Leinhausen und steigern seine Attraktivität für junge und kreative Menschen. Der Entwurf findet eine Lösung für den Umgang mit dem Bestand, der durch möglichst geringe Eingriffe aufgewertet wird. Mithilfe eines Verbindungsbaus wird eine markante Eingangssituation geschaffen, die zugleich die Bestandsgebäude miteinander verknüpft. So wird aus den vernachlässigten Industriegebäuden ein Ort des Austauschs und der Kreativität.

WERKSTADT LEINHAUSEN – CONVERSION OF TWO FORMER WAREHOUSES The "WerkSTADT Leinhausen" represents a new use for the two former warehouses built in 1882, which makes them accessible to the public. A mix of sports, leisure and cultural facilities with workshops and housing will be established, which is intended to stimulate communication between a wide variety of user groups. In addition, these uses complement the Leinhausen district, which is predominantly characterised by housing, and increase its attractiveness for young and creative people. The design finds a solution for dealing with the existing buildings, which are upgraded with as few interventions as possible. A connecting building creates a distinct entrance situation, which also links the existing ones with each other. In this way, the neglected industrial buildings become a place of exchange and creativity.

MISHA KRUMBEIN
Masterthesis
Prüfende: Prof. Alexander Furche, Prof. Tim Rieniets
Tragwerke

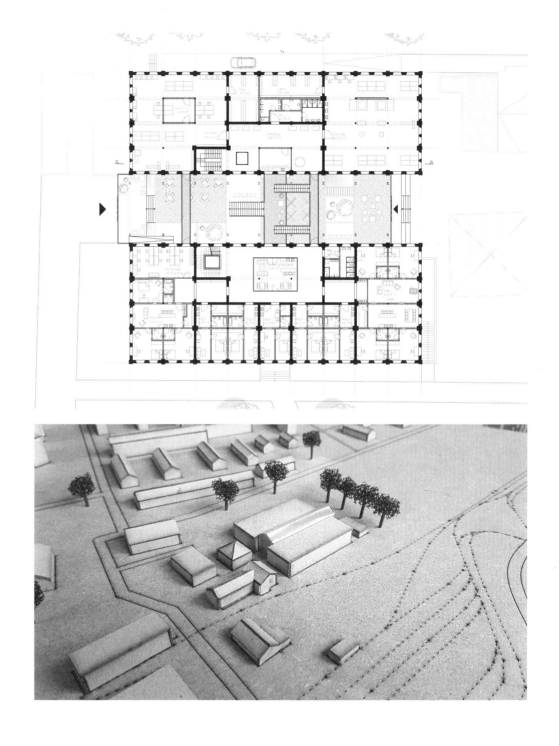

INSTITUT FÜR ENTWERFEN UND STÄDTEBAU

IES

Regionales Bauen und Siedlungsplanung
Prof. Jörg Schröder

Städtebauliches Entwerfen
Prof. Andreas Quednau

Stadt- und Raumentwicklung
Prof. Tim Rieniets

WALK THE LINE Erst vor rund 30 Jahren wurde in Deutschland der Eiserne Vorhang geöffnet, der ein halbes Jahrhundert lang Ost und West sowohl räumlich als auch strukturell voneinander getrennt hatte. Diese Arbeit geht den Spuren der ehemaligen Grenze nach und zeigt auf, wie innovative Ideen und integrative Zukunftsbilder die Kleinstädte und Dörfer entlang des Grünen Bandes bereichern können: durch Kooperation, Digitalisierung, nachhaltige Mobilität, Neo-Ökologie, Solidarität und Teilhabe. Für den gemeinsamen Handlungsraum des Eichsfelds in Thüringen und Niedersachsen wird ein möglicher Strukturwandel an folgenden Kernthemen festgemacht: Orte und Räumlichkeiten für adäquate Wohnangebote, Bildungs- und Kultureinrichtungen, Tourismus, neue Geschäftsmodelle – ausgehend vom Paradigma der räumlichen und sozialen Verdichtung.

WALK THE LINE The Iron Curtain in Germany, which had separated the East and the West spatially and structurally for half a century, was only overcome a good 30 years ago. The thesis traces this border and shows how innovative ideas and integrative visions of the future can inspire the small towns and villages in rural areas along the former border: through cooperation, digitalisation, sustainable mobility, neo-ecology, solidarity, participation. For the joint action space of the Eichsfeld in Thuringia and Lower Saxony, a possible structural change is defined by core topics: places and spaces for adequate housing, educational and cultural facilities, tourism, new business models – based on the paradigm of spatial and social densification.

REBEKKA WANDT
Masterthesis
Prüfende: Prof. Jörg Schröder
Regionales Bauen und Siedlungsplanung

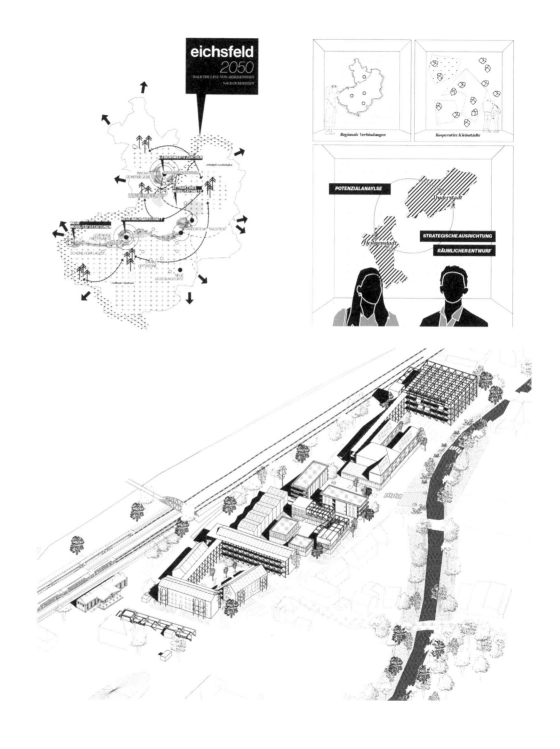

eichsfeld
2050
WALK THE LINE: VON HEILIGENSTADT
NACH DUDERSTADT

Regionale Verbindungen

Kooperative Kleinstädte

POTENZIALANAYLSE

STRATEGISCHE AUSRICHTUNG

RÄUMLICHER ENTWURF

MEAT CHANGE

Die Vision einer neuen Ernährungswirtschaft wird in dieser Arbeit als Motor räumlicher Transformation in Stadt und Land gesehen. Niedersachsen ist aufgrund seiner Dichte an Mastställen und der hohen Exportraten ein globaler Player in der Fleischindustrie. Die Arbeit zeichnet zunächst die örtliche bzw. räumliche Besonderheit nach: Futtermittel aus Brasilien kommen in den Häfen an und werden an Maststäle geliefert, Tiere werden zu Schlachthöfen transportiert, Fleisch wird in den Städten verteilt. Im Folgenden wird das Szenario eines Strukturwandels entwickelt, das – ausgehend von einer Ernährung, die zu großen Teilen pflanzenbasiert ist, erhöhter Achtsamkeit gegenüber Tieren sowie neuartigen Proteinquellen wie Insekten – exemplarisch die Region Vechta (als ehemalige Masthochburg und jetzt nachhaltiger Produktionsraum) und Hannover (als städtischer Konsumraum) in eine neue Beziehung setzt.

MEAT CHANGE The thesis understands the vision of a new food economy as a driver of spatial transformation in urban and rural areas. Currently, Lower Saxony is a global player in the meat industry due to its high density of fattening houses and export rates. The thesis shows a spatial specialisation: feed from Brazil arrives at ports, is delivered to fattening houses, animals are transported to slaughterhouses, meat is distributed in cities. Oriented towards a more plant-based diet, mindfulness for animals and new protein sources such as insects, the scenario of a structural change is developed, which exemplarily interrelates the region of Vechta (as a former fattening stronghold and new sustainable production space) with Hannover (as an urban consumption space) in a new way.

JULIA THEIS
Masterthesis
Prüfende: Prof. Jörg Schröder
Regionales Bauen und Siedlungsplanung

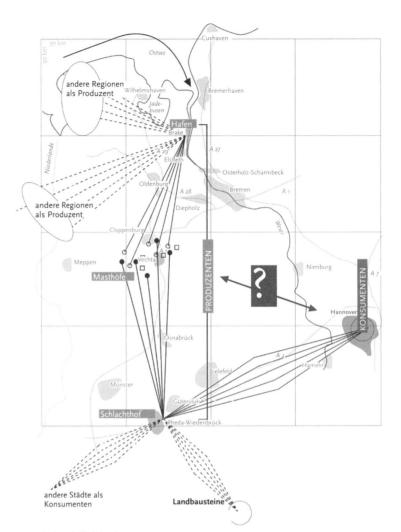

★ ★ Austausch Stadt-Land

Landbausteine

● Masthaltung Umnutzung
□ Versorgung Mast: Anlagenbau, Tierärzte Umnutzung
• Freilandhaltung
□ Versorgung neue Produktion

Stadtbausteine

■ Bausteine: Konsum, Forschung, Bildung, Kultur, Soziales

Bestehende Strukturen, umgenutzt
Neue Strukturen: Land
Neue Strukturen: Stadt

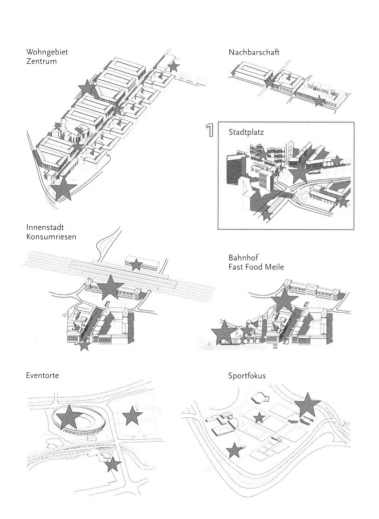

Wohngebiet
Zentrum

Nachbarschaft

1 Stadtplatz

Innenstadt
Konsumriesen

Bahnhof
Fast Food Meile

Eventorte

Sportfokus

★ LAND | STADT ★

BAUSTEINE

RAUM

makro+ / mikro-

GEBÄUDE

STRASSE

PLATZ

FREIFLÄCHE

+

NUTZUNG

makro+ / mikro-

ALLTAG

ATTRAKTION

EVENT

FORSCHUNG

BILDUNG

ANBAU

**PRODUKTION/
VERARBEITUNG**

INFORMATION

TIERHALTUNG

OFFEN

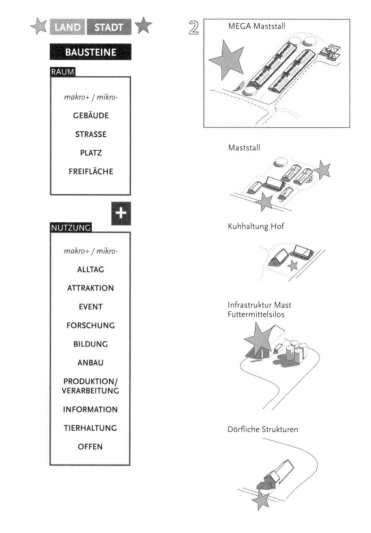

2 MEGA Maststall

Maststall

Kuhhaltung Hof

Infrastruktur Mast
Futtermittelsilos

Dörfliche Strukturen

77

EUROPÄISCHES BÜRGERHAUS

EIN ORT DES DIALOGS FÜR DIE BÜRGER DER STADT MÜNCHEN Das „Europäische Bürgerhaus" in München ist ein Prototyp für lokale Vertretungen der Europäischen Union. Als öffentliches Gebäude mit entsprechender Infrastruktur zeichnet es sich durch Ortsbezug, programmatische Offenheit, niederschwellige Zugänglichkeit und „Aneigenbarkeit" aus. Gleichzeitig lädt es zur Teilhabe und Mitgestaltung der EU ein und stellt eine Verbindung zwischen der Bevölkerung, zivilgesellschaftlichen Akteuren und den EU-Institutionen her. Neben Räumen für die offizielle Vertretung, für NGOs und andere lokale Akteure, sowie Schulungsräumen und einer Bibliothek werden überdachte Innenräume als öffentliche Bereiche zur Bespielung, Aneignung oder für einen Spazierweg durch das Gebäude zur Verfügung gestellt. Das Bürgerhaus verleiht dem europäischen Gemeinschaftsgedanken, dass Europa für alle Bürgerinnen und Bürger im Alltag erfahr- und gestaltbar sein soll, einen neuen und angemessenen Ausdruck.

EUROPEAN CITIZEN HOUSE – A PLACE OF DIALOGUE FOR THE CITY AND CITIZENS OF MUNICH The "European Citizens' House" for Munich is a prototype for local representations in the European Union. As a public building and infrastructure, with its references to the location, programmatic openness, low-threshold accessibility and appropriability, it invites to participate and help shape the EU and to create connections between citizens, civil society actors and EU institutions. In addition to spaces for official representation, for NGOs and other local actors, training rooms and a library, large covered areas are kept free as public interior space for use and appropriation. The Citizens' House gives a new and appropriate expression to the European idea of community, in which Europe can be experienced and shaped by all citizens in everyday life.

JONAS TRITTMANN
Masterthesis
Prüfende: Prof. Andreas Quednau,
Prof. Dr. Margitta Buchert
Städtebauliches Entwerfen

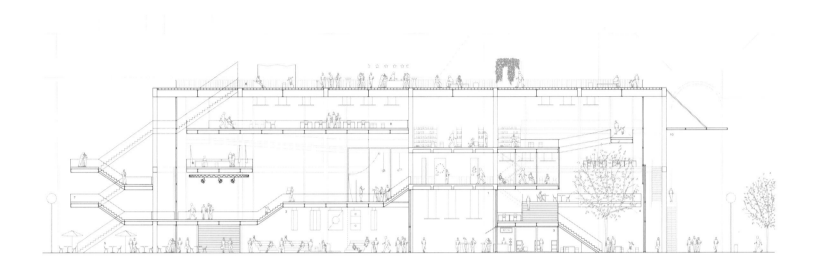

RAHOVA   **TRANSFORMATION EINER GROSS-WOHNSIEDLUNG** In Bukarest leben ca. 70 % der Bevölkerung in Großwohnsiedlungen. Nach der politischen Wende 1989 wurden die Wohnungen an ihre Bewohnerinnen und Bewohner veräußert. Die daraus resultierende große Anzahl an Eigentumswohnungen stellt die Stadt heute vor immense Herausforderungen bei der Sanierung und Entwicklung der Siedlungen. Beispielhaft wurde eine Entwicklungsstrategie für die Großwohnsiedlung Rahova erarbeitet, die das Ziel hat, dass sich die Bewohnerinnen und Bewohner mit ihrer Siedlung identifizieren und deshalb gemeinsam und nachbarschaftlich an ihrer Entwicklung mitwirken. Um die Begegnung und den Austausch der Bewohnerschaft zu fördern, werden Schwellenräume formuliert, die Distanzen besser regulieren und Barrieren auflösen können. Ansatzpunkte sind der Straßenraum, ein Parkplatz, eine bestehende Marktstraße, die Innenhöfe, Fassaden und Hauseingänge.

RAHOVA – TRANSFORMATION OF A LARGE HOUSING ESTATE In Bucharest, around 70 % of the population live in large housing estates. After the political change in 1989, the flats were sold to their occupants. The resulting high number of owners poses major challenges for the city today when it comes to the renovation and development of the large housing estates. As an example, a development strategy was developed for the large Rahova housing estate, which pursues the goal of transforming the large residential complex into a neighbourhood with which its residents can identify and therefore participate in its development. In order to promote encounters between residents, threshold spaces are designed to better regulate distances and dissolve barriers. The starting point is the street space, a parking lot, an existing market street, the inner courtyards, façades and house entrances.

CHRISTIAN BISCHOFF
Masterthesis
Prüfende: Prof. Andreas Quednau,
Prof. Dr. Margitta Buchert
Städtebauliches Entwerfen

DIE SCHÖNHEIT DER GROSSEN STRASSE

Die Verbreitung des Automobils hat die Städte verändert wie keine andere technische Entwicklung zuvor. Den Menschen wiederum hat es ungeahnte Freiheiten beschert, jedoch mit erheblichen Folgen: Vielerorts hat die Massenmobilität die Qualität von Wohn- und Aufenthaltsorten verschlechtert, hat zusammenhängende Stadträume zerschnitten, Straßen zu Gefahrenzonen gemacht und Freiräume zu Stellplätzen degradiert. Beispielhaft für den autobedingten Verlust stadträumlicher Qualitäten haben die Projektteilnehmenden untersucht, wie die Vahrenwalder Straße, eine Hauptverkehrsstraße in Hannover, aussehen könnte, sollte die Mobilitätswende ihr volles Potenzial entfalten. Der Fokus des Projekts liegt auf der Transformation einer stark frequentierten Kreuzung dieser großen Straße zu einem zentralen und identitätsstiftenden Platz.

THE BEAUTY OF THE BIG STREET The spread of the automobile has changed cities like no other technical development ever before. It has given people unimagined freedom, but with considerable consequences. In many places, mass mobility has reduced the quality of living, cut through contiguous urban spaces, turned streets into danger zones and degraded public spaces into parking lots.

As a representative example of the loss of urban qualities associated with the car, the authors of the project examined Vahrenwalder Strasse in Hannover to find out what a main street could look like if the mobility revolution were to unfold its full potential. The focus of the project is the transformation of a highly frequented intersection along the major roads into a central and identity-creating square.

MARLEEN HAHN, JUSTUS SMOLNIK
Bachelorthesis
Prüfende: Prof. Tim Rieniets, Amelie Bimberg
Stadt- und Raumentwicklung

82

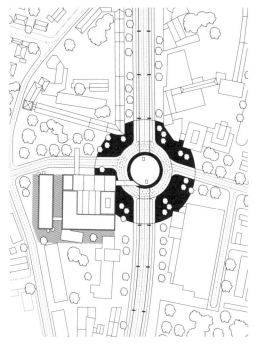

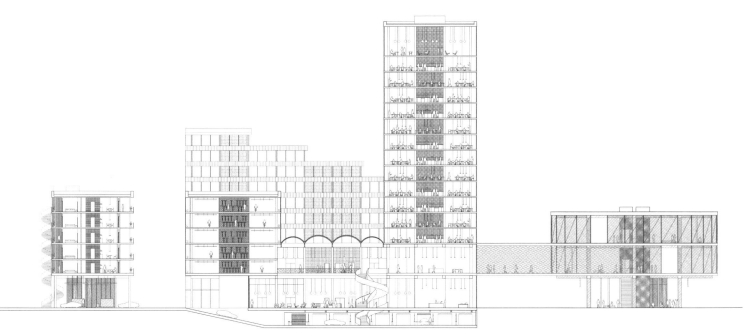

REBUILDING INFORMALITY   Joubar ist ein multiethnischer, informell gewachsener Stadtbezirk von Damaskus. Da er als Rückzugsort für Oppositionelle galt, wurde er während des Krieges schwer zerstört und soll nun in völlig neuer Form wiederaufgebaut werden. Das Projekt „Rebuilding Informality" schlägt eine alternative Strategie vor, die sich an den gewachsenen Strukturen orientiert und die Bewohnerinnen und Bewohner aktiv am Wiederaufbau beteiligt. Sie erhalten ihre alten Parzellen zurück, die jedoch angepasst werden, damit Gebäude, Höfe und Straßenräume besser nutzbar werden. Was dadurch an Fläche verloren geht, wird auf die neuen Gebäude aufgestockt. Auf diese Weise entsteht ein hochverdichteter und räumlich differenzierter Stadtraum, der die Lebensgewohnheiten und die wirtschaftlichen Möglichkeiten der Menschen widerspiegelt.

REBUILDING INFORMALITY   Joubar is a multiethnic, informally evolved district of Damascus. Since it was considered a retreat for opposition members, it was heavily destroyed during the war and is now to be rebuilt in a completely new form. In contrast to this, the project proposes an alternative strategy that is based on the original structures and actively involves the residents in the reconstruction. They will get their old plots back, which will, however, be adapted to make buildings, courtyards and street spaces more usable. Any space that is lost as a result is added to the new buildings in the form of additional storeys. In this way, a dense and highly differentiated urban space is created that reflects the living habits and economic opportunities of the people.

RAZAN SHAABAN
Masterthesis
Prüfende: Prof. Tim Rieniets,
Prof. Dr. Margitta Buchert
Stadt- und Raumentwicklung

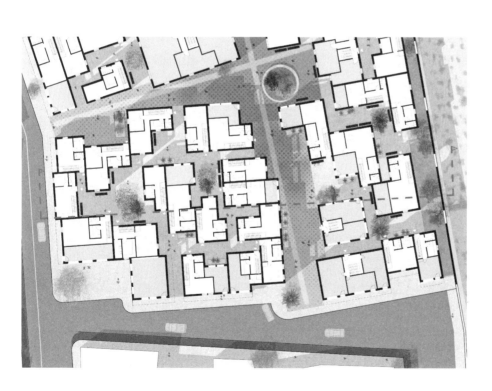

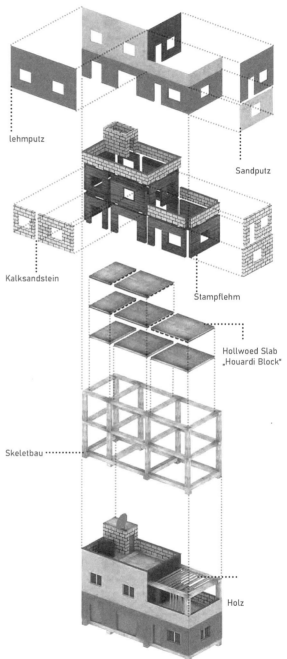

lehmputz

Sandputz

Kalksandstein

Stampflehm

Hollwoed Slab „Houardi Block"

Skeletbau

Holz

INSTITUT FÜR GESCHICHTE UND THEORIE DER ARCHITEKTUR

IGT

Architektur und Kunst 20./21. Jahrhundert
Prof. Dr. Margitta Buchert

Bau- und Stadtbaugeschichte
Prof. Dr. Markus Jager

PAPILLO – DER PAVILLON ALS ÖFFENTLICHER RAUM

EINE TYPOLOGISCHE ANNÄHERUNG „Das Wort Pavillon stammt von dem lateinischen Begriff ‚papillo', Schmetterling. Im weiteren Sinne wurde der leichte Flügelschlag des Tiers mit einem leichten Bauwerk aus nichtfesten Baustoffen verglichen. Bei dem Pavillon handele es sich also um ein freistehendes, leichtes Bauwerk, das einem größeren Bauwerk zugeordnet ist. Dieses steht meistens in einem Park oder einer gärtnerischen Anlage."[1] Als Bauwerk „zur Belustigung" erscheint der Pavillon seit der Zeit des Barocks als etwas Zusätzliches.

Intro

Schwellenlos und ebenerdig artikuliert sich der Pavillon heutzutage vielmehr als räumliches Kontinuum. Die unmittelbare Zugänglichkeit der oft einsehbaren Räume eröffnet dem Pavillon Schnittstellen im öffentlichen Raum, die weit über die Möglichkeiten eines zusätzlichen, freistehenden Gebäudes hinausgehen. Sie ermöglichen dem Außen ins Innere zu fließen und das Innere ins Außen zu tragen. Sie ermöglichen uns einzukehren und uns im Innen wie im Außen zu fühlen. Ist der Pavillon ein Mittel, um öffentlichen Raum zu erweitern und gleichzeitig als überdachter Stadtraum

eben mehr als nur Raum zu sein, sondern einen Ort zu generieren? Einen Ort der Verwandlung und Flexibilität? Einen Ort der Identifikation und Repräsentation einer gesellschaftlichen Öffentlichkeit? Vielleicht ist es nur eine Haut, ein Stoff, ein Spiegel? Ein Ort, an dem man spürt, dass sich das Umfeld regt, der Wind fegt, es lebt.

Die Studie untersucht im Rahmen von „On Tour" (Projekt Kurz) das Potenzial von Pavillons im europäischen Raum und ihre Kraft auf den öffentlichen bzw. als öffentlicher Raum. Über die Kapitelthemen Kontextualisierung, Skalierung und Symbiose, denen je zwei diametral gegenüberstehende Begriffspaare wie z. B. Landschaftlichkeit und Urbanität zugeordnet sind, nähert sich der Forschungsteil als eine Sammlung von Bauten mit methodischen Gestaltungsprinzipien, typologischen Merkmalen und Spezifikationen.

Typologische Annäherung

Ähnlich einer Position Campo Baezas, der Mensch erfahre das maximale Gefühl von Gleichgewicht auf einer horizontalen Fläche[2], bedienen sich die meisten Pavillons einer Horizontalität in mehreren Bedeutungsebenen; Podium, Decke, Boden, Podest oder geerdete Ebenen zur Kompensation natürlicher Steigungen im Gelände sind Elemente, die sich der

Selbstverständlichkeit unterordnen, den Pavillon eingeschossig oder sogar ebenerdig unmittelbar erfahren zu können. Diesem Charakteristikum spricht man im Städtebau eine besondere Öffentlichkeitswirksamkeit zu, die in der Analogie zum Pavillon so formal an Prägnanz gewinnt.

Der Pavillon als freistehender Körper, Solitär, Forschungsobjekt oder Ausdruck von Konzepten und Architekturverständnis thematisiert die Singularität zum einen als freistehender Körper, zum anderen durch sein einzelfallartiges Auftreten. Definitionen über Solitäre verdeutlichen, dass diese besonderen öffentlichen Bauwerken vorbehalten ist, dem Pavillon wird somit eine besondere Bedeutung zugesprochen. Gleichzeitig impliziert das singuläre Auftreten zahlreiche Möglichkeiten zu experimentieren: über Materialien, Konfigurationen und Ideen durch Architekturschaffende bis hin zu Wahrnehmungsexperimenten und freier Aneignung durch Nutzende. Die Gestaltungsfreiheit und Loslösung von Anforderungen hat auch Einfluss auf die Durchdringungspunkte von Wand, Boden und Decke. Dieter Geissbühler stellt in diesem Zusammenhang heraus, Durchdringung verweise auf die Kontinuität zwischen innen und außen: Wo die Decke außen und innen gleich beschaffen ist, lässt sich das Innere auch als Außen lesen.[3]

Der Pavillon als öffentlicher Raum

Die in der Arbeit vorgestellten Projekte stehen beispielhaft für ihren Umgang mit Kontext und stellvertretend für eine typologische Annäherung des Pavillons, ohne ihn dabei klar zu definieren. Gerade diese Offenheit in der Definition ist seine außergewöhnliche Stärke. Im Rahmen religiöser Räume, einer Überdachung am Wegesrand, einer Haltestelle oder eines Gedenkorts, als Eingang für eine Messe oder Podium einer Stadt: Es wird deutlich, dass der Pavillon selbst zunächst ein universell belegbarer Raum ist, dessen Funktionalität über Themen, die den Ort oder die Gesellschaft selbst betreffen, kontextualisiert wird. Er ist ein Repräsentant und programmierbar oder wird durch sein eigenes Programm zum Subjekt, wie bei zahlreichen Serpentine-Pavillons. Qualitäten und Potenziale zeigen sich gegenwärtig über spontane,

Abb. 1: Norman Foster, L'Ombrière, Marseille 2013
(© Fred Romero)

Abb. 2: Neri Oxman, Silk Pavillon, Cambridge 2013
(© Neri Oxman)

unvorhersehbare Ereignisse besonders. Im Beispiel von Norman Fosters „L'Ombrière" (Abb. 1) in Marseille geht es um weit mehr als eine Erweiterung des öffentlichen Raumes, seine Überdachung wird durch die Materialisierung über spiegelnde Oberflächen zum interaktiven Dialogfeld. Beispiele, die den innovativen Einsatz von Materialien erforschen, so wie Neri Oxman mit Seidenraupen (Abb. 2), die technologische Fortschritte des digitalen Wandels parametrischer Elemente testen und beispielsweise visionäre Konfigurationen im Versuchsbau analysieren, zeigen den Pavillon nicht nur als experimentierfreudige Typologie, sondern ebenso als räumliches Wahrnehmungsexperiment mit außergewöhnlichen gestalterischen Freiheiten.

Die unterschiedlichen Rollen entfachen für den öffentlichen Raum und unsere Gesellschaft neue Möglichkeiten zum öffentlichen Diskurs, der in einer Zeit der Digitalisierung und des erhöhten Konsums in der Stadt von seinem eigentlichen Spielfeld, dem Städtischen, immer mehr verschwindet. So ästhetisch und intensiv Pavillons im naturräumlichen Kontext besondere architektonische Qualitäten aufweisen, so sind sie oft nur für eine bestimmte Zielgruppe sichtbar: den Nutzenden selbst oder einer Gruppe von Architekturschaffenden, die sich mit Konzepten und Ideen im referenziellen Diskurs auseinandersetzen. Ohne jenen Räumen die Bedeutung abzusprechen, begeistert insbesondere die Wirkung, die Pavillons im öffentlichen, urbanen Raum für eine ganze Gesellschaft entfalten

können. So ist das Potenzial des Pavillons als Instrument für den Städtebau besonders relevant (Abb. 3).

Auch wenn keine aktive Handlung – wie die eines Menschen – vom Pavillon ausgehen kann, so kann ein solcher Raum sehr wohl unser Umfeld nachhaltig und spontan oder wiederkehrend beeinflussen. Die Bedeutung, die der Pavillon spielen kann, situiert ihn als Dialogfeld, Instrument, Repräsentant, Katalysator und vieles mehr in einer verantwortungsbewussten Rolle zwischen Objekt und Subjekt.

PAPILLO – THE PAVILION AS PUBLIC SPACE – A TYPOLOGICAL APPROACH

Following the Latin term "papillo", butterfly, the pavilion is intended as a lightweight structure built of non-rigid materials, comparable with the slight flapping of the insect's wing. Intended as a structure "for entertainment", the pavilion is seen as something additional, assigned to a larger building.[1] Nowadays, the pavilion rather articulates itself as a spatial continuum. Without thresholds and at ground level, the direct accessibility of visible rooms opens up interfaces that extend far beyond: they allow the outside to flow into the inside and carry the inside to the outside. Is it extending public space as a covered urban space, generating a place of identification and representation? A place of transformation and flexibility? Just a skin, a fabric, a mirror? A place where you can feel that the environment is stirring, the wind is whispering, that it is alive.

Abb. 3: Neri Oxman, Silk Pavillon, Cambridge 2013
(© Michael Wolgensinger)

1 Definition Pavillon. https://archipendium.com/architektur-wissen/architektur-lexikon/pavillon/, 19.1.22
2 Campo Baeza, Alberto: „Rethinking Mies. Die erhöhte horizontale Ebene". In: *Bauwelt*, 44/2011. www.bauwelt.de/themen/Die-erhoehte-horizontale-Ebene-Mies-van-der-Rohe-Rethinking-Mies-2101654.html, 14.12.21
3 Geissbuhler, Dieter: *Räumliches Denken – Die entwerferische Relevanz der Werkstoffe.* Luzern 2012

ANTONIA HAFFNER
Betreuung: Prof. Dr. Margitta Buchert
Architektur und Kunst 20./21. Jahrhundert

LE CORTI DELL'INCONTRO

DIE SACKGASSEN VON LECCE

Was haben wir auf der Jagd nach mehr Wachstum, mehr Individualismus und digitaler Vernetzung verloren, das einen Menschen menschlich und das Leben lebenswert macht? Dies war eine der Fragen, die im Rahmen des Workshops „Gute Architektur. Gutes Leben" gestellt wurde. Schwerpunkte des Workshops waren die Rolle der Architektur, Stadt und des Freiraums sowie der Handlungsspielraum von Entwerfenden in Bezug auf das „gute Leben".

Zurück zur sozialen Natur

In unserer Gesellschaft ist vermehrt zu beobachten, dass Menschen sich von ihrer sozialen Natur entfernen und vieles, inklusive der Kommunikation, nur noch über Bildschirme passiert. Auch Städte wachsen rasant, verdichten sich und die Anonymität nimmt zu.[1] So ist es mittlerweile üblich, die eigene Nachbarschaft nicht mehr zu kennen.[2] Doch wie sollen lokale Herausforderungen gemeistert werden, wenn Vertrauen und Zugehörigkeit als Grundlage für das gemeinsame Anpacken nicht vorhanden sind? Kontakt findet in diesem Fall meist über digitale Lösungen statt, doch könnte die reale Umgebung, bzw. die Architektur, dies auch von sich aus motivieren? Die Suche nach einer Antwort führt in die Stadt Lecce, dessen historische Altstadt geprägt ist von krummen, schmalen Straßen und umso engeren Sackgassen, die eine besondere Typologie bilden. Die Nachbarschaft teilt sich einen reduzierten Freiraum im Erdgeschoss und es scheint nicht an Nachbarschaftlichkeit zu mangeln. Fremde werden dort gegrüßt, selbst wenn sie in der nächsten Durchgangstraße mit nicht allzu größeren Dimensionen ignoriert werden. Der Reichtum der Typologie bietet eine Grundlage für das Verständnis, inwiefern Form und räumliche Nähe zur Kontaktherstellung und damit zur Interaktion und Gemeinschaftsbildung beitragen könnten.

Die Typologie

Die sackgassenartige Baustruktur in der Altstadt von Lecce erinnert an den traditionellen orientalisch-islamischen Städtebau, der auf einen starken Einfluss der Sarazenen schließen lässt, die ca. 800–1000 n. Chr. die Region beherrschten.[3] Nach islamischen Regeln wurden Städte dicht bebaut und mit Sackgassen ausgestattet, die nur von einer Familie und deren Assoziierten bewohnt waren und Schutz vor Feinden von außerhalb oder innerhalb der Stadt boten.[4] Heutzutage gibt es ca. 60 verschiedene Sackgassen, sogenannte *corti*, die sich besonders im Bereich der Porta Rudiae ballen und immer noch die Familiennamen der ehemals dort Wohnenden tragen. Es gibt eine große Variation von Formen und Größen, die von linearen Formen zu verwinkelten Hybridsystemen reichen. Die Analysearbeit beinhaltete einen detaillierten Blick auf drei verschiedene Sackgassen: Corte dei Romiti (Abb. 1–3), Corte degli Spinola (Abb. 4–6) und Corte alla Piazzetta del Duca d'Atene.

Vom Pasticciotto zum Apfelkuchen

Die Charakteristik bzw. die Attraktivität der *corti* ist zweifelsohne zu einem großen Teil durch lokale Gegebenheiten bedingt, wie die italienische Mentalität, die größtenteils alteingesessene Bewohnerstruktur sowie das sonnige Klima und die relativ niedrige historische Baustruktur. Es gibt aber einige Aspekte, die für eine Übertragung auf andere Gegenden und Projekte denkbar wären. Die Sackgassen in Lecce schaffen es, in einer äußerst dichten Stadt Privatsphäre ohne Schwelle zu kreieren, ohne sich auf die Prinzipien einer Gated Community beziehen zu müssen, wobei die Beschränkung auf nur ein offenes Ende, die Versprünge und die Materialdurchgängigkeit von der Straße in das Innere der Gassen eine wesentliche Rolle spielen. Hier kommen nur Menschen vorbei, die eine konkrete Beziehung zum Ort haben, und durch diese Übersichtlichkeit sowie den Effekt der bloßen Darbietung lässt sich Vertrautheit aufbauen. Knicke und Verengungen am Eingang der *corti* bieten Schutz vor fremden Einblicken, der einheitliche Bodenbelag verbindet wiederum Gassen und Bewohnerschaft mit der „Außenwelt" zu einer Einheit, zu einer Gesellschaft.

Die Enge ist etwas, das sich aufgrund diverser zeitgenössischer Vorschriften und Standards nicht problemlos übertragen lässt. Sie bietet jedoch einen optimalen Spielraum zwischen der sozialen und der persönlichen Distanz, die für Gespräche erforderlich ist.[5] Außerdem führt sie dazu, dass der begrenzte, aber sehr flexible Raum stärker geteilt und verhandelt werden muss, was Konflikte verursachen kann, vor denen die Typologie leider nicht automatisch schützt. Die Hürde zur Aneignung ist durch die private Atmosphäre und die wenigen Parteien aber relativ niedrig. Dieser Effekt der sozialen Katalyse durch Platzmangel könnte aber auch künstlich in breiteren Sackgassen hergestellt werden, ohne dass auf gute Belichtung oder Ähnliches verzichtet werden muss. Dazu bedient man sich

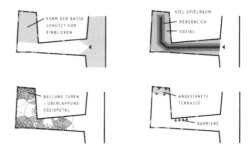

Abb. 1: Räumliche Analyse der Corte dei Romiti

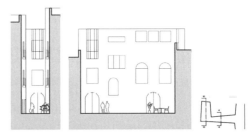

Abb. 2: Schnitte durch die Corte dei Romiti

Abb. 3: Corte dei Romiti

zwei weiterer Eigenschaften der *corti*: der zueinander gerichteten Haustüren und einer Unterteilung der Fläche durch Bepflanzung und verschiebbare Elemente. Dadurch ließen sich Nischen entwerfen, die dieselben Ausmaße haben wie die analysierten Objekte und wo das Kommen und Gehen als aktiver Prozess stattfindet, den andere Bewohnende bemerken und als Interaktionsgrund nutzen können.

Die *corti* vertragen sich auch mit einem unmittelbar neben ihnen angeordneten Platz, der als Vermittler über Nachbarschaftsgrenzen wirken könnte, sofern die Laufwege der Bewohnenden nicht behindert werden, sowie als Puffer, wenn sich eine stark frequentierte Straße in der Nähe befindet. Die Ambiguität der Sackgassen von Lecce, die gleichzeitig offen und geschlossen sind, bietet somit einige Ideen für die Gestaltung von Architektur und Stadt in Bezug auf die Förderung sozialer Interaktion mit Rückzugsmöglichkeiten.

LE CORTI DELL'INCONTRO – THE DEAD-END STREETS OF LECCE
Humans have an inherent social nature and should theoretically be thriving in an increasingly connected world. Paradoxically, social isolation in cities and mental health issues are on the rise. It brings up the question in how far the built environment is a perpetuating factor and how, on the other hand, it could contribute to the creation of a "good life".

This project delves into the historic city centre of the southern Italian city of Lecce and explores the typology of the "corti". These dead-end streets create privacy in a very dense place without gates or thresholds and give an idea of the shape and dimensions of a space where interaction and community formation might happen instinctively.

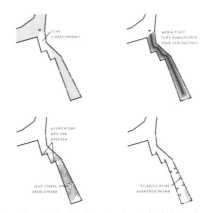

Abb. 4: Räumliche Analyse der Corte degli Spinola

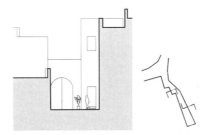

Abb. 5: Schnitt durch die Corte degli Spinola

Abb. 6: Corte degli Spinola

1 Vgl. Kinnert, Diana/Bielefeld, Marc: *Die neue Einsamkeit. Und wie wir sie als Gesellschaft überwinden können.* Hamburg 2021, S. 284 f.
2 Vgl. Richter, Gerhard: „Nachbarschaft. Der Fremde von nebenan." Deutschlandfunkkultur, Sendung v. 31.1.2019. www.deutschlandfunkkultur.de/nachbarschaft-der-fremde-von-nebenan-102.html, 9.2.22
3 Vgl. Fagiolo, Marcello/Cazzato, Vicenzo: *Lecce.* Bari 1984, S. 17
4 Vgl. Wirth, Eugen: „Die orientalische Stadt. Ein Überblick aufgrund jüngerer Forschungen zur materiellen Kultur". In: *Saeculum*, 26/1975, S. 69
5 Vgl. Gehl, Jan: *Städte für Menschen*, Berlin 2015, S. 68

ELIZAVETA MISYURYAEVA
Betreuung: Prof. Dr. Margitta Buchert, Julius Krüger
Architektur und Kunst 20./21. Jahrhundert

DAS RICHARD-NEUTRA-HAUS IM TAUNUS

Der unter Denkmalschutz stehende Bungalow wurde Anfang der 1960er Jahre von Richard Neutra (1892–1970) für die Professorenfamilie Rang entworfen. Im Sommer 2021 wurde vor Ort der Bestand aufgemessen, erfasst und in einem Raumbuch festgehalten. Zudem wurden im Neutra-Archiv der UCLA bisher unveröffentlichte Entwurfszeichnungen gesichtet. Das Ergebnis dieser Recherche dokumentiert, dass dieses überaus qualitätvolle Gebäude seit seiner Errichtung kaum verändert wurde und sehr authentisch überliefert ist. Gleichwohl ist es sanierungsbedürftig.

Über die Bestandserfassung hinaus wurden daher Sanierungsmaßnahmen projektiert, wie zum Beispiel die Instandsetzung der Dächer, der Fenster und die Erneuerung der Haustechnik (inklusive Kostenschätzung). Die Maßnahmen sollen dazu beitragen, den Fortbestand des Gebäudes dauerhaft zu sichern.

THE RICHARD NEUTRA HOUSE IN THE TAUNUS REGION

The listed bungalow was designed by Richard Neutra (1892–1970) for the Rang family in the early 1960s. In the summer of 2021, the building was measured on site, documented and entered in a room book. In addition, previously unpublished design drawings were reviewed in the Neutra Papers at UCLA. The results of this research document that this extremely high-quality building has hardly been altered since its construction and has survived very authentically. Nevertheless, it is in need of renovation.

In addition to documenting the current state of the building, renovation measures were planned, such as the repair of the roofs, the windows and the renewal of the building services (including cost estimates). This is a scientific contribution securing the existence of the building in the long term.

PEER FROWEIN, BERLISA GASHI
Betreuung: Prof. Dr. Markus Jager, Jürgen Padberg
Bau- und Stadtbaugeschichte

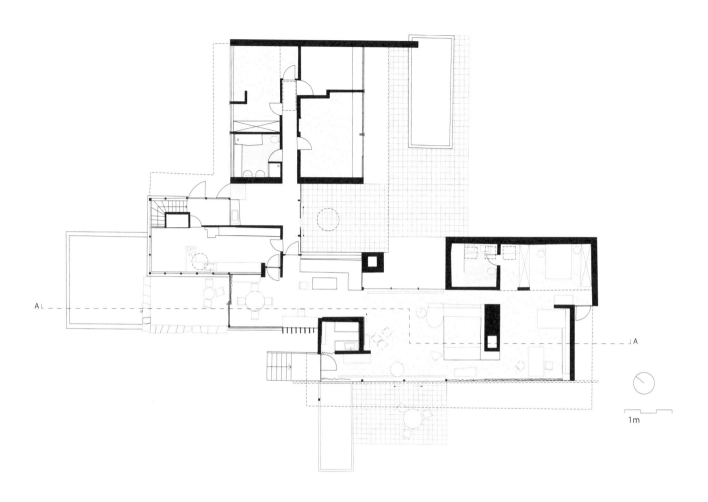

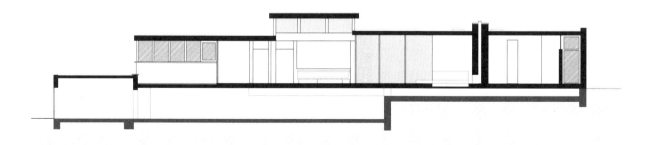

NIKOLAIKAPELLE UND NIKOLAIFRIEDHOF IN HANNOVER

EINE BAU- UND STADTBAUHISTORISCHE UNTERSUCHUNG Die fragmentarisch erhaltene Nikolaikapelle und der Nikolaifriedhof befinden sich in der heutigen Innenstadt Hannovers. Zusammen mit dem nicht erhaltenen Nikolaihospital formten sie ursprünglich ein Leprosorium außerhalb der alten Stadtmauern.[1] Diese Funktion erklärt auch den isolierten Standort von Kapelle und Friedhof, da die Leprakranken, um weitere Infektionen zu vermeiden, ausgelagert wurden.

Ziel der Untersuchung war die Betrachtung des Nikolaifriedhofs und der Nikolaikapelle im Zusammenspiel. So begann die Entwicklung zunächst mit dem Nikolaifriedhof, welcher spätestens mit der Errichtung des Nikolaihospitals um 1250 entstanden sein muss. Die Fläche des Friedhofs wuchs bei vier umfangreichen Vergrößerungen stark an, die letzte Erweiterung wurde im Jahr 1825 vollendet (Abb. 3). 1866 wurde der Friedhof aufgelassen und Ende des 19. Jahrhunderts unter der Leitung des Stadtgärtners Julius Trip parkartig umgestaltet.[2] Bis heute wird der Nikolaifriedhof als Erholungsgebiet genutzt, wenngleich er auch von Straßen umsäumt und durchquert wird.

Die Nikolaikapelle als ältestes erhaltenes Bauwerk der Landeshauptstadt Hannover hebt sich als solches im Stadtraum nur wenig hervor und bedarf einer genaueren Betrachtung. Errichtet wurde sie um 1250–1284 und erfuhr einige Anbau-, Umbau- und Rückbaumaßnahmen. Der Baumeister ist nicht bekannt. Bis heute sind die östliche Giebelwand des Langhauses mit Ansätzen beider Mauern des Langhauses erhalten sowie unmittelbar daran anschließend die Mauern des Chores.

Die Baugeschichte der Nikolaikapelle lässt sich nachstehend in acht große Bauphasen ordnen (Abb. 2): Die früheste nachweisliche Benennung erfolgt in einer Urkunde aus dem Jahre 1284 als „capella leprosorum extra muros".[3] Der Bau des rechteckigen Langhauses mit südlicher Erschließung wurde nach einem ausführlichem Grabungsbericht 1952 von dem Archäologen Helmut Plath auf die Jahre 1250–1284 eingegrenzt. Diese Annahme stützen insbesondere Fundstücke aus Keramik in der Gründung, welche um das 13. Jahrhundert üblich waren.[4]

In einem nächsten Zeitabschnitt wurde 1325 der bis heute erhaltene Chor an das Langhaus angebaut. Markant ist dabei, dass nur vier Strebepfeiler vorliegen: zwischen der Giebelwand sowie der nördlichen und südlichen Fensteröffnung wäre je ein Strebepfeiler üblich gewesen. Nachweislich wurden die Fundamente hierfür angelegt, wahrscheinlich wurden sie aber aus einem hohen gestalterischen Anspruch nicht weiter ausgeführt.

Nach enormen Bauschäden am Langhaus wurde dieses 1742 umfassend renoviert. In diesem Zuge wurde auch die Erschließung auf die westliche Seite verlagert und ein Saalhaus entstand.

1883 wurde das Langhaus unter Leitung des Architekten Prof. Conrad Wilhelm Hase verlängert. In dieser Verlängerung befand sich ein Windfang sowie eine Treppenanlage, um die neue Empore zu erreichen. Aufgrund der entstandenen Zweigeschossigkeit musste die Decke zu einer Balkendecke verändert werden.[5]

Einen weiteren Anbau erfuhr die Nikolaikapelle im Jahr 1898. Es handelte sich dabei um eine Denkmalhalle, die von dem Architekten Otto Lüer entworfen wurde und eine Kombination aus Lapidarium und Campo Santo widerspiegelte: Eingefriedet in Mauern wurden die Grabsteine aufbewahrt, um sie vor Vandalismus und Witterung zu bewahren. Die Denkmalhalle

Abb. 1: Ackermann, Wilhelm: Nikolaikapelle und Denkmalhalle, Fotografie, um 1898–1943 (© Historisches Museum Hannover, Inv. 17446 Nr. 007709)

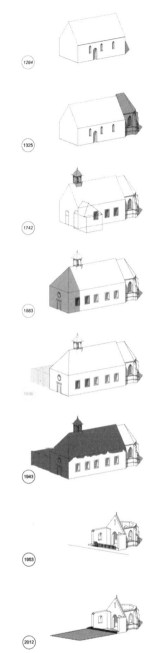

Abb. 2: Bauphasen der Nikolaikapelle 1284–2012 (© Anneke Burandt)

wurde unmittelbar angrenzend an die Nordfassade der Kapelle errichtet, wodurch die Nikolaikapelle bereits die erste Umfassungsmauer bildete. Drei weitere Mauern mit nach innen kragendem Dach zum Schutz der Objekte schlossen sich ihr an (Abb. 1).

Die Nikolaikapelle wurde während des Krieges in der Nacht vom 8. auf den 9. Oktober 1943 von Bomben beschädigt. Eine Brandbombe traf die Kapelle und lädierte den Innenraum stark. Der Chor blieb insgesamt nahezu unberührt, die anschließenden Mauern des Langhauses blieben größtenteils stehen. Auch die Dachkonstruktionen des Langhauses sowie des Chores blieben bestehen, wurden bei Aufräumarbeiten jedoch entfernt. Die Westfassade mit der Eingangssituation wurde hingegen beinahe vollkommen zerstört.[6]

In der Ära des Wiederaufbaus wurde die Nikolaikapelle zugunsten einer autogerechten Verkehrsplanung noch weiter fragmentiert. Die Planung und Umsetzung erfolgte im Jahre 1953: Die erhaltenen Mauern des Langhauses wurden bis auf wenige Meter gekürzt und erhielten eine einheitliche Mauerkrone. Die nun verbreiterte Straße „Goseriede" führte nun durch das ursprüngliche Langhaus hindurch, nur ein schmaler Gehweg trennte das Fragment von der Straße. Veränderungen in jüngster Zeit versuchten der Nikolaikapelle mittels eines umschließenden Platzes wieder mehr Raum zu geben. Diese Untersuchung soll einen Beitrag dazu leisten, den wichtigen historischen Ort in der Innenstadt stärker im Bewusstsein zu verankern. Die Thesis wurde im Rahmen des BDA-Master-Preises ausgezeichnet.

ST. NICHOLAS CHAPEL AND ST. NICHOLAS CEMETERY IN HANNOVER – AN ARCHITECTURAL HISTORY STUDY The fragmentarily preserved St. Nicholas Chapel and the St. Nicholas Cemetery are located in Hannover's city centre. Originally, together with the St. Nicholas Hospital, which has not been preserved, they once served as a leprosarium outside of Hannover's city walls. To prevent further infections, lepers were relocated.

St. Nicholas Chapel, the oldest surviving building in the state capital of Hannover, is hardly noticeable as such in the urban space and requires closer examination. It was built around 1250–1284 and underwent several extensions, alterations and reconstructions. The master builder is unknown. The chapel was damaged during the war and subsequently demolished in favour of a car-friendly city.

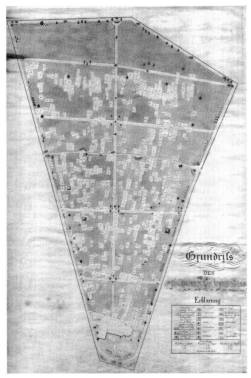

Abb. 3: Friedrich Behrens: Nikolaifriedhof und Nikolaikapelle, Lageplan, 1828 (© StadtA H: 4. KPR.01.SAK Nr. 0159)

1 Vgl. Schormann, Michael Heinrich: „Der Nikolaifriedhof in Hannover – Zur Geschichte von Kapelle, Hospital und Kirchhof St. Nikolai". In: *Berichte zur Denkmalpflege*, Bd. 33, 2013, 4, S. 195–199, hier S. 195
2 Vgl. Ludwig, Lidia/Wolschke-Bulmahn, Joachim: *Julius Trip – Gärtner, Planer und Denker für Hannovers Grün (1890–1907)*, Hannover 2008, S. 9 f.
3 Grotefend, Karl Ludwig/Fiedeler, Georg Friedrich: *Urkundenbuch der Stadt Hannover – Vom Ursprunge bis 1369 (Teil 1)*, Hannover 1860, Nr. 49
4 Vgl. Plath, Helmut: „Zur Baugeschichte der Nikolaikapelle – Ein Grabungsbericht". In: *Hannoversche Geschichtsblätter*, N.F. 11 (1958), S. 381–394, hier S. 392 f.
5 NLD Hannover Inv. 45639540 BuK Plansammlung R 133–134, Schrank 08, Schub 1, Kladde 08
6 Vgl. Mundhenke, Herbert: „Hospital und Stift St. Nikolai zu Hannover". In: *Hannoversche Geschichtsblätter*, N.F. 11 (1958), S. 193–380, hier S. 220

ANNEKE BURANDT
Masterthesis
Prüfende: Prof. Dr. Markus Jager, Prof. Mirco Becker
Bau- und Stadtbaugeschichte

INSTITUT FÜR GESTALTUNG UND DARSTELLUNG

IGD

Digitale Methoden in der Architektur
Prof. Mirco Becker

Mediale Architekturdarstellung
Prof. Tobias Nolte

Kunst und Gestaltung
Prof. Anette Haas

UNIVERSAL SUPER JOINTS II Mit dem Demonstrator werden die Möglichkeiten von 3D-gedruckten Verbindungselementen in architektonischen Anwendungen erprobt. Der 3D-Druck erlaubt es, Bauteile ungeachtet ihrer geometrischen Komplexität herzustellen. Die bekannten Limitierungen von Umformungsprozessen entfallen beim 3D-Druck nahezu vollständig, sodass einzig die Menge des verbauten Materials für die Herstellungskosten ausschlaggebend ist. Der Einsatz von 3D-gedruckten Elementen im architektonischen Maßstab ist da am sinnvollsten, wo auf kleinstem Raum viele funktionale und geometrische Bedingungen erfüllt werden müssen. Genau diese integrative Leistung erbringen die Verbinder im Projekt „Universal Joints II".

UNIVERSAL SUPER JOINTS II The demonstrator tests the possibilities of 3D-printed connectors in architectural applications. 3D printing makes it possible to produce components regardless of their geometric complexity. The known limitations of forming processes are almost completely eliminated in 3D printing, so that only the amount of material used is decisive for the manufacturing costs. The use of 3D-printed elements on an architectural scale therefore makes the most sense where many functional and geometric conditions have to be fulfilled in the smallest space. This is precisely the integrative performance of the connectors in the Universal Super Joints II project.

ANN KATRIN LOEWE, JAN ZOBEL, JANEK ZINDLER, LEON SCHITTEK, LIN CHAN TING, MARCO SCHACHT, MAXIMILIAN LÖWEN, REBECCA FAULHABER, SOHPHIA HAID
Betreuung: Prof. Mirco Becker, Philipp Mecke
Digitale Methoden der Architektur

GENERATIVE BRIDGE DESIGN

Im theoretischen Teil der Arbeit wurden computergestützte Methoden der statischen Optimierung, wie das generative Design und die Formoptimierung, sowie ihre Anwendung im Brückenbau untersucht. Während die Formoptimierung dabei von der Ausgangsform ausgeht, kann das generative Design nur mit statischen Randbedingungen als Ausgangspunkt ausgeführt werden. Im Gegensatz zur Formoptimierung reduziert das generative Design nicht nur die Masse, sondern fügt dort Material hinzu, wo es benötigt wird.

Der Entwurf zielt darauf ab, einen Ersatz für eine baufällige Brücke in Kladno, Tschechien, herzustellen. Angestrebt wurde eine Verbesserung der städtebaulichen Umsetzung des Bauwerks gegenüber dem jetzigen Zustand.

GENERATIVE BRIDGE DESIGN In the theoretical part of the thesis, computer-aided methods of static optimisation such as generative design and shape optimisation, as well as their application in bridge construction, were investigated. While shape optimisation is based on the initial shape, generative design can be carried out with only static boundary conditions given as a starting point. In contrast to shape optimisation, generative design not only reduces mass^ but adds material where it is needed.

The design aims to provide a replacement for a dilapidated bridge in Kladno, Czech Republic. The aim was to improve the urban realisation of the structure compared to its current state. The interference of the bridge into the valley below was avoided by using a cantilever structure.

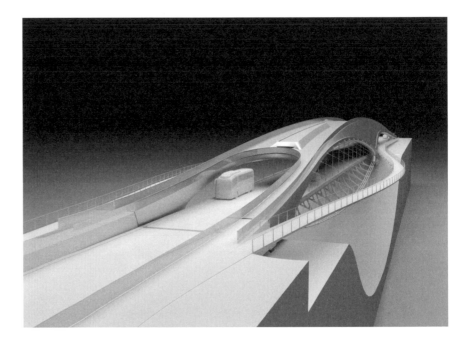

ADAM UNGER
Bachelorthesis
Prüfende: Prof. Mirco Becker,
Prof. Dr.-Ing. Dominik Schillinger
Digitale Methoden der Architektur

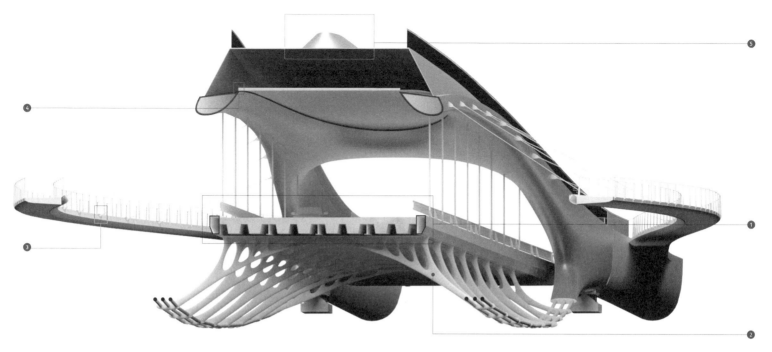

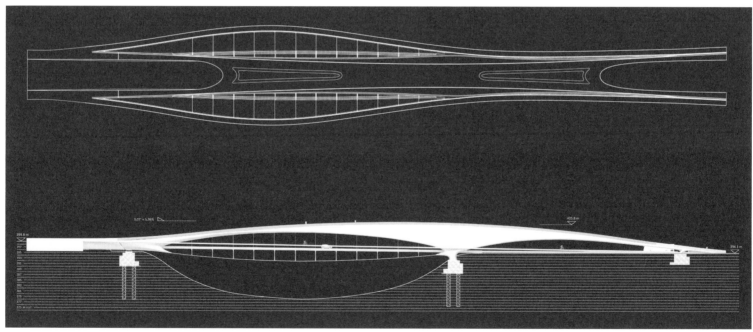

BAUSTELLEN   Das Wort Bau-Stelle markiert einen Ort in Transformation: Hier verändert sich etwas, ist etwas unfertig. Man baut auf, baut um oder baut ab. Eine Baustelle umgrenzt einen temporären Raum, der sich teils auf den ihn umgebenden Kontext bezieht und zugleich aus ihm herausgeschnitten scheint. Durch Grenzziehungen wie beispielsweise einen Bauzaun werden Baustellen zu Schaustellen. Wir untersuchen im Seminar Baustellen aller Art: Groß- und Kleinbaustellen im Stadtraum, Baustellen im eigenen Heim und auch Baustellen im übertragenen Sinn. Wir beobachten, dokumentieren, analysieren, intervenieren und bauen selber. Medien des Seminars sind Fotografie, Zeichnung, Text und Installation.

CONSTRUCTION SITES   The word construction site marks a place undergoing transformation: something is changing here, something is unfinished. Something is being built, rebuilt or dismantled. A construction site delimits a temporary space that partly relates to the surrounding context, while at the same time being separated from it. By drawing boundaries, such as a "construction site fence", construction sites become stages. In the seminar, we examine construction sites of all kinds: large and small construction sites in urban areas, construction sites in our own homes and also construction sites in a figurative sense. We observe, document, analyse, intervene and build ourselves. Media of the seminar are photography, drawing, text and installation.

TJARK RIEMER, DARIUS KLATT
Betreuung: Bignia Wehrli
Kunst und Gestaltung

DATAART Wir setzten uns mit Daten als künstlerisches Material auseinander. Daten sind laut der Norm DIN 44300 Nr. 19 „Gebilde aus Zeichen [...], vorrangig zum Zweck der Verarbeitung und als deren Ergebnis." Nicht selten wohnen den Zahlenkolonnen und Symbolen eine poetische Qualität oder verborgene Erkenntnisse inne.

Ausgehend von Datensammlungen wie (Land-) Karten, QR-Codes von Antigen-Schnelltests, den Brown'schen Bewegungen von Teilchen oder aperiodischen Kachelmustern entwickelten die Studierenden eigene künstlerische Arbeiten, welche aus dem Ausgangsmaterial einen sinnlich erfahrbaren Kern herausarbeiteten. Dieser Prozess manifestierte eine Transformation in analoge Medien. Im Wechselspiel mit diesen praktischen Übungen fand eine Auseinandersetzung mit Werken der Gegenwartskunst statt, die sich mit Daten beschäftigen beziehungsweise aus ihnen heraus entstanden sind.

DATAART We dealt with data as artistic material. According to the DIN 44300 No. 19 standard, data are "structures made up of characters [...], primarily for the purpose of processing and as the result thereof." It is not uncommon for the columns of numbers and symbols to have a poetic quality or hidden insights.

Based on data collections such as (country) maps, QR codes from rapid antigen tests, the Brownian movements of particles or aperiodic tile patterns, the students developed their own artistic works, which brought out a core from the source material that can be experienced with the senses. This process manifested a transformation into analogue media. In the interplay with these practical exercises, an examination of the data-based works by contemporary artists took place.

AARON JANSEN, PAULINE PROSKE
Betreuung: Prof. Anette Haas, Jan Neukirchen
Kunst und Gestaltung

INSTITUT FÜR FREIRAUM-ENTWICKLUNG

IF

Entwerfen urbaner Landschaften
Prof. Dr. Martin Prominski

Freiraumpolitik und Planungskommunikation
Prof. Dr. Bettina Oppermann

SCAPESHIFTER

> SEITE 108

**KOLLABORATIVE
RAUMAKTIVIERUNG**

> SEITE 110

SCAPE-SHIFTER „Scapeshifter" ist ein (großflächiger) Entwurf für die Nordseeinsel Spiekeroog, der sich mit den Folgen des durch den Klimawandel bedingten Meeresspiegelanstiegs beschäftigt. Um der Komplexität der Barriereinsel gerecht zu werden, basiert die Analyse auf einer Gaiagrafie. Diese neuartige Kartierungsmethode berücksichtigt die Beteiligung von unterschiedlichen Aktanten an den raumbeeinflussenden Prozessen in der *critical zone*. Daraus leitet sich ein Konzept ab, das dieses Aktantenfeld, das die Insel Spiekeroog beständig formt, als Grundlage nimmt. „Scapeshifter" nutzt die bestehenden Aktanten der Insel wie Wind, Sand, Dünenwanderungen oder Austernriffs, um einen weichen und dynamischen Küstenschutz zu etablieren. Mit den vier Phasen Initialisieren, Dynamisieren, Adaptieren und Konstruieren werden Handlungsmöglichkeiten aufgezeigt, die für einen Meeresspiegelanstieg von bis zu fünf Metern ausgelegt sind.

SCAPESHIFTER Scapeshifter is a (large-scale) design for the North Sea island of Spiekeroog, addressing the problem of climate change-induced sea level rise. To deal with the complexity of the barrier island, the analysis is based on a gaiagraphy. This novel mapping method considers the contribution of actants in the processes affecting the space in the critical zone. From this derives the concept that considers the actant field that forms Spiekeroog. Scapeshifter catalyses existing actants of the island like wind, sand, dune migration or oyster reefs to establish gentle and dynamic coastal protection. With the four phases Initialise, Dynamise, Adapt and Construct, possible courses of action are shown, which are suited for a sea level rise of up to five metres.

EVA LIEBIG, DAG-OLE ZIEBELL
Betreuung: Prof. Dr. Martin Prominski, David Kreis
Entwerfen urbaner Landschaften

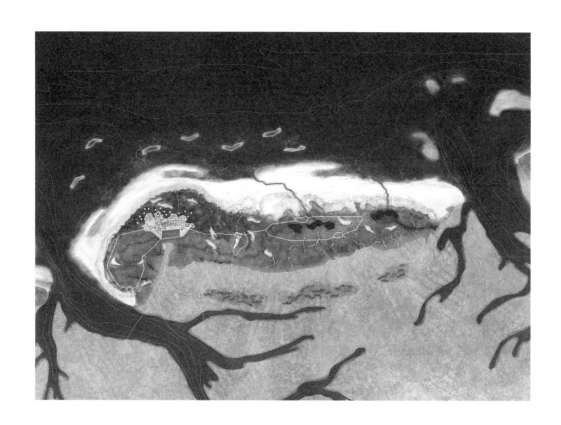

KOLLABORATIVE RAUMAKTIVIERUNG — EIN PARTIZIPATIVES FREIRAUMLABOR FÖRDERUNG VON SPORT UND KULTUR ALS BEITRAG ZUR STADTENTWICKLUNG AM BEISPIEL DES BREMER DAMMS IN HANNOVER Ziel dieser Arbeit ist es, anhand eines Reallabors das Potenzial temporärer und experimenteller Ansätze in der Stadtentwicklung Hannovers zu erforschen und sichtbar zu machen. Der Bremer Damm ist eine Hochstraße, die einen Möglichkeitsraum überdacht, der bislang als Durchfahrtsort und Parkplatz genutzt wurde. Dieser besondere Raum wurde im Verlauf des Reallabors mit sportlich-kulturellen und partizipativen Angeboten aktiviert. Der prozessuale Ansatz machte die Vorteile der Umnutzung des Freiraums unmittelbar erlebbar und regte eine öffentliche Diskussion an. Unerlässlich waren dabei der offene Austausch und die direkte Zusammenarbeit mit lokalen Akteurinnen und Akteuren, Verwaltung, Politik und Kulturvereinen. Die positive Resonanz auf das Projekt und die Motivation der beteiligten Menschen lässt auf eine Weiterführung des Projekts „Am Bremer Damm" hoffen.

COLLABORATIVE TRANSFORMATION — A PARTICIPATORY OPEN SPACE LABORATORY PROMOTING SPORT AND CULTURE AS A CONTRIBUTION TO URBAN DEVELOPMENT AT THE BREMER DAMM This project aims to research the potential of temporary and experimental approaches as a contribution to urban development in an urban laboratory. The Bremer Damm is a flyover in Hannover that covers a space which was previously used as a transit point and parking area. During the urban laboratory, the space was activated with cultural and participatory events. The procedural approach made it possible to experience the advantages of converting the open space and stimulated a public discussion.

Sport- und Kulturort

BENEDIKT SCHLUND
Betreuung: Prof. Katja Benfer, Kendra Busche
Entwerfen urbaner Landschaften

Belebte Veranstaltung

Begehrter Parkraum

INSTITUT FÜR LANDSCHAFTS-ARCHITEKTUR

ILA

Darstellung in der Landschaftsarchitektur
Prof. Katja Benfer

Geschichte der Freiraumplanung
Prof. Dr. Joachim Wolschke-Bulmahn

Landschaftsarchitektur und Entwerfen
Prof. Christian Werthmann

Pflanzenverwendung
Prof. Dr. Anke Seegert

Technisch-konstruktive Grundlagen
der Freiraumplanung
Prof. Gilbert Lösken

MATERIAL UND KLIMA

ZWISCHEN KLIMAANGEPASSTER OBERFLÄCHENGESTALTUNG UND STÄDTEBAULICHEN EIGENARTEN

Im Rahmen der Masterarbeit wurde ein Vorschlag zur klimaangepassten Umgestaltung von sechs wärmebelasteten Stadtplätzen erarbeitet. Entwickelt wurde ein zusammenhängendes Konzept für ein Ensemble, dessen Plätze sich in ihrer Atmosphäre und Oberflächengestaltung, ihrer Nutzung, ihren mikroklimatischen und städtebaulichen Eigenarten stark unterscheiden. Vor allem kreativ-intuitive Methoden wie die Erstellung metaphorischer Leitbilder und Stimmungskollagen führten unter anderem zu einem „Windplatz", einem „Schattenplatz" oder einem „Wintersalon". Für die Plätze ergeben sich somit unterschiedliche Nutzungszeiträume. Infolge einer mehrdimensionalen Betrachtung wurde das Planungscredo *Die Form folgt dem Klima, der Atmosphäre, der Nutzung, der Zeit und dem städtebaulichen Charakter* genannt.

MATERIAL AND CLIMATE – TENSION BETWEEN CLIMATE-ADAPTED SURFACE DESIGN AND URBAN DESIGN CHARACTERISTICS

In the context of six overheated city squares, the master's thesis includes a proposal for climate-adapted transformation. It results in a coherent concept for an ensemble whose squares differ in their ambience, surface design, their use as well as their microclimatic and urban design characteristics. As a basis for the concepts of the individual squares, conceptual metaphors and collages regarding the intended ambiance were created. This led, for example, to a "wind square", a "shadow square" and a "winter saloon". Furthermore, the squares were assigned to different, appropriate periods of use. Based on the result of the design and following a more multidimensional approach, this thesis proposes the design credo *Form follows climate, ambience, use, time and architectural character*.

LUCA MARIA WILLENBROCK
Masterthesis
Prüfende: Prof. Katja Benfer, Jonas Schäfer
Landschaftsarchitektur und Entwerfen
Darstellung in der Landschaftsarchitektur

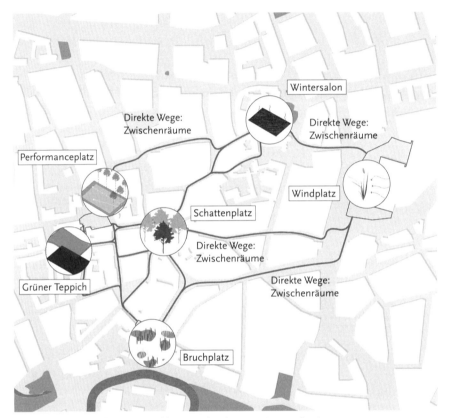

Klimatologisches Stadtplatzensemble aus sechs Plätzen in Braunschweig

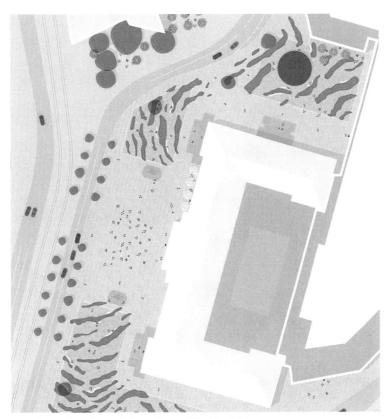

Der Schlossplatz als Windplatz: wie vom Wind beeinflusste, organisch geformte Flächen aus Gräsern

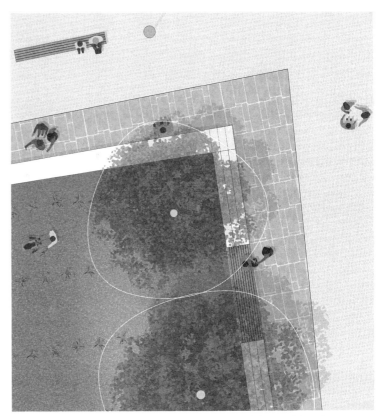

Der Platz an der Martinikirche als grüner Teppich: Im Frühling wird der Platz zeitweise zum „gelben Teppich" und Narzissen können gepflückt werden.

ES GIBT GRENZEN TRANSFORMATION DER SLOWENISCH-KROATI-SCHEN GRENZE

Grenzen sind Nicht-Orte, die dem Menschen vorenthalten werden. Gegenstand dieser Masterarbeit ist der Entwurf einer Umgestaltung des slowenisch-kroatischen Grenzgebiets unter der Prämisse, dass Kroatien dem Schengenraum beitritt. Mit der Verschiebung der gesicherten EU-Außengrenze kann das zuvor unzugängliche Gebiet für die Gesellschaft geöffnet werden. Ein Wander- und Radweg verwebt auf 17 Etappen die beiden Seiten der Grenze miteinander und schafft entlang der Route abwechslungsreiche Orte und Angebote für Naturschutz, Erholung, Wissensvermittlung und Begegnung. Die unterschiedlichen Naturstimmungen sollen gestärkt und besser inszeniert werden, die bewegte Geschichte der Region soll erfahrbar gemacht werden. Komplettiert wird der Entwurf durch ein Leitsystem, welches neben Orientierung detaillierte Informationen über spezifische Besonderheiten der Grenzregion bietet.

THERE ARE BORDERS — TRANSFORMATION OF THE SLOVENIAN-CROATIAN BORDER

Borders are non-places that are withheld from people. The subject of this master's thesis is the design of a transformation of the Slovenian-Croatian borderland under the premise that Croatia will join the Schengen area. With the shift of the secured external border of the EU, this previously inaccessible territory can be opened up to society. A hiking and cycling trail interweaves the two sides of the border over 17 stages and creates places for nature conservation, recreation, knowledge transfer and meeting places along the route. The different natural atmospheres are to be strengthened and staged, and the eventful history of the region is to be made tangible. The design is completed by a guidance system that, in addition to orientation, offers detailed information about specific features of the border region.

Orientierungs- und Leitsystem

MATTHIAS BIERSCHENK
Masterthesis
Prüfende: Prof. Christian Werthmann, Lisa Seiler
Landschaftsarchitektur und Entwerfen

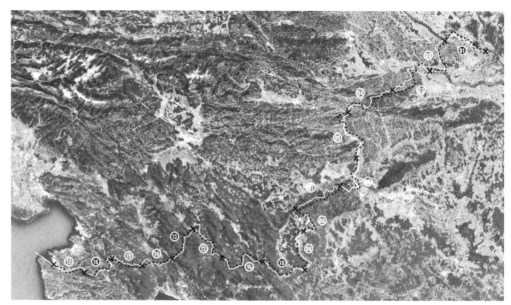

17 Etappen führen durch das Grenzland

Künstlerische Wissensvermittlung im Snežnik

FREIRAUM-QUALITÄTEN IM GEWERBE-GEBIET

INTEGRATION VON KLEINST-GEWERBEGEBIETEN IN EIN MODULARES GESAMTKON-ZEPT Um eine nachhaltige Wirtschaft zu fördern, ist es wichtig, die bestehenden Gewerbegebiete neu zu denken. Im Zuge der Masterarbeit wurde erarbeitet, wie in Gewerbegebieten nachhaltige soziale und ökonomische Nutzungen durch freiraumplanerische Konzeptionen etabliert werden können und das Gebiet gleichzeitig als Teil einer dem Klimawandel entgegenwirkenden Stadtplanung funktioniert. Darüber hinaus wurde untersucht, wie Teilflächen kleinteilig konzeptioniert werden können und als Keimzellen der zukunftsfähigen Stadtökologie, Freiraumnutzung und Gewerbediversität wirken. Unter Berücksichtigung verschiedenster Veränderungen wurde eine prozessuale und flexible Planungsmethodik angewendet und in ein Gesamtkonzept für das Gewerbegebiet Hainholz in Hannover integriert. Detaillierte Entwürfe für Teilgebiete zeigen mögliche Entwicklungsszenarien.

OPEN SPACE IN INDUSTRIAL AREAS – INTEGRATION OF MICRO-INDUSTRIES IN A MODULAR CONCEPT In order to promote a sustainable economy, it is important to rethink existing industrial areas. In the course of the master's thesis, it was worked out how sustainable social and economic uses can be established in industrial areas through open space planning concepts and how climate change can be counteracted simultaneously. Furthermore, it was investigated how sub-areas can be conceptualised as micro-business areas and drive forward sustainable urban ecology, open space use and commercial diversity. Taking different changes into account, a procedural and flexible planning methodology was applied and integrated into an overall concept for the Hainholz industrial area in Hannover. Detailed designs for sub-areas show possible development scenarios.

JOSEFINE SIEBENAND
Masterthesis
Prüfende: Prof. Christian Werthmann, Leonie Wiemer
Landschaftsarchitektur und Entwerfen

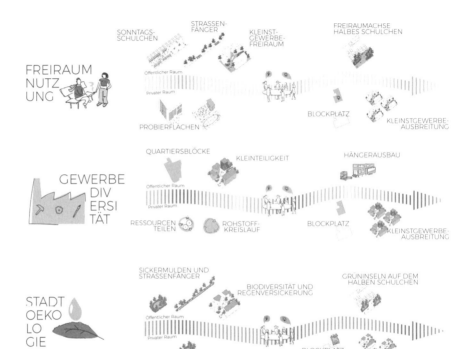

Prozessdiagramm

Flexible städtebauliche und freiräumliche Gestaltung im Kleinstgewerbegebiet *EGON*

AB
GE
KOP
PELT

BÜRO
HÄN
GER

LAG
ER
HÄN
GER

WERK
STATT
HÄN
GER

LKW-Transformation flexible Gewerbeeinheiten

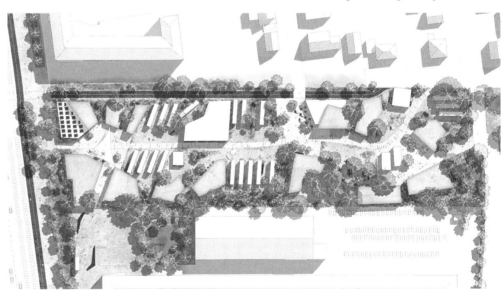

Detailplan Kleinstgewerbegebiet und Freiraumachse

SERBISCHE FICHTE, SCHWARZ-KIEFER UND CO.

HANDLUNGSEMPFEHLUNGEN FÜR DEN UMGANG MIT GROSSKONIFEREN IN HAUSGÄRTEN

Die Verwendung von Koniferen mit einer maximalen Wuchshöhe von über 15 Meter (Großkoniferen) in Hausgärten sorgt bereits seit längerer Zeit für Kontroversen: Während einige Gartenbesitzerinnen und Gartenbesitzer diese mächtigen Gewächse aufgrund ihrer eleganten Anmutung, Beständigkeit und Pflegeleichtigkeit schätzen, stören sich andere an Schattenwurf, eingeschränkter Unterpflanzbarkeit und einem mutmaßlich erhöhten Windwurfrisiko. Unterstützt werden letztere in ihrer ablehnenden Haltung von vielen professionellen Gartengestalterinnen und -gestaltern, die die Verwendung von Großkoniferen (im Hausgarten) unter Verweis auf einen mutmaßlich geringen Naturschutzwert, die monotone Optik oder etwaige Standortunverträglichkeiten ablehnen. Demgegenüber macht ein Blick in die Geschichte der Großkoniferenverwendung deutlich, dass die Vertreter dieser Pflanzengruppe bereits seit Jahrhunderten – nicht zuletzt aufgrund ihrer großen Farb-, Form- und Strukturvielfalt – ein ausdrucksstarkes gartenkünstlerisches Gestaltungsmittel darstellen.

(Groß-)Koniferenverwendung im Wandel der Zeit

So wurden insbesondere Kiefern und Zypressen (*Pinus, Cupressus*) bereits in der römischen Antike sowohl in herrschaftlichen Gartenanlagen als auch in öffentlichen Freiräumen eingesetzt.[1,2] Im europäischen Mittelalter ging die Verwendung von (Groß-) Koniferen dann zunächst aus unterschiedlichen Gründen zurück und auch in den folgenden gartengestalterischen Epochen, Renaissance, Barock und Rokoko, lag das pflanzenverwenderische Augenmerk noch in erster Linie auf (großen) Laubgehölzen. Wichtige Ausnahmen von dieser Tendenz stellten die Lärchen und Zedern (*Larix, Cedrus*) in den berühmten Gärten der Medici-Villa von Careggi in Florenz dar.[3] Rund ein Jahrhundert später – die Landschaftsgartenidee entwickelte sich gerade in England – entstand dann ein weiterer Klassiker der Gartenkunst unter Zuhilfenahme des expressiven Habitus der Libanon-Zeder (*Cedrus libani*): So wird der

Temple of Liberty bzw. das Gothic House in den berühmten Stowe Landscape Gardens in der englischen Grafschaft Buckinghamshire bis heute von mehreren stattlichen Exemplaren begleitet.[4] Dabei beziehen sich diese Charakter-Koniferen mit ihrer mediterranen Anmutung (wie auch der Englische Landschaftsgarten als solcher) im Übrigen auf die mythische Ideal-Landschaft Arkadien.[5] Eine echte Blüte erlebte die (Groß-) Koniferenverwendung allerdings erst im Laufe des 19. Jahrhunderts, als eine große Zahl an Stauden-, Laubgehölz-, aber auch Koniferenarten – unter anderem in Folge sogenannter „Pflanzenjagden", engl. *plant huntings* – aus allen Teilen der Erde nach Europa eingeführt wurde.[6] So hielten auf diesem Wege beispielsweise die Stech-Fichte (*Picea pungens*), unterschiedliche Scheinzypressenarten und -sorten (*Chamaecyparis*) sowie die Edel-Tanne (*Abies procera*) Einzug in das Repertoire europäischer Gartenkünstlerinnen und -künstler.[7] Die Zurschaustellung dieser „exotischen" Gehölze (häufig in Form von Solitär-Pflanzungen[8] bzw. „Koniferensammlungen", im Fachjargon: *Pinetum*) bewirkte eine regelrechte Koniferenmode,[9] die bald auch auf die weniger wohlhabenden Hausgartenbesitzerinnen und -besitzer sowie die Forstwirtschaft übergriff, letzteres betraf unter anderem die zunehmend forstlich genutzte Douglasie, *Pseudotsuga*.[10] Demgegenüber sprachen sich einige einflussreiche Gestalterinnen und Gestalter wie Gustav Meyer (1816–1877) für eine zurückhaltende Verwendung auffälliger Großkoniferen bzw. mithilfe derer erzeugter Struktur- und Texturkontraste aus (vgl. Abb. 1).[11] Ähnliche Appelle sind zwar auch für das 20. Jahrhundert belegt,[12, 13] der großen Beliebtheit dieser umfangreichen und vielfältigen Pflanzengruppe tat dies jedoch offenbar keinen Abbruch. Im Gegenteil avancierten die vermeintlich pflegeleichten und in der Regel ganzjährig Sichtschutz bietenden Koniferen sowohl für viele Hausgartenbesitzerinnen und -besitzer als auch für die Profession der Pflanzenverwendung schon bald zum bedeutenden Gestaltungsmittel.[14]

Aktuelle Befunde zur Großkoniferenverwendung in der Region Hannover

Die Folgen dieser Koniferenmode sind bis heute in vielen bundesdeutschen Wohngebieten zu beobachten.

Abb. 1: Mit der Kombination blaunadeliger Koniferen und rotlaubiger Laubgehölze lassen sich attraktive bis plakative Farbkontraste erzeugen.

So ergaben beispielsweise die im Zuge dieser Masterarbeit in fünf Einfamilienhaussiedlungen innerhalb der Region Hannover durchgeführten Kartierungen, dass in rund 24 Prozent der 598 untersuchten Hausgärten mindestens eine, im Durchschnitt aber ungefähr 2,3 Großkoniferen wuchsen. Bei den insgesamt 331 dokumentierten Großkoniferen handelte es sich in rund 20 Prozent der Fälle um Serbische Fichten (*Picea omorika*) und in 19 Prozent um Schwarz-Kiefern (*Pinus nigra*). Auf den nachfolgenden Plätzen lagen mit deutlichem Abstand Gemeine Fichte (*Picea abies*, 9 %), Kanadische Hemlocktanne (*Tsuga canadensis*, 7 %) und Blau-Fichte (*Picea pungens*, ebenfalls 7 %). Hinsichtlich ihrer gestalterischen Funktion im Garten war festzustellen, dass rund 50 Prozent der Bäume als Solitär fungierten, während die restlichen Individuen teilweise in Gruppen (ca. 30 %) und teilweise in Reihen (ca. 20 %) angeordnet waren. Zur Ergänzung dieser und weiterer empirischer Befunde wurden im Zuge der Kartierungen 22 in den Untersuchungsgebieten angetroffene Anwohnerinnen und Anwohner hinsichtlich ihrer Erfahrungen mit und persönlichen Meinung zu Großkoniferen in Hausgärten befragt. Diese nicht repräsentativen Interviews ergaben beispielsweise einerseits, dass 16 von 22 Befragten Großkoniferen grundsätzlich schätzten, andererseits gaben mit 17 Befragten ungefähr gleich viele an, schon einmal Probleme im Zusammenhang mit Vertretern dieser Gehölzgruppe beobachtet zu haben. Ein ähnlich vielschichtiges Bild vermittelte auch die anschließende schriftliche Befragung von Fachleuten aus den Grünflächenämtern der 21 Kommunen der Region Hannover sowie aus vier überregional tätigen Baumschulbetrieben: Während die kommunalen Fachleute die Konfliktträchtigkeit von Großkoniferen überwiegend als durchschnittlich bewerteten und keine erhebliche Zunahme von Konflikten vor dem Hintergrund des Klimawandels unter anderen Stress-Faktoren prognostizierten, gaben doch immerhin sieben von ihnen an, schon einmal bei Nachbarschaftsstreitigkeiten aufgrund (zu) großer Nadelgehölze vermittelt zu haben. Dass die enormen Dimensionen der Großkoniferen offenbar tatsächlich zu deren besonders problematischen Eigenschaften zählen, legt auch die Befragung der vier Baumschulen nahe: So wiesen drei von diesen explizit auf die eingeschränkte Verwendbarkeit von Großbäumen in tendenziell immer kleineren Hausgärten hin – gleichwohl benannten dieselben drei Betriebe die überaus hochwüchsige Wald-Kiefer (*Pinus sylvestris*) als eine der beliebtesten Arten in diesem Segment.

Konsequenzen für die Planungspraxis

Auf Grundlage dieser Befragungen und unter Berücksichtigung der einschlägigen Fachliteratur zum Thema wurde schließlich eine dreiteilige praxisnahe Handreichung zur Großkoniferenverwendung in Privatgärten entwickelt: Der erste Abschnitt enthält Empfehlungen zur Vermeidung nachbarschaftlicher Konflikte aufgrund von Großkoniferen, während der zweite Abschnitt den Umgang mit bestehenden Konflikten behandelt. Der dritte Teil beinhaltet eine Beurteilung häufig eingesetzter Großkoniferenarten hinsichtlich ihrer Garteneignung sowie entsprechende Alternativvorschläge für klein- bis mittelhochwüchsige Koniferenarten. Zusammenfassend ist festzustellen, dass ein vollständiger Verzicht auf Großkoniferen in der Hausgartengestaltung aus vielfältigen, insbesondere aber ästhetischen und ökologischen Gründen weder sinnvoll noch umsetzbar ist. Gleichwohl sollte die Verwendung dieser – im Verhältnis zu kleineren Gehölzen

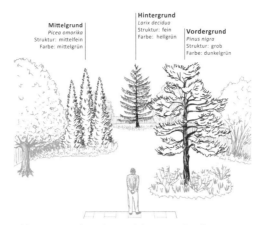

Hintergrund
Larix decidua
Struktur: fein
Farbe: hellgrün

Mittelgrund
Picea omorika
Struktur: mittelfein
Farbe: mittelgrün

Vordergrund
Pinus nigra
Struktur: grob
Farbe: dunkelgrün

Abb. 2: Verwendungsbeispiel dreier regelmäßig eingesetzter Großkoniferenarten.

sowie einigen Laubbaumarten – bisweilen überdurchschnittlich konfliktträchtigen Pflanzen stets unter Berücksichtigung ihrer optischen Besonderheiten und in der Regel enormen Dimensionen sowie ihrer individuellen Standortansprüche erfolgen (vgl. Abb. 2).

SERBIAN SPRUCE, BLACK PINE AND CO. – RECOMMENDATIONS FOR DEALING WITH LARGE CONIFERS IN RESIDENTIAL GARDENS

The use of conifers with a maximum height of more than 15 metres ("large conifers") in private gardens has been a controversial issue for a long time: while some garden owners appreciate these mighty plants for their elegant appearance, durability and ease of maintenance, others are bothered by the shadows they cast, limited underplanting options and the risk of windthrow. These critics are supported by many professional garden designers who reject the use of large conifers (in private gardens) with reference to an allegedly low nature conservation value, the monotonous appearance or possible habitat incompatibilities. As a result of the garden history research, site visits, mappings, as well as the numerous interviews conducted with garden owners and professionals, it can be stated that a complete abandonment of large conifers in home garden design would not be feasible for a variety of reasons, particularly aesthetic and ecological reasons.

1 Bürger, Alfons: *Kleine Geschichte der Gartenkunst*. Stuttgart 2014, S. 37
2 Mader, Günter: *Geschichte der Gartenkunst – Streifzüge durch vier Jahrtausende*. Stuttgart 2006, S. 24
3 Bürger 2014, S. 66 f.
4 Bürger 2014, S. 154
5 Hansmann, Wilfried / Walter, Kerstin: *Dumont – Geschichte der Gartenkunst – Von der Renaissance bis zum Landschaftsgarten*. Köln 2006, S. 273
6 Wimmer, Clemens Alexander: *Lustwald, Beet und Rosenhügel – Geschichte der Pflanzenverwendung in der Gartenkunst*. Weimar 2018, S. 231 u. 246
7 Bross-Burkhardt, Brunhilde: „Gärtnerische Botanik. Biodiversität in Parks und Gärten". In: *Gartenkunst in Deutschland – Von der frühen Neuzeit bis zur Gegenwart*. Regensburg 2012, S. 523
8 Hombach, Rita: „Pflanzen in Garten, Stadt und Landschaft. Vielfalt – Schönheit – Nutzen". In: *Gartenkunst und Landschaftskultur. 125 Jahre DGGL – eine Standortbestimmung*. DGGL-Jahrbuch 2012. München 2012, S. 136
9 Wimmer 2018, S. 246
10 Wimmer 2018, S. 298 f.
11 Mader, Günter: *Gartenkunst des 20. Jahrhunderts – Garten- und Landschaftsarchitektur in Deutschland*. Stuttgart 1999, S. 100 f.
12 Plomin, Karl: *Der vollendete Garten – Die Kunst, mit Pflanzen umzugehen – dargestellt in 23 Vegetationsbildern*. 2. Auflage, Stuttgart 1977, S. 62
13 Mader 1999, S. 100 f.
14 Vgl. z. B. Schmidt, Eike: *Hausgärten nach Plan – 60 Beispiele vom Reihenhausgarten zum Landhausgarten*. München 1979, u. a. S. 20, 28, 40, 44, 64, 78, 84 f., 95 f., 106, 113, 130, 142 u. 148; oder: Bode, Helene: *Der ländliche Hausgarten*. Luisenhofer Lehrbücher Heft 3, Hannover 1966, S. 219

PAUL V. TONTSCH
Masterthesis
Prüfende: Philipp Ludwig, Gilbert Lösken
Pflanzenverwendung
Technisch-konstruktive Grundlagen in der Freiraumplanung

ERMITTLUNG DES WASSERBEDARFS VON BESTANDS-GEHÖLZEN

In den letzten Jahren wurde es zunehmend notwendig, Pflanzungen zu bewässern. Nicht nur Stauden- und Rasenflächen leiden unter Trockenstress, auch Gehölze sind mit derartigen Bedingungen konfrontiert. Insbesondere Altbäume stehen bei Trockenstress vor einer großen Herausforderung. Der tatsächliche Wasserbedarf von Bestandsgehölzen ist im Gegensatz zu Jungbäumen jedoch bislang wenig untersucht und stellt den Untersuchungsrahmen dieser Arbeit dar. Kriterien, die sich auf den Wasserhaushalt von Pflanzen auswirken, werden vorgestellt und analysiert. Dabei spielen nicht nur die Bodenart und die Sonneneinstrahlung sowie die Umgebungstemperatur eine Rolle, sondern auch die tatsächliche Verfügbarkeit von Wasser, Konkurrenzsituationen zu anderen Pflanzen und jahreszeitliche Veränderungen. Diese Kriterien wurden mit möglichen Rechenansätzen, den Wasserbedarf auf Basis von empirischen und physikalischen Faktoren zu errechnen, abgeglichen und die Anwendbarkeit der Rechenansätze auf den Wasserbedarf von Bestandsgehölzen wurde geprüft.

Ziel der Untersuchung

Ziel dieser Arbeit war es herauszuarbeiten, inwieweit es möglich ist, den Wasserbedarf von Bestandsgehölzen zu ermitteln, und ob konkrete notwendige Wassermengen für alte Bestandsgehölze berechnet werden können. Es sollte eine Handlungsempfehlung für eine langfristig funktionierende, vorsorgliche und nachhaltige Bewässerung entwickelt werden.

Berechnung der Verdunstung

Als Grundlage zur Berechnung des Wasserbedarfs wurden die Verdunstungsberechnungen von Blaney-Criddle, der Forschungsgesellschaft für Landschaftsentwicklung und Landschaftsbau e.V. (FLL), Haude und Penman-Monteith näher untersucht. Die Gleichungen unterscheiden sich in ihrer Detailliertheit und ihrem üblichen Einsatzzweck, wodurch nicht jedes Rechenmodell für Bestandsgehölze anwendbar ist. Außerdem berechnen alle betrachteten Modelle eine maximale Verdunstung, die nicht zwangsweise mit dem Wasserbedarf einer Pflanze gleichzusetzen ist. Besonders auffällig ist die gleichbleibende Verdunstung, die die FLL berechnet. Hier werden jahreszeitliche Veränderungen nicht betrachtet. Die Verdunstungsraten, die sich aus der Berechnung nach Haude ergeben, liegen meist deutlich unter allen anderen Kurven. Die höchsten Verdunstungswerte liefert die vereinfachte Blaney-Criddle-Formel für die Monate Juni bis August. Sie sind etwa doppelt so hoch wie die von Haude.

Aus dem Vergleich zweier verschiedener Standorte (ein besonders trockener, ein besonders nasser) wird deutlich, dass der Standort einen wesentlichen Einfluss auf den Wasserbedarf von Gehölzen hat. Somit ist eine detaillierte Rechenmethode notwendig, die den Standort möglichst genau mit allen oberirdischen Kriterien abbildet. Die Penman-Monteith-Gleichung ist als Methode zur Verdunstungsberechnung zu empfehlen. Sie ist auf Gehölze anwendbar, betrachtet monatliche Veränderungen und geht auf besonders viele Kriterien ein, beispielsweise wird neben der Sonnenscheindauer und Lufttemperatur auch die Luftfeuchtigkeit betrachtet, außerdem sind Faktoren zum Bodenwassergehalt, zur Art der Vegetation, dessen Alter und morphologische Pflanzeneigenschaften wie der Stomatawiderstand enthalten. Die Abbildung 1 zeigt die Unterschiede der errechneten Verdunstung nach Penman-Monteith für Rasenflächen und Gehölze im Vergleich, sowie die Unterschiede an zwei Standorten. Die berechneten Kurven stellen plausible Zusammenhänge dar: Rasenflächen verdunsten auch in den Sommermonaten weniger als Gehölze, die Verdunstung in Magdeburg liegt höher als im regenreichen Oberstdorf und die Verdunstungskurve der Gehölze in Magdeburg lässt sich mit dem zunehmenden Laubwachstum, zunehmender Sonnenscheindauer, ansteigenden Temperaturen und ab etwa August dem Laubfall und entsprechend starker Verdunstungsreduktion erklären.

Wasserbedarf von Gehölzen

Es wird davon ausgegangen, dass Bestandsgehölze auf das langjährige Mittel an Niederschlägen an ihrem Wuchsort angepasst sind. Eine mögliche Strategie für eine nachhaltige, langfristig funktionierende und vorsorgliche Bewässerung orientiert sich somit an den monatlichen Niederschlägen im langjährigen Mittel. Die Abbildung 2 verdeutlicht das Verhältnis von mittlerer täglicher Verdunstung von alten Gehölzen nach Penman-Monteith und den täglichen Niederschlägen. In besonders regenreichen Regionen (hier Oberstdorf) sind die Gehölze, da die Niederschlagsmengen im Durchschnitt die maximal möglichen Verdunstungsraten der Gehölze übersteigen, im Durchschnitt ausreichend mit Wasser versorgt und benötigen vorerst keine Zusatzbewässerung. In Magdeburg hingegen übersteigt im langjährigen Mittel die Verdunstungsrate der Gehölze in den Sommermonaten die der täglichen Niederschläge. Die Anpassungsfähigkeit von Pflanzen über einen längeren Zeitraum hinweg lässt annehmen,

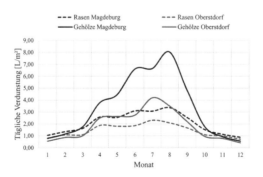

Abb. 1: Tägliche Verdunstung nach Penman-Monteith

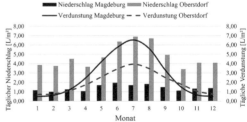

Abb. 2: Verdunstung und Niederschlag im Mittel

dass das langjährige Mittel der Niederschläge den Bestandsgehölzen zum Überleben ausreicht. Diese Wassermenge kann somit als Referenz für eine zu empfehlende Bewässerungsmenge und dementsprechend als Wasserbedarf genannt werden. Damit wird voraussichtlich nicht die maximale Verdunstungsleistung und damit nicht die mögliche Maximalproduktivität erreicht, aber ein tolerierbarer Zustand ohne Vitalitätsverlust gesichert.

Bewässerungsstrategie

Bestandsgehölze zeigen einen Vitalitätsverlust oft erst in den Folgejahren. Demzufolge ist das vorausschauende, prophylaktische Wässern ratsam. Dabei werden aufgrund von Wasserlimitierung nicht pauschal alle Defizite, die sich aus mittlerem Niederschlag und potenziellem Wasserbedarf ergeben, ausgeglichen, sondern es wird hauptsächlich präventiv im Frühjahr gewässert, um dem Gehölz gute Startbedingungen zu schaffen. Das Wässern in den späten Sommermonaten wird als wenig zielführend eingestuft, da das Defizit zwischen Niederschlag und Verdunstung nicht ausgeglichen werden kann. In diesen Monaten ist bei vorhandenen Wasserressourcen zur Gehölzbewässerung eine Erhöhung der Luftfeuchtigkeit im Kronenraum zur Reduktion der Verdunstungsleistung eher empfehlenswert. Die Abbildung 3 veranschaulicht die Bewässerungsstrategie für Gehölze in Magdeburg für das Jahr 2020. Neben der Bewässerung zum Austrieb, die das absolute Minimum darstellt, sieht diese

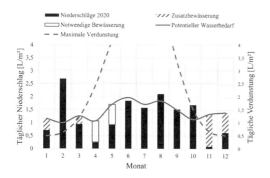

Abb. 3: Bewässerungsstrategie mit Wasserlimitierung

Strategie je nach Möglichkeit das Wässern in den Wintermonaten vor, um Bodenwasserspeicher tiefgründig aufzufüllen. Allgemein basiert diese Strategie auf der Theorie, dass Gehölze präventiv, sobald es möglich ist, in ihrem Wuchs gestärkt werden sollen. Das Wässern bei ersten Schadanzeichen in den späten Sommermonaten ist demnach zu spät.

Bewässerung

Ein Gehölz mit einer zu bewässernden Fläche von etwa 150 m² (ermittelt aus einem Kronendurchmesser von etwa 14 m) benötigt nach dieser Strategie in den Monaten April und Mai am Standort Magdeburg täglich 120 Liter Wasser. Wird beispielsweise einmal in der Woche gewässert, benötigt die Fläche unter dem Gehölz bei einem Bewässerungsdurchgang 840 Liter Wasser.

Bewässerungsmethode

Recherchen zu verschiedenen Bewässerungsmethoden ergeben eine Vielzahl an Möglichkeiten, die sich nicht immer für die Bewässerung von Bestandsgehölzen eignen. Typische Methoden zur Bewässerung von Gehölzen sind neben der Beregnung ein Bewässerungsring, eine Gießmulde oder ein Bewässerungssack. Diese funktionieren hauptsächlich in kleinem Rahmen nach dem Prinzip der Schwerkraftbewässerung und werden üblicherweise bei Neupflanzungen während der Anwachsphase eingesetzt. Bekannte Bewässerungsmethoden sind bislang nicht für alte Bestandsgehölze ausgelegt. Ziel einer Folgearbeit kann somit der Entwurf und die Entwicklung einer solchen Bewässerungsanlage sein. Entsprechende Ansätze für eine Bestandsgehölz-Bewässerung werden in dieser Arbeit skizziert. Da die unterirdische Tröpfchenbewässerung als allgemein effizienteste Methode gilt, dient diese als Grundlage der neuen Methode. Die punktförmige Wasserverteilung ist bei einer großen zu bewässernden Fläche unter Bestandsgehölzen jedoch weniger sinnhaft. Für die Bewässerung des gesamten Wurzelraums wäre somit ein tröpfchenweise wasserdurchlässiger, flacher Speicher mit einem Fassungsvermögen der notwendigen Bewässerungsmenge für mehrere Tage oder gar Wochen notwendig.

DETERMINATION OF WATER REQUIREMENTS OF EXISTING TREES Drought stress causes irreversible damage not only to plants and lawns, trees also suffer. Nevertheless, trees are mostly watered only at the first signs of damage, which is often too late. In addition, the amounts of water with which old trees in particular should be watered are inaccurate. In this project, an approach to calculate the water demand of existing trees is investigated. In this context, various influencing factors that affect the water balance of plants are relevant. From the results of the calculations and the knowledge of the influencing factors, a sustainable, preventive watering strategy was developed, which ensures the survival of the trees. In addition, feasible watering methods are discussed and presented.

JANINA HAUPT
Betreuung: Prof. Dipl.-Ing. Gilbert Lösken, Philipp Ludwig
Technisch-konstruktive Grundlagen der Freiraumplanung

INSTITUT FÜR
UMWELTPLANUNG

IUP

Landschaftsplanung und Naturschutz
Prof. Dr. Christina von Haaren

Naturschutz und Landschaftsökologie
Prof. Dr. Michael Reich

Vegetationsmanagement
Prof. Dr. Rüdiger Prasse

Ökosystemdienstleistungen –
ökonomische und planerische Aspekte
Prof. Dr. Bettina Matzdorf

Planungsbezogene Pflanzenökologie
Apl. Prof. Dr. Michael Rode

Raumordnung und Regionalentwicklung
Prof. Dr. Rainer Danielzyk

Digitale Umweltplanung
Prof. Dr. Jochen Hack

Umweltverhalten und Planung
Prof. Dr. Ann-Kathrin Koessler

LANDSCHAFT ERZÄHLT GESCHICHTE

Die Ortschaft Hohnhorst im Landkreis Schaumburg, Niedersachsen, hat eine lange Geschichte. Dass Menschen hier schon früh gelebt und ihre Umwelt geprägt haben, zeigte die Entdeckung eines eisenzeitlichen Urnengräberfeldes im Jahr 2011 (Abb. 1). Drei Jahre später tauchten beim Bau einer Trockenhalle weitere Funde auf, insgesamt 460 Bestattungsorte fanden sich dort. Bei weiteren Ausgrabungen zeigten sich Gräben und Pfostenspuren, die auf Siedlungsbauten hindeuten.[1]

Wegen der durch den Lössboden gegebenen günstigen Lebensbedingungen rund um Hohnhorst ist davon auszugehen, dass hier bereits früh und immer wieder Siedlungen entstanden. Spuren erster Menschen im Schaumburger Land führen bis zu 80.000 Jahre zurück, also bis in die letzte Eiszeit.[2] Einen ersten schriftlichen Nachweis Hohnhorsts gibt es jedoch erst aus dem Mittelalter, aus dem Jahr 1120. Die Martinskirche in Hohnhorst entstand wahrscheinlich Anfang des 13. Jahrhunderts.[3] Alte Karten aus der frühen Neuzeit und dem 19. Jahrhundert erzählen von der Nutzung des Haster Waldes, von der Entwicklung der Landwirtschaft, von Verkehrswegen und Siedlungen. Einige Spuren der 2500-jährigen Landschaftskultur lassen sich noch heute vor Ort „auf den zweiten Blick" erkennen.

Vermittlung von Landschaftsgeschichte – Ziel und Vorgehen

Ziel des Projekts „Landschaft erzählt Geschichte" war es, eine Vermittlungsform der Kulturlandschaftsgeschichte am eisenzeitlichen Gräberfeld in Hohnhorst zu entwickeln und auszugestalten. Dazu wurde zunächst durch Experteninterviews, Literaturrecherchen und Archivarbeit elementares Wissen über die Landschaftsgeschichte gesammelt und vor Ort nach kulturhistorischen Spuren in der Landschaft gesucht. Es entstand ein Konzept, das ausgewählte Epochen und Themen behandelt. Gleichzeitig wurde eine dazu passende Vermittlungsmethode ausgearbeitet. Die Realisierung sollte unkompliziert und kostengünstig sein.

Wahl des Mediums: Ein Audio-Rundgang um Hohnhorst

Nach Vergleich unterschiedlicher Vermittlungsmethoden fiel die Entscheidung auf einen Audio-Rundgang. Dieser kann bei einem Spaziergang auf einer festgelegten Route in und um Hohnhorst gehört werden. Zugänglich ist er über izi.Travel und somit kostenlos von allen Interessierten über ein Smartphone abzuhören. Der Audio-Rundgang beginnt mit einer Station zur Eisenzeit an der Fundstelle des Urnengrä-

berfeldes. Er verläuft in der Abfolge der Epochen bis zur Gegenwart und endet wieder am Startpunkt. Der 6,5 Kilometer lange Spaziergang dauert etwa zwei Stunden.

Gestaltung des Audio-Guides

Der Audio-Guide ist wie ein Gespräch zwischen zwei Menschen aufgebaut, die durch die Landschaft wandern und sich über das Gesehene unterhalten. Zu jeder Station gibt es einen Dialog mit Hintergrundtext. Spuren der Landschaftsgeschichte werden benannt, Informationen zu jeder Spur vermittelt und Überlegungen mit auf den Weg gegeben, wie die Landschaft an dieser Stelle früher ausgesehen haben könnte. Die Audio-Texte folgen dem Prinzip der Landschaftsinterpretation nach Thorsten Ludwig.[4] Um die Menschen vor Ort auf den Audio-Rundgang aufmerksam zu machen, wurde eine Hinweistafel entwickelt, die am Anfang des Rundgangs stehen soll (Abb. 2).

Aufbau der Audio-Stationen

Der QR-Code (Abb. 3) führt direkt zum 13-teiligen Audio-Guide auf izi.Travel. Nach einem Einführungstext lassen sich dort zu sechs Stationen jeweils ein Dialog und ein Hintergrundtext mit weiteren Informationen anhören. Über kurze Wegstrecken werden Themen verschiedener Epochen miteinander verbunden. Alle Texte folgen der Haupt-Leitidee, indem sie „die Veränderung der Landschaft im Verlauf der Epochen von der Eisenzeit bis zur Gegenwart" veranschaulichen. Für jede Epoche ist eine weitere Leitidee als Stationstitel formuliert:

- Eisenzeit: „Der Boden birgt ein Geheimnis."
- Mittelalter: „Eine Anhöhe wird besiedelt."
- Frühe Neuzeit: „Lange Äcker und lichte Wälder prägen die Gegend."
- 19. Jahrhundert: „Die Bahn bringt Schwung in die Entwicklung der Landschaft."
- Frühes 20. Jahrhundert: „Neue Siedlungen und der Mittellandkanal beeinflussen die Region."
- Spätes 20. Jahrhundert: „Die Kulturlandschaft wird umgepflügt."

Der Audio-Guide ist seit August 2021 in Betrieb und kann von Einheimischen und Gästen genutzt werden.

Abb. 1: Blick auf Hohnhorst und die Biogasanlage – Fundstelle des eisenzeitlichen Urnengräberfeldes

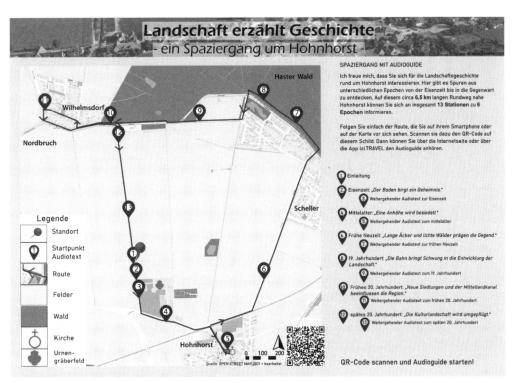

Abb. 2: Übersichtstafel des Audio-Rundgangs mit seinen Hörstationen

Abb. 3: QR-Code zum
Audio-Guide auf der Website

LANDSCAPE TELLS HISTORY The village of Hohnhorst in the district of Schaumburg, Lower Saxony, has a long history. This fact was once again brought back to mind when an Iron Age urn burial ground was discovered in 2011. The aim of this project was to develop a concept for communicating the cultural landscape history around the Iron Age cemetery in Hohnhorst. An audio tour was developed that can be listened to while walking along a fixed route. The audio tour begins with the Iron Age at the site of the Iron Age urn burial ground. It runs around Hohnhorst in the sequence of epochs up to the present day and finally ends back at the starting point. The audio guide is structured like a conversation between two people walking through and talking about the landscape. To draw people's attention to the audio tour, a sign was developed to be placed at the start of the tour.

1 Berthold, Jens / Schween, Joachim: „267 Hohnhorst FStNr. 1". In: *Nachrichten aus Niedersachsens Urgeschichte*. Beiheft 19, 2016, S. 2–3.

2 Schaumburger Landschaft (Hg.): *Schaumburger Land – Eine kleine Landeskunde*. Braunschweig 2018, S. 45

3 Munk, Heinrich: *Hohnhorst: die Geschichte eines Kirchdorfes im Landkreis Schaumburg*. Hohnhorst 1993, S. 41

4 Ludwig, Thorsten: *Kurshandbuch Natur- und Kulturinterpretation*. Borgentreich 2008, S. 3

LINDA DÜWEL
Bachelorthesis
Prüfende: Dr. Roswitha Kirsch-Stracke,
Prof. Dr. Hans Jörg Küster
Landschaftsplanung und Naturschutz,
Institut für Geobotanik

QUALITÄTEN LÄNDLICHER RÄUME

WARUM JUNGE MENSCHEN GERNE LÄNDLICH LEBEN

Die letzte Gaststätte hat geschlossen, der nächste Bus fährt in zwei Stunden – immer mehr junge Menschen verlassen ihre ländliche Herkunftsregion und ziehen in urbane Räume, weil sie dort bessere Lebensbedingungen geboten bekommen, so die landläufige Meinung. Der demografische Wandel ist als Schreckensvision in aller Munde und bestimmt als Negativdiskurs die öffentliche Wahrnehmung ländlicher Räume. Tatsächlich sind Geburtenrückgang, Überalterung und Abwanderung Faktoren, mit denen sich die Planungswissenschaften verstärkt seit den 1990er Jahren befassen, denn seitdem ist der Rückgang an Familien zu verzeichnen.[1] Junge Familien leisten einen wesentlichen Beitrag zur zukunftsfesten Entwicklung ländlicher Räume. Wonach sie ihren Wohnort entscheiden, ist im wissenschaftlichen Milieu noch weitgehend unerforscht. Bisweilen werden Binnenwanderungen junger Bevölkerungsgruppen als Bildungswanderungen stigmatisiert. Der Mangel an Arbeitsplätzen ist weiterhin eine der größten Hemmschwellen in ländlichen Räumen, verliert aber im Rahmen der fortschreitenden Digitalisierung zunehmend an Bedeutung. Gerade bei jungen Familien handelt es sich um eine Bevölkerungsgruppe, die äußerst sensibel auf externe Umweltveränderungen reagiert[2] und deren Bindung an einen Raum von unterschiedlichen Motiven geprägt ist.[3]

Über einen Paradigmenwechsel hin zu der Frage, warum ländliche Räume attraktiv für dort lebende Familien sind, wird zu einer Relativierung des Negativdiskurses beigetragen.[3] Erste Studien zu Jugendlichen etwa führen zu der Erkenntnis, dass nicht nur harte Faktoren in der Migrationsentscheidung berücksichtigt werden, sondern auch die „subjektiven Wahrnehmungen und Konstruktionen der individuellen Lage"[4] eine entscheidende Rolle spielen. Wanderungen müssen vor diesem Hintergrund als individuelle Entscheidungsakte verstanden werden.[2] Vor diesem Hintergrund wurden exemplarisch raumrelevante, subjektive Bindefaktoren identifiziert, die aus der Perspektive junger Familien entscheidend für das Leben in ländlichen Räumen sind.

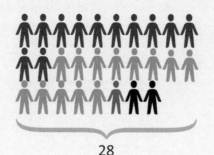

Wie zufrieden sind Sie mit dem Leben hier in dieser Gegend?

43 % Sind sehr zufrieden   **46 %** Sind zufrieden

4 % Finden es in Ordnung

0 % Sind unzufrieden   **7 %** Sind sehr unzufrieden

28

Abb. 1: Die Mehrheit junger Familien ist zufrieden bis sehr zufrieden mit dem Leben in ländlichen Räumen.

Vorgehen

Als Untersuchungsräume wurden zwei Gemeinden in der Mittelgebirgsregion Rhön gewählt. Die Rhön bietet sich aufgrund ihrer ländlichen Lage im Spannungsfeld dreier Bundesländer und ihrer charakteristischen Eigenheiten als Ausgangspunkt der exemplarischen Untersuchung an.

Nach einer Analyse der wenigen zum Thema bestehenden Studien erfolgte die eigentliche Erhebung über ein Mix-Method-Design aus qualitativen und quantitativen Methoden. Mit episodischen Interviews konnten die Stärken explorativer Forschung potenziert werden. Über eine quantitative Online-Befragung im nachfolgenden Schritt wurden die Ergebnisse der qualitativen Interviews in Häufigkeit und Ausprägung übertragen. Abschließend boten Interviews mit Fachleuten der Raumplanung eine Interpretationsstütze der Gesamtergebnisse und eine planerische Einordnung.

Ergebnisse

Zentrale Erkenntnisse der Untersuchung sind, dass insbesondere soziale und landschaftliche Aspekte eine hohe Bindewirkung für junge Familien haben. Durch sogenannte soziale Redundanzen, also wiederkehrende Begegnungen mit den gleichen Menschen, erwachsen enge Freundschaften und intakte lokale Gemeinschaften, deren Zusammenhalt stark bindend wirkt. Dieser Zusammenhalt findet Ausdruck in dem Gefühl, dass sich die Menschen vor Ort gegenseitig unterstützen und sogar fehlende Infrastrukturen ausgleichen können. Die Nähe zur Natur samt stressreduzierender Wirkung spielt für viele junge Familien gerade in pandemiebedingten Krisenzeiten eine große Rolle. Sie werden als grüne Gesundheitsinfrastrukturen anerkannt und als wesentlicher Standortvorteil gegenüber lärmenden städtischen Räumen bezeichnet. Erstaunlich aber sind vor allem neue, postmoderne Qualitäten, die sich aus diesen Rahmenbedingungen ergeben und in der wissenschaftlichen Literatur kaum diskutiert werden: Freiraum, Unabhängigkeit und Entscheidungsfreiheit. Die daraus entstehende Nonchalance befeuert ein Lebensgefühl, das insbesondere der zukunftsträchtigen Generation Z einen attraktiven Lebensraum bietet, da ländliche Räume mit einer ausgewogeneren Work-Life-Balance und Möglichkeiten der eigenen Selbstentfaltung aufwarten können.

Handlungsempfehlungen

Der Zusammenhalt im Dorf ist einer der wesentlichsten Bindefaktoren junger Familien. Die bauliche Außenentwicklung der letzten Jahrzehnte hat allerdings einen Beitrag dazu geleistet, dass mehr und mehr Ortskerne als gewachsene soziale Kristallisationspunkte ausgehöhlt wurden. Die Zukunftsfähigkeit vieler ländlicher Räume wird vor allem von der Zuwanderung urban lebender junger Familien abhängen. Um den Zusammenhalt zu stärken und urban

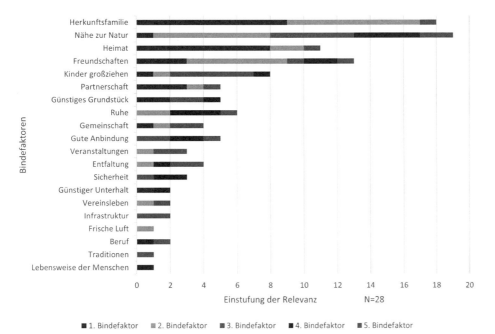

Abb. 2: Junge Familien gewichteten ihre fünf relevantesten Bindefaktoren.

■ 1. Bindefaktor   ■ 2. Bindefaktor   ■ 3. Bindefaktor   ■ 4. Bindefaktor   ■ 5. Bindefaktor

langfristig in Richtung stabiler Zukunftsfähigkeit entwickelt werden und eine Abkehr von negativen Konnotationen ermöglichen.

QUALITIES OF RURAL AREAS – WHY YOUNG PEOPLE LIKE TO LIVE IN RURAL AREAS Young families play a decisive role in the sustainable development of rural areas. Little is known about how young families decide where to live, and they are often stigmatised as being professionally motivated. On the contrary, young families react very sensitively to environmental changes. Therefore, it is crucial to know what qualities rural areas can offer young families. The study found out that especially the cohesion in the villages as well as nature as a health infrastructure are relevant reasons for allegiance. Young people of Generation Z also find these living conditions attractive. Accordingly, the reasons for allegiance must be strengthened and communicated effectively in the media.

lebende Bevölkerungsgruppen für ländliche Räume zu gewinnen, bedarf es einer rigiden Stärkung der Innenentwicklung durch die Schaffung neuer Wohnformen und multifunktionaler Orte in den Dorfkernen. Mit der Innenentwicklung lässt sich ein urbanes Lebensgefühl erzeugen, ohne den ländlichen Charakter zu gefährden. Hierfür eignen sich belebte Treffpunkte wie Cafés, an die etwa ein flexibles Mobilitätsangebot angebunden ist, aber auch das Mehrgenerationenhaus am Dorfanger.

Ländliche Räume können etwas bieten, was im medialen und sogar planungswissenschaftlichen Milieu oft unter den Tisch gekehrt wird: Entspannung nach getaner Arbeit, Entschleunigung, ein Heraustreten aus dem Alltag und Abtauchen in die Natur ohne weite Reisen. Mit der Generation Z werden junge Menschen erreicht, die in den nächsten Jahren verstärkt in die Phase der Familiengründung eintreten. Die Qualitäten ländlicher Räume müssen also medienwirksam verbreitet werden, um in der öffentlichen Wahrnehmung anzukommen.

Fazit

Die jahrelange Brandmarkung ländlicher Räume als benachteiligte Gebiete hat deren Selbstbild geschadet. Die vorliegende Untersuchung bestätigt nun, wie relevant der Blickwechsel hin zu den Qualitäten ländlicher Räume ist. Migrationsentscheidung ist als ein polykausaler Prozess zu verstehen, in dem verschiedenste Bindefaktoren schwächer und stärker einwirken. Es werden Bindemechanismen erkennbar, die sich auf andere ländliche Regionen übertragen lassen, jedoch ist stets eine regionsspezifische Erhebung, insbesondere hinsichtlich der abweichenden Identifikationsmerkmale, erforderlich.

Länger angelegte, repräsentative Untersuchungen der durchgeführten Art in diversen kontrastiven ländlichen Regionen eignen sich, um die vorliegenden exemplarischen Ergebnisse zu validieren, planerische Zielgruppen abzuleiten und einen Fundus an diversen Handlungsansätzen aufzubauen. Nur so und in Verbindung mit einer bedarfsgerechten Förderung können betroffene ländliche Räume nachhaltig und

1 Huinink, Johannes: „Wandel der Familienentwicklung: Ursachen und Folgen". Bundeszentrale für politische Bildung, 20.3.2009. www.bpb.de/izpb/8036/wandel-der-familienentwicklung-ursachen-und-folgen?p=1, 26.12.2020

2 Gatzweiler, Hans-Peter/Schlömer, Claus: „Zur Bedeutung von Wanderungen für die Raum- und Stadtentwicklung". In: *Wanderung und Raumentwicklung – neue Trends und Perspektiven.* Heft 3/4, 2008, S. 245–259, hier 248

3 Speck, Karsten/Schubarth, Wilfried/Pilarczyk, Ulrike: „Biografische Analysen zu ‚Gehen oder Bleiben' bei Jugendlichen". In: *Regionale Abwanderung Jugendlicher. Theoretische Analysen, empirische Befunde und politische Gegenstrategien.* Weinheim/ München 2009, S. 153–171

4 Chilla, Tobias/Morhardt, Tobias/Braun, Boris: „Jenseits der Speckgürtel: Wanderungsabsichten von Schulabsolventen und der demographische Wandel im ländlichen Raum Das Beispiel des Landkreises Haßberge in Unterfranken". In: *Raumforschung und Raumordnung.* Heft 3/2008, 66. Jahrgang, S. 260–270, hier 267

JULIAN GICK
Masterthesis
Prüfende: PD Dr. Sylvia Herrmann, Falco Knaps
Landschaftsplanung und Naturschutz

„WIR KÖNNEN EIGENTLICH DEN MOND BEPLANEN."

50 JAHRE PROJEKT-STUDIUM IN HAN-NOVER-HERREN-HAUSEN „Wir können eigentlich den Mond beplanen." So fasste Thomas Pietzsch, ehemaliger Abteilungsleiter Gartenbau der Stadt Wunstorf, die Bedeutung des Projektstudiums für seine Zeit nach dem Studium zusammen. Seine selbstbewusste Einschätzung kommt der Auffassung vom Projektstudium, wie sie sich etwa in den Studiengangsdarstellungen immer wieder finden lässt, sehr nahe. Studienprojekte sind von zentraler Bedeutung für die Ausbildung der Landschaftsarchitektur und Umweltplanung (in Hannover). 1971 wurde das Projektstudium eingeführt, feierte 2021 also sein 50-jähriges Jubiläum. Über diesen Zeitraum sammelte sich ein großer Erfahrungsschatz in der Projektlehre an. Dieser gab Anlass zu untersuchen, inwiefern die zur Einführung formulierten Ziele des Projektstudiums im Laufe der Zeit erreicht wurden.

Vorgehen

Neben Thomas Pietzsch wurden im Rahmen der Masterarbeit acht weitere ehemalige Studierende interviewt. Diese Interviewpartnerinnen und -partner absolvierten in den Zeiten zwischen 1974 und 2020 ihr Landschaftsstudium in Herrenhausen. Um eine methodische Betrachtung im Zeitverlauf zu ermöglichen, wurden die 50 Jahre Projektstudium in drei Generationen eingeteilt, die sich an den großen strukturellen Veränderungen im Studiengang orientierten (s. Abb. 1). Die Interviewten wurden aus unterschiedlichen Tätigkeitsbereichen ausgewählt: Einige arbeite(te)n in Büro, Verwaltung oder Wissenschaft, andere nahmen unkonventionellere Wege, wie zum Beispiel Imma Schmidt, die überwiegend als selbstständige Fachjournalistin und Pressesprecherin aktiv ist.

Parallel zu den Interviews wurden alle Projektberichte gesichtet, die seit 50 Jahren im Archiv des Instituts für Umweltplanung (bis 2006 Institut für Landschaftspflege und Naturschutz) gesammelt werden. Diese etwa 1300 Arbeiten gaben beispielsweise Aufschluss über Gruppengröße und Anzahl der Projekte im Zeitverlauf.[1]

Wurden die Ziele des Projektstudiums erreicht?

Übergeordnetes Ziel des Projektstudiums war und ist die Vorbereitung auf die Berufspraxis. Dafür sollen die Studierenden im Rahmen der Projekte sowohl Inhalte als auch Fähigkeiten erlernen. Alle Personen, die interviewt wurden, berichteten von einem positiven Effekt, den das Projektstudium auf ihre persönliche und berufliche Laufbahn hatte. Fabian Wais (Niedersächsisches Ministerium für Ernährung, Landwirtschaft und Verbraucherschutz) urteilte zum Beispiel: „Ich habe eine Menge Wissen aus dem Projektstudium mitgenommen, woran ich dann auch in meinem Arbeitsleben immer mal wieder denken muss."

Mehrere der ehemaligen Studierenden berichteten davon, dass das inhaltliche Wissen, das sie in den Projekten erarbeitet hatten, auch das war, was letztlich über lange Zeit verfügbar blieb. So formulierte Thomas Pietzsch: „Das, was ich in den Projekten gelernt habe, das hat gehalten, das ist sitzen geblieben".

Hier kristallisiert sich ein erheblicher Vorteil des Projektstudiums gegenüber „klassischer Lehre" in Form von Vorlesungen und Klausuren heraus.

Für viele der Interviewpartnerinnen und -partner lag die Bedeutung des Projektstudiums allerdings noch deutlicher in den erlernten Fähigkeiten als in den erlernten Inhalten. Im Projektstudium erwarben sie die Fertigkeiten, sich mit den unterschiedlichsten Problemen auseinanderzusetzen, sich notwendige Informationen zu beschaffen, erfolgreich im Team zusammenzuarbeiten und berufliches Selbstbewusstsein zu entwickeln. Imma Schmidt rekapitulierte in Vorbereitung auf das Interview mit ehemaligen Mitstudierenden die Bedeutung des Projektstudiums und fasste sie wie folgt zusammen: „Das hat uns doch eigentlich beigebracht, dass wir uns zwar nicht jedes Thema aussuchen können, was uns vermutlich im Leben begegnet, aber dass wir immer wissen, dass wir uns den unterschiedlichsten Themen mit den unterschiedlichsten Lösungen nähern können",

... und wenn es die Aufgabe wäre, „den Mond zu beplanen", wie Thomas Pietzsch es auf den Punkt brachte.

Auch bereitete das Projektstudium viele der Interviewten gut auf den späteren Arbeitsalltag vor. Karolin

Thieleking (KoRiS Hannover) erläuterte zum Beispiel die Ähnlichkeit der Strukturen im Projektstudium und in der Berufspraxis: „Das geht so nahtlos ineinander über, also man hat Projekte im Studium gehabt und hat an Projekten im Büro weitergearbeitet."

Christiane Boll (geb. Hörmeyer, Landschaftsverband Westfalen-Lippe) betonte, wie die meisten anderen auch, die erworbenen Kompetenzen in der Selbstorganisation und im Zeitmanagement: „Strukturiert zu arbeiten, Pläne zu erstellen, Zeitpläne zu erstellen, Zeitpläne vielleicht auch anpassen zu müssen, Zeitpläne abzustimmen, das konnte ich aus dem Projektstudium mitnehmen. Und ich finde immer, wenn man dann den Zeitplan hat und weiß, wohin man will, ist die Ausführung meist kein Hexenwerk mehr."

Ein weiteres Ziel der Masterarbeit war es zu untersuchen, wie sich das Projektstudium im Laufe der Zeit veränderte und inwiefern sich diese Veränderungen auf die Erreichung der ursprünglich formulierten Ziele ausgewirkt haben. Es ergaben sich zahlreiche strukturelle Veränderungen, die tiefgreifendsten mit der Bologna-Reform, die erstmals eine strikte zeitliche Begrenzung der Projekte auf ein Semester mit sich brachte.

Bei der Auswertung der gesammelten 1300 Projektberichte im Archiv des Instituts für Umweltplanung fiel außerdem auf, dass im Verlauf der 50 Jahre Projektstudium die Anzahl der Projekte pro Jahr ab- und die Größe der Projektgruppen zunahm. Der Effekt dieser strukturellen Veränderungen auf den Lernerfolg der Studierenden scheint allerdings nicht erheblich zu sein. Die Interviewten berichteten, ungeachtet ihrer Studienzeit, von sehr ähnlichen Lernerfolgen. Viel wichtiger als die strukturelle Eingliederung über die Laufzeit scheint die eigentliche Ausgestaltung der Projekte, also zum Beispiel die Betreuung durch die Lehrenden, zu sein.

Wichtig ist somit einerseits, dass die Studierenden alle Phasen eines Projektes möglichst selbstständig durchlaufen und nicht zu starke Einschränkungen durch die Lehrenden erfahren. Andererseits zeigen die Erfahrungen, dass ein gewisses Maß an Lenkung sinnvoll sein kann. Jacob Bernhardt (Doktorand am Thünen-Institut) beschreibt eine gelungene Projektbetreuung wie folgt: „Ein schmaler Grat zwischen Ein-

Abschlussbezeichnungen	Diplom-Gärtner	Dipl.-Ing. Landespflege	Dipl.-Ing. Landschafts- und Freiraumplanung	B.Sc. Landschaftsarchitektur und Umweltplanung M.Sc. Umweltplanung
		Projektstudium der 1. Generation	Projektstudium der 2. Generation	Projektstudium der 3. Generation

Ereignisse im Zeitverlauf

1954
Erste Lehrveranstaltungen
für die Landschaft in
Hannover-Herrenhausen

1971
Einführung des Projektstudiums

1980
Umstrukturierung und
Umbenennung des Studiengangs

2005/2006
Bologna-Reform
Umfassende Umstrukturierung
des Studiengangs,
Einführung von Bachelor und Master

2021
50 Jahre Projektstudium

Abb. 1: Die drei Generationen des Projektstudiums am Institut für Umweltplanung

greifen und Nichteingreifen. Also Laufenlassen und die Studierenden selbst Ideen entwickeln lassen, aber auf der anderen Seite auch eingreifen, wenn wir uns irgendwo verfahren haben."

Fazit

Die Masterarbeit konnte nachweisen: Das Projektstudium ist wertvoll und eine ausgezeichnete Möglichkeit, sowohl inhaltliches Wissen als auch praktische Fähigkeiten zu erwerben, die teilweise noch weit nach Ende des Studiums zur Anwendung kommen.

Es ist folglich angeraten, dass das Projektstudium weiterhin eine zentrale Rolle im Landschaftsstudium einnimmt. Das ursprünglich formulierte Ziel, die Vorbereitung auf die Berufspraxis, wird durch das Projektstudium nach wie vor erfüllt. Wie genau die Projekte in den Studiengang eingegliedert sind, zum Beispiel ihre Laufzeit, scheint nicht von zentraler Bedeutung zu sein, legen die Ergebnisse nahe – ein nicht unbedingt erwartetes Resultat. Wesentlicher erscheint die genaue Ausgestaltung eines jeden Projekts, also der Grat zwischen selbstständiger, eigenverantwortlicher Einzel- und Gruppenarbeit und einer maßvollen, aber konsequenten Betreuung.

"WE COULD ACTUALLY DEVELOP THE MOON" – 50 YEARS OF PROJECT STUDIES AT HANNOVER-HERRENHAUSEN The thesis deals with the project studies introduced 50 years ago in the field of landscape studies at the university campus in Herrenhausen. The aim of the study was to find out to what extent the vision of the project studies has been achieved over time. For this purpose, interviews with former students were conducted and the archived project reports at the Institute for Environmental Planning were reviewed. It turned out that the formulated goals were achieved regardless of the changes that had taken place in the meantime. The projects were and are an integral part of the study programme and shall remain so. This can be supported by the importance that former students have ascribed to projects for their lives after graduation. There is no reason to significantly change them, but some aspects, like supervision, should be carefully adapted.

1 Weitere studentische Projektarbeiten aus 50 Jahren stehen in den Nachbarinstituten der Fachgruppe Landschaft, heute Institut für Freiraumentwicklung und Institut für Landschaftsarchitektur.

TABEA STANKE
Masterthesis
Prüfende: Dr. Roswitha Kirsch-Stracke,
Prof. Dr. Joachim Wolschke-Bulmahn
Landschaftsplanung und Naturschutz,
ILA, Geschichte der Freiraumplanung

DORFLÄDEN DER REGION HANNOVER

WAS UNTERSTÜTZT GRÜNDUNG UND BETRIEB? Dünn besiedelte ländliche Räume in Deutschland stehen aufgrund des demografischen Wandels zunehmend Herausforderungen wie Alterung und Schrumpfung gegenüber. Die dadurch bedingte Abnahme der Bevölkerungszahl in diesen Räumen hat Auswirkungen auf die Daseinsvorsorge, also die Bereitstellung von lebensnotwendigen Gütern und Dienstleistungen für Bürgerinnen und Bürger. Angebote der Daseinsvorsorge, wie zum Beispiel Lebensmittelversorger, werden in ländlichen Räumen häufig nicht mehr ausreichend ausgelastet und müssen daher schließen. Für die Menschen in den betroffenen Regionen bedeutet dies einen negativen Einfluss auf die Lebensqualität, da viele Güter und Dienstleistungen des täglichen Bedarfs nicht mehr in räumlicher Nähe vorhanden sind. Diese Entwicklungen haben vielerorts eine Mobilisierung der Bürgerschaft ausgelöst: Zunehmend bilden sich bürgerschaftliche Initiativen, die die Sicherung der Daseinsvorsorge in den jeweiligen Orten selbst in die Hand nehmen. Häufig kommt es im Rahmen dieser Initiativen zur Gründung bürgerschaftlicher Dorfläden. Diese übernehmen verschiedenste Aufgaben der Daseinsvorsorge: von der Versorgung mit Lebensmitteln über die Bereitstellung sozialer Treffpunkte in Form von Cafés bis zur Bargeldauszahlung.[1, 2, 3]

Obwohl gemeinschaftliche Dorfläden eine wichtige Rolle bei der Sicherung der Daseinsvorsorge spielen, gibt es kaum Untersuchungen, die notwendige Rahmenbedingungen für Gründung und Betrieb aus Sicht der bürgerschaftlichen Akteurinnen und Akteure analysieren. Ziel der Masterarbeit war es, Handlungsvorschläge für die Gründung und den Betrieb von Dorfläden für bürgerschaftliche Initiativen zu entwickeln.

Methodik

Um Handlungsvorschläge zu erarbeiten, wurde orts- bzw. regionsspezifisches Wissen zu begünstigenden und hemmenden Faktoren der Gründung und des Betriebs von Dorfläden in semistrukturierten Leitfadeninterviews mit bürgerschaftlichen Akteurinnen und Akteuren mit Steuerungsfunktionen analysiert und gebündelt. Die Interviews wurden mithilfe einer qualitativen Inhaltsanalyse ausgewertet.[4] Anhand der Ergebnisse und der Analyse bundesweiter guter Praxisbeispiele von bürgerschaftlichen Dorfläden wurden Handlungsvorschläge abgeleitet. Als Untersuchungsraum wurde die Region Hannover herangezogen, die eine hohe räumliche Dichte an bürgerschaftlichen Dorfläden unterschiedlicher Charakteristika aufweist.

Begünstigende und hemmende Faktoren von Gründung und Betrieb

Einige Merkmale der untersuchten Dorfläden sind sehr speziell und stark standortabhängig, dennoch lassen sich zahlreiche übergreifende Aspekte feststellen. Viele der analysierten internen Stärken sind darauf zurückführen, dass die bürgerschaftlichen Dorfläden in der Region Hannover gemeinwohlorientiert sind. So passen sie sich an die Gegebenheiten der Orte an, übernehmen dort soziale Funktionen, zum Beispiel durch die Bereitstellung von Dorfladencafés, und sind innerhalb der Orte und darüber hinaus vernetzt. Der Erhalt der Läden wird durch die Bevölkerung unterstützt, was über ehrenamtliche Leistungen deutlich wird. Interne Schwächen ergeben sich insbesondere dadurch, dass die Dorfläden wenig finanzielle Eigenmittel haben und beispielsweise nur eine knappe Personalausstattung aufweisen können. Da sie außerdem bürgerschaftlichen Ursprungs sind, sind viele Beteiligte Quereinsteigende, was teilweise zu einem Mangel an Fachwissen führt. Externe Risiken bestehen für die Dorfläden vor allem durch rechtliche Einschränkungen und Vorschriften. So sind viele Dorfladeninitiativen auf Fördergelder angewiesen, deren Beantragung jedoch aufgrund einer Vielzahl an Vorschriften eine große Herausforderung sein kann. Auch eine gemeinnützige Anerkennung zu erlangen, die Dorfläden unter anderem für weitere Fördermittel qualifizieren würde, ist den Betrieben nicht möglich. Externe Chancen für die Dorfläden ergeben sich zum Beispiel aus einer großen Unterstützung durch die Bevölkerung bei der Gründung und dem Betrieb der Dorfläden oder durch die Region Hannover, die Förderungen, Netzwerkarbeit und Fortbildungen anbie-

Abb. 1: Dorfläden in der Region Hannover

tet. Viele der Risiken und Schwächen gleichen die in Dorfläden Engagierten mit bestehenden Stärken und Chancen aus. So wird beispielsweise die Vernetzung der Initiativen genutzt, um Kontakt zu Personen mit Wissen über Fördermittelakquise aufzunehmen und so die Herausforderung der anspruchsvollen Antragstellung zu entschärfen.

Handlungsvorschläge für die Gründung und den Betrieb von Dorfläden in der Region Hannover

Es besteht viel Handlungsbedarf auf übergeordneten Ebenen wie dem Bund und den Ländern, um die Rahmenbedingungen für bürgerschaftliche Dorfläden zu verbessern. Dazu gehört eine Anpassung der Bedingungen für Fördermittelanträge, die Verbindung von finanzieller Förderung mit Beratung oder die Erweiterung der Handlungsspielräume für bürgerschaftliches Engagement durch beispielsweise rechtliche Handlungsspielräume und Entscheidungskompetenzen auf lokaler Ebene.

Die Dorfläden selbst können Stärken ausbauen, indem sie zum Beispiel regionale Dorfladen-Erzeuger-Netzwerke aufbauen. Auch ist es ihnen möglich, selbst Schwächen auszugleichen, indem sie unter anderem auf dem Arbeitsmarkt benachteiligte Menschen anstellen, um der knappen Personalausstattung zu begegnen. Derartige Anstellungen werden von der Bundesagentur für Arbeit unterstützt. Es hat sich gezeigt, dass eine Unterstützung von bürgerschaftlichen

Dorfläden die Einsatzbereitschaft auf allen Handlungsebenen voraussetzt. So kann die durch die Dorfläden bewirkte Steigerung der Lebensqualität für die Bürgerinnen und Bürger langfristig gesichert werden.

HANNOVER'S VILLAGE STORES AND SERVICES OF GENERAL INTEREST – PROPOSALS FOR ESTABLISHMENT AND MANAGEMENT

Since sparsely populated areas in Germany arc increasingly faced with the challenge of providing services of general interest, more and more village shops are set up in reaction to this. Therefore, the aim of the master's thesis was to develop proposals for action for the establishment and management of village shops for the target group of civic stakeholders in the Hannover region. It has been shown that the support of village shops requires the willingness to act at all levels. The local population has to support the shops with civic engagement and purchasing power, while higher levels such as the federal and state governments can improve the framework conditions for village shops. This way, an increase in the quality of life for the citizens who are served by the village shops can be secured in the long term.

Interne Stärken	Interne Schwächen
• Selbstverständnis der Dorfläden als Bürgerprojekt und hohe ideelle Ansprüche • Großer ehrenamtlicher Unterstützerkreis der Dorfläden • Übernahme sozialer Funktionen durch die Dorfläden • Vernetzung und Kooperationen der Dorfläden • Alleinstellungsmerkmale der Dorfläden • Verfügbarkeit mehrerer wirtschaftlicher Standbeine der Dorfläden • Zentrale Lage der Dorfläden im Ort und Stärkung des Dorfkernes • Zukunftsausrichtung und Nachhaltigkeit der Dorfläden	• Externe Abhängigkeiten/geringe Eigenmittel der Dorfläden • Hohe Grundkosten der Dorfläden durch Gebäude- und/oder Grundstückskauf • Herausforderungen bei der Personalakquise der Dorfläden • Knappe Personalausstattung der Dorfläden • Geringes Platzangebot der Dorfläden • Geringe Sichtbarkeit der Dorfläden auf Bundes- und Länderebene • Stellenweiser Mangel Dorfladenbeteiligten mit Fachkenntnissen
Externe Chancen	**Externe Risiken**
• Bereitschaft der ehrenamtlichen Unterstützung und Zuspruch vonseiten der Dorfbevölkerung • Finanzielle Fördermittel für Dorfläden • Unterstützung von Dorfläden durch die Region Hannover • Orientierung an regionalen und bundesweiten Dorfladen-Praxisbeispielen • Zusammenarbeit mit und Beratung der Dorfläden durch Behörden • Nutzung endogener Potenziale der Orte durch die Dorfläden • Erhöhte Kundenzahl der Dorfläden durch COVID-19-Pandemie	• Eingeschränkte Auswahl an Gebäuden für die Dorfläden in den Orten • Aufwendige Beantragung und schwer einzuhaltende Antragsfristen von Fördermitteln • Fehlende Möglichkeiten der gemeinnützigen Anerkennung von Dorfläden • Unzutreffende Vorstellungen der Dorfbevölkerung von Angebot und Preisen eines Dorfladens • Einschränkungen für Dorfläden durch die COVID-19-Pandemie • Schwierigkeiten bei der Besetzung ehrenamtlicher Führungspositionen und der Gewährleistung einer ehrenamtlichen Nachfolge zum Erhalt der Dorfläden

Abb. 2: Ermittelte Stärken, Schwächen, Chancen und Risiken für Dorfläden in der Region Hannover

Modellvorhaben "Regio.Dorf.Laden: Gut & regional versorgt!"	
Kurzbeschreibung des Projektes und möglicher übertragbarer Ansatz	
Durch das Modellvorhaben Regio.Dorf.Laden wurde ein Netzwerk zwischen Erzeugern, Verarbeitern und Dorfläden sowie ein Kommunikationskonzept zur Förderung des Absatzes regionaler Produkte aufgebaut. Das Vorhaben wurde anhand von sechs Dorfläden in der Spessartregion durchgeführt.	
Übertragbarkeit auf die Dorfläden der Region Hannover	
Kosten	Niedrig, wenn allein ein Austausch zu regionalen Anbietern stattfindet. Mittel, wenn ein gemeinsames Kommunikationskonzept erarbeitet wird und Personal- sowie Materialkosten anfallen.
Umsetzbarkeit	Kurzfristig, wenn allein ein Austausch organisiert wird, mittelfristig, wenn ein Konzept zur gemeinsamen Vermarktung erarbeitet wird.
Mögliche Ansatzpunkte	Die regionale Ausrichtung der Dorfläden, bestehende Beziehungen zu regionalen Erzeugern und Verarbeitern und das Dorfladennetzwerk der Region Hannover.
Vorteile	**Nachteile**
• Erleichtert den Zugang zu regionalen Erzeugern und Verarbeitern. • Erweitert das regionale Angebot. • Erhöht die Sichtbarkeit regionaler Produkte.	• Benötigt personelle, zeitliche und evtl. finanzielle Kapazitäten der Dorfläden. • Setzt unter Umständen vorhandenen Platz zur Erweiterung des regionalen Angebots voraus.

Abb. 3: Beispiel eines Handlungsvorschlags: Aufbau von Dorfladen-Erzeuger-Netzwerken

1 BMUB (Bundesministerium für Umwelt, Naturschutz, Bau und Reaktorsicherheit) (Hg.): *Sicherung der Nahversorgung in ländlichen Räumen. Impulse für die Praxis.* Berlin 2014, S. 3 und 28–55

2 Wiegandt, Claus-Christian/Krajewski, Christian: „Einblicke in ländliche Räume in Deutschland – zwischen Prosperität und Peripherisierung". In: Wiegandt, Claus-Christian/Krajewski, Christian (Hg.): *Land in Sicht. Ländliche Räume in Deutschland zwischen Prosperität und Peripherisierung.* Bonn 2020, S. 11

3 Christmann, Gabriela: „Innovationen in ländlichen Gemeinden". In: Nell, Werner/Weiland, Marc (Hg.): *Dorf. Ein interdisziplinäres Handbuch.* Berlin 2019, S. 235–240

4 Gläser, Jochen/Laudel, Grit: *Experteninterviews und qualitative Inhaltsanalyse.* 4. Auflage, Wiesbaden 2010, S. 112–201

CHARLEEN HEINS
Masterthesis
Prüfende: Dr. Lena Greinke,
Dr. Roswitha Kirsch-Stracke
Raumordnung und Regionalentwicklung,
Landschaftsplanung und Naturschutz

AUFWACHSEN IN SOZIOÖKONOMISCH SCHWACHEN LÄNDLICHEN RÄUMEN

ENTWICKLUNGS- POTENZIALE UND PERSPEKTIVEN FÜR KINDER UND JU- GENDLICHE Mit durchschnittlich 230 Menschen pro Quadratkilometer gilt Deutschland als dicht besiedeltes Land. Mittlerweile lebt der Großteil der deutschen Bevölkerung (70%) in Ortschaften mit weniger als 100.000 Einwohnenden. Aufgrund fehlender räumlicher Abgrenzungen zwischen Stadt und Land besteht heutzutage ein zusammenhängendes Stadt-Land-Kontinuum, in dem sich die Lebensbedingungen jedoch in einigen Teilen Deutschlands recht deutlich voneinander unterscheiden. Solche räumlichen Disparitäten sind vor allem in den ostdeutschen, dünn besiedelten Regionen zu beobachten und werden durch den demografischen Wandel weiter verstärkt. Und das, obwohl die Unterschiede in der räumlichen Lebensqualität mithilfe der verfassungsgebundenen Gleichwertigkeit der Lebensverhältnisse seit 1994 längst Geschichte sein sollten.[1] Immer noch davon betroffen sind meist sehr ländlich geprägte Regionen, die zusätzlich eine schlechte sozioökonomische Lage aufweisen. Schlecht ausgebaute Infrastrukturen und die sich daraus ergebende Perspektivlosigkeit haben zur Folge, dass viele Menschen, insbesondere junge Leute, aus den Regionen abwandern und sich die Schrumpfungsprozesse weiter fortsetzen.[2]

Anhand des Landatlas des Thünen-Instituts (Bundesforschungsinstitut für Ländliche Räume, Wald und Fischerei) wurde auf Basis des „Ländlichkeitsfaktors" und der „sozioökonomischen Lage" der Landkreis Ludwigslust-Parchim beispielhaft als sehr ländlicher und sozioökonomisch schwacher Raum ausgewählt und untersucht. Der Landkreis liegt im südwestlichen Teil Mecklenburg-Vorpommerns und gilt mit einer Flächengröße von 4767 Quadratkilometern als zweitgrößter Landkreis Deutschlands.[3] Ludwigslust-Parchim steht, ähnlich wie viele andere strukturschwache ländliche Räume, vor der Herausforderung rückläufiger Bevölkerungszahlen in Verbindung mit der Überalterung seiner Bevölkerung. Bis 2030 wird ein Rückgang der Einwohnerinnen und Einwohner um

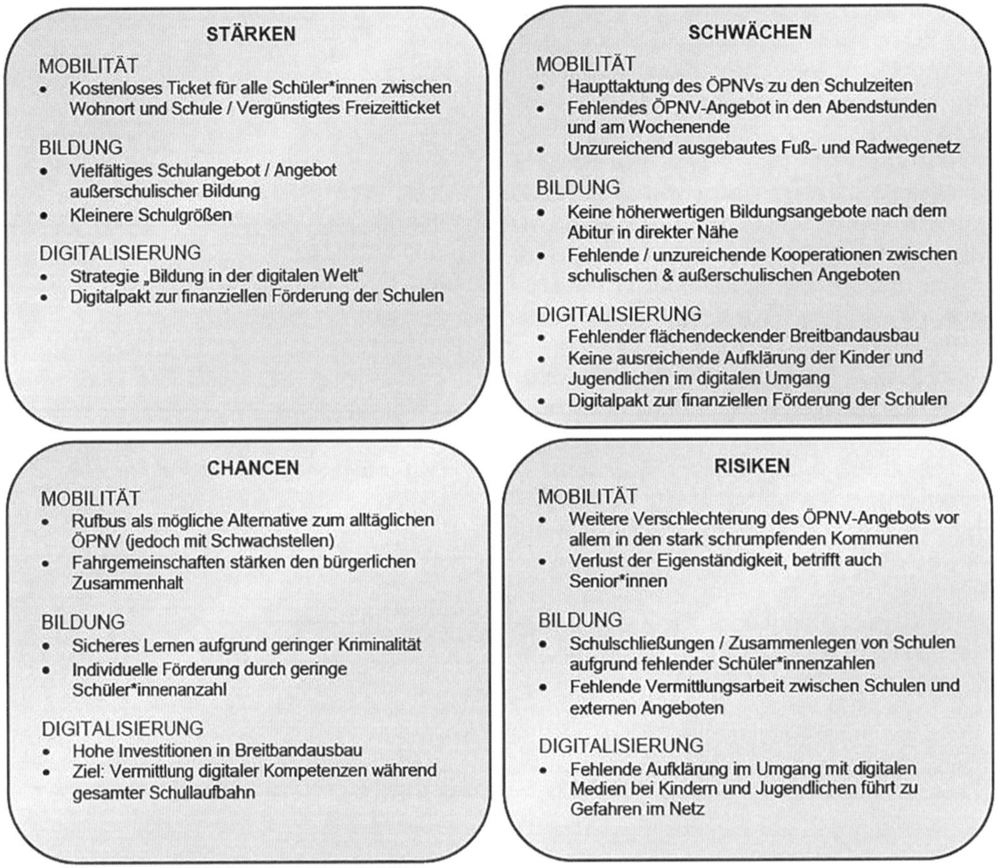

Abb. 1: Zusammengefasste Übersicht der SWOT-Analyse

bis zu 14 Prozent prognostiziert, wovon ein Viertel die Gruppe der unter 20-Jährigen betrifft. Aufgrunddessen beschäftigte sich die Masterarbeit vorwiegend mit der Zielgruppe der Kinder und Jugendlichen und deren Aufwachsen in strukturschwachen ländlichen Räumen.[4]

Für die Analyse wurden die drei Themenschwerpunkte Mobilität, Bildung und Digitalisierung untersucht. Ziel der Masterarbeit war es, den Status quo sowie die Herausforderungen und Chancen der genannten Themenschwerpunkte zu analysieren. Ergänzend dazu wurden auch die aktuellen Auswirkungen der Covid-19-Pandemie mit analysiert. Darauf aufbauend wurden Handlungsempfehlungen entwickelt, die dazu beitragen sollen, Kindern und Jugendlichen zukunftsfähige Perspektiven in den genannten Themenschwerpunkten zu eröffnen, um sie zum Bleiben oder Zurückkehren in den Landkreis zu motivieren.

Methodisches Vorgehen

Die wissenschaftliche Analyse erfolgte mittels Literaturarbeit, einer Ortsbefahrung, der Durchführung einer SWOT-Analyse sowie qualitativer Experteninterviews und der damit verbundenen qualitativen Inhaltsanalyse. Das weitere methodische Vorgehen beinhaltete außerdem die Auswahl des Untersuchungsgebiets sowie der Zielgruppe der Kinder und Jugendlichen. Im Rahmen der Ortsbefahrung wurden bestimmte Kriterien festgelegt, welche zur besseren Strukturierung dienten. Die Durchführung der SWOT-Analyse sorgte dafür, die Stärken, Schwächen, Chancen und Risiken des Landkreises aufzuzeigen. Den Abschluss des methodischen Vorgehens bildeten die Interviews mit jeweils zwei Fachleuten zu den einzelnen Themenschwerpunkten.

Forschungsergebnisse in den Themenschwerpunkten Mobilität, Bildung und Digitalisierung (Abb. 1)

Die Arbeit zeigt auf, dass Kinder und Jugendliche im Themenschwerpunkt Mobilität eine besonders hohe Abhängigkeit vom ÖPNV haben. Das vorhandene Angebot im Landkreis fällt jedoch vor allem in den Abendstunden und am Wochenende unzureichend aus. Zwar wird die Zielgruppe dadurch veranlasst, ihr Mobilsein frühzeitig und eigenständig zu planen, doch gleichzeitig ergibt sich daraus auch eine hohe Abhängigkeit von den Eltern. Weiterhin fehlt es im Landkreis an Fuß- und Radwegen, wodurch Kindern und Jugendlichen das eigenständige Mobilsein zusätzlich verwehrt bleibt.

Im Bereich Bildung wurde deutlich, dass gute Bildungschancen in ländlichen Räumen ebenfalls von funktionierenden Infrastrukturen im Bereich Mobilität oder auch Digitalisierung abhängen. Der Landkreis steht vor allem vor der Problematik der Schulschließungen und der Verluste außerschulischer Angebote aufgrund rückläufiger Bevölkerungszahlen. Kleinere Schulen auf dem Land bedeuten zwar häufig weniger Kriminalität und ein persönlicheres Verhältnis zu den Lehrkräften, doch gleichzeitig verlängern sich durch das Zusammenlegen von Schulen auch die Fahrtwege vieler Schülerinnen und Schüler.

Mögliche Abhilfe kann dabei die Digitalisierung schaffen, vorausgesetzt, es besteht ein flächendeckender Breitbandausbau, welcher aktuell im Landkreis noch nicht vorhanden ist. Deutlich wurden hier wieder starke Synergien mit dem Themenbereich Bildung. Derzeit fehlt es vielen Schulen noch an der benötigten digitalen Ausstattung sowie einer ausreichenden Aufklärung der Zielgruppe im Umgang mit digitalen Medien. Die Digitalisierung bietet Kindern und Jugendlichen jedoch die Möglichkeit, weite Distanzen in ländlichen Räumen (virtuell) zu überwinden.

Aufbauend auf den Herausforderungen und Chancen ergaben sich sinnvolle Handlungsempfehlungen, die Kindern und Jugendlichen ein perspektivenreiches Aufwachsen im Landkreis Ludwigslust-Parchim ermöglichen sollen. Die entwickelten Maßnahmen zielen dabei besonders auf die Schaffung vielfältiger Mobilitätsangebote (Maßnahmen 1–4), nachhaltiger Bildungsangebote (Maßnahmen 5–8) sowie der Ausschöpfung der digitalen Möglichkeiten (Maßnahmen 9–12) ab.

1 Flexibel unterwegs mit dem Rufbus
2 Mitfahr-Netzwerke
3 Bonusprogramm für Kinder und Jugendliche
4 Förderung Fuß- und Radverkehr
5 Das JugendMobil bringt Bildung zu dir
6 Auf kultureller Mission mit dem KuBiMobil
7 Regional. Gebildet. Kulturell vernetzt
8 Praxisnah studieren
9 Digitales Allround-Wissen: Aufklärungsbus
10 Jung und Alt: Gemeinsam digital lernen
11 Digitaler Veranstaltungskalender
12 Eltern-Hotline und Eltern-Workshops.

Lebenswerte Perspektiven für Kinder und Jugendliche

Wichtig ist es, Kindern und Jugendlichen mittels einer funktionierenden Infrastruktur das Leben in ländlichen Räumen so lebenswert und vorteilhaft wie möglich zu gestalten, um sie zum Bleiben oder Zurückkehren in den Landkreis zu motivieren. Vor diesem Hintergrund sollte „eine jugendgerechte Demografiepolitik keine ‚Anti-Abwanderungspolitik' sein".[5] Stattdessen ist es Aufgabe der Politik, lebenswerte Perspektiven für Kinder und Jugendliche zu schaffen, die sie zum Bleiben anstatt zum Abwandern bewegen. Hierfür ist es essenziell, dass die benötigten Infrastrukturen in ausreichendem Maß zur Verfügung gestellt werden. Hierbei sind politische Entscheidungen gefragt, die eine Gleichwertigkeit der Lebensverhältnisse zum Ziel haben und nicht nur von Gesichtspunkten der Wirtschaftlichkeit geleitet werden.

POTENTIALS AND PROSPECTS FOR CHILDREN AND YOUNG PEOPLE Germany is a densely populated country with the majority of the population living in smaller towns. Especially in the sparsely populated regions of eastern Germany, spatial disparities can be observed, which are further exacerbated by demographic change. The resulting shrinking processes and lack of prospects have the consequence that especially young people migrate from these regions. As part of the master's thesis, the growing up of children and young people in Ludwigslust-Parchim is examined. The focus is particularly on the main topics of mobility, education and digitalisation. The measures developed in this context are aimed in particular at creating diverse mobility services, providing sustainable educational programmes and exploiting digital opportunities.

1 Hahne, Ulf/Stielike, Jan Matthias: „Gleichwertigkeit der Lebensverhältnisse. Zum Wandel der Normierung räumlicher Gerechtigkeit in der Bundesrepublik Deutschland und der Europäischen Union". In: *Ethik und Gesellschaft*. Nr. 1/2013, S. 7

2 Beierle, Sarah/Tillmann, Frank: „Wie wird Politik Jugendlichen in strukturschwachen ländlichen Räumen gerecht?" In: *Kompendium Jugend im ländlichen Raum*. Bad Heilbrunn 2018, S. 187

3 Landkreis Ludwigslust-Parchim (Hg.): *Landkreis Ludwigslust-Parchim. Ein Porträt*. www.kreis-lup.de/portraet-des-landkreises/, 10.5.2021

4 Landkreis Ludwigslust-Parchim (Hg.): *SWOT-ANALYSE Kreisentwicklungskonzept 2030 für den Landkreis Ludwigslust-Parchim*. www.ludwigslust.de/export/sites/LUP/.galleries/PDF-LUP1/PDF-FD60/KEKPDF/161104_KEK-LUP_SWOT_Webfassung.pdf, 12.7.2021

5 Beierle, Sarah/Tillmann, Frank/Reißig, Birgit: *Jugend im Blick – Regionale Bewältigung demografischer Entwicklungen. Abschlussbericht. Projektergebnisse und Handlungsempfehlungen*. München 2016

6 Deutscher Bundesjugendring (Hg.): *Junge Menschen und der ländliche Raum – Eine Sammlung von Positionen und Forderungen des Deutschen Bundesjugendrings, der Mitgliedsorganisationen des Deutschen Bundesjugendrings und aus Jugendbeteiligungsprozessen*. jugenddialog.de/wp-content/uploads/2020/03/Bericht-junge-Menschen-und-der-l%C3%A4ndliche-Raum_final.pdf, 19.10.2021

LISA C. G. LANGE
Masterthesis
Prüfende: Dr. Lena Greinke, Dr. Nora Mehnen
Raumordnung und Regionalentwicklung

INSTITUT FÜR BERUFSWISSEN-SCHAFTEN IM BAUWESEN

IBW

Institut für Berufswissenschaften
im Bauwesen
Prof. Dr. Klaus Littmann
Prof. Dr. Andreas O. Rapp
Prof. Dr. Alexander Bach

ENTWICKLUNG EINES DIGITALEN LEHRMITTELKONZEPTS

EIGENSCHAFTEN UND ZUSAMMENSETZUNG VON BETON Mit dem „DigitalPakt Schule" haben sich Bund und Länder auf das gemeinsame Ziel geeinigt, eine leistungsfähige Infrastruktur aufzubauen und die nötige Ausstattung zu beschaffen, Lehrkräfte für die Herausforderung des digitalen Wandels auszubilden und die Entwicklung neuer pädagogischer Konzepte voranzutreiben. Die Digitalisierung als fortwährender Prozess bringt einen stetigen Erwartungsdruck mit sich: Anpassung, aber auch Erneuerung und ständige Aktualität sind gefragt, auch an deutschen Schulen. Im Bereich der beruflichen Bildung wird wiederum mit der Initiative „Berufsbildung 4.0" auf die fortschreitende Verbreitung digitaler Medien und Werkzeuge im Arbeitsleben und Alltag der Menschen reagiert. Laut BMBF müssen digitale Kompetenzen mittlerweile als fester Bestandteil von Berufsausbildungen gesehen werden. In diesem Zusammenhang wird die Stärkung von Medienkompetenz und ein um digitale Medien erweitertes Lernen gefordert. Um diesen Forderungen und Zielen gerecht zu werden, bedarf es zusätzlicher digitaler Lehr- und Lernmaterialien. Die Umstrukturierung von Unterricht und ein Neudenken von alten Konzepten kann ein großes Potenzial beim gezielten Erwerb digitaler Kompetenzen entfalten. Denn wie die Coronapandemie zuletzt deutlich gemacht hat, ist das Schulwesen durch zu starre, an Präsenzunterricht geknüpfte Bedingungen in seiner Weiterentwicklung gehemmt.

Zielvorstellung

Hier setzt diese Arbeit an und entwickelt für die Ausbildung von Bauzeichnerinnen und Bauzeichner exemplarisch ein digitales Lehrmittelkonzept für die Vermittlung von Eigenschaften und Zusammensetzungen von Beton. Sowohl aus der Verordnung über die Berufsausbildung als auch aus dem Rahmenlehrplan geht hervor, dass das Bewerten und Vergleichen des Baustoffs Beton zentrale Inhalte in der genannten Ausbildung sind. Da die tatsächliche Arbeit jedoch hauptsächlich im Büro stattfindet und meist kein direkter Kontakt mit den jeweiligen Baustoffen da ist bzw. deren Verarbeitung, können hier verstärkt Verständnisprobleme auftreten. Die Ausbildung zur Bauzeichnerin bzw. zum Bauzeichner bereitet auf einen Berufsalltag vor, der vom Umgang und der Nutzung digitaler Informations- und Kommunikationstechniken und Werkzeuge geprägt ist. Darüber hinaus ist das Erstellen von Planunterlagen mittels rechnergestützten Zeichnens heutzutage beruflicher Alltag. Ein solches Tätigkeitsprofil und die stetige Weiterentwicklung von Software bringen hohe Anforderungen an digitale Kompetenzen mit sich. Die schulische Ausbildung ist bei der Vermittlung dieser notwendigen Kompetenzen in gleichem Maße wie die betriebliche Ausbildung gefragt, was auch den Ordnungsmitteln entnommen werden kann. Während im Betrieb die Möglichkeit besteht, direkt am realen Beispiel zu üben und entsprechende Kompetenzen zu erwerben, müssen für die schulische Ausbildung meist exemplarische Lösungen gefunden werden. Beispielsweise können Projektaufgaben und Handlungsorientierung, didaktische Überlegungen und der Einsatz verschiedener Methoden oder digitaler Werkzeuge dabei eine Rolle spielen.

Vorgehen

Erkenntnisse zum Aufbau und zur Struktur eines klassischen Lehrbuchs konnten anhand der Analyse eines analogen Lehrmittelkonzepts gewonnen werden, außerdem wurde die inhaltliche und didaktische Aufbereitung des Themas „Zusammenhang von Eigenschaften und Zusammensetzung von Beton" untersucht. Unter Berücksichtigung der gewonnenen Erkenntnisse folgte der Entwurf eines eigenen digitalen Lehrmittelkonzepts. Hierbei wurden Überlegungen der flexiblen Nutzbarkeit und des selbstständigen Lernens einbezogen. Das Lehrmittelkonzept wurde exemplarisch umgesetzt, für einen Inhalt des bereits genannten Themas aufbereitet und hinsichtlich seiner technischen Funktionalität getestet. Das digitale Lehrmittelkonzept sieht vor, dass die Strukturen und Abläufe anhand des Programms Microsoft PowerPoint umgesetzt werden. Bei der Anwendung des Konzepts wurden somit interaktive Präsentationen mit festgeleg-ten Bewegungsmöglichkeiten erstellt, die von den Auszubildenden im Präsentationsmodus genutzt werden sollen. Das Lehrmittelkonzept sieht dabei eine Steuerung der Präsentation über das Anwählen interaktiver Objekte vor. Als geeignetes Eingabegerät gelten Computermaus, Touchpad oder Touchscreen.

Die Vorteile digitaler Bildungsmedien ergeben sich nicht durch bloße Übertragung analoger Medien ins Digitale. Der Entwurf eines digitalen Lehrmittelkonzepts kann aber die Vorteile und Potenziale digitaler Medien nutzen:

• Die Nutzung digitaler Medien sorgt für eine zeitgemäße Gestaltung des Unterrichts.
• Mithilfe digitaler Medien kann die Binnendifferenzierung gefördert werden.
• Für die Inhalte von MINT-Fächern bieten sich besondere Chancen, „weil dort komplexe und abstrakte Inhalte in einer Kombination aus visuellen und auditiven Einheiten anschaulich gemacht werden können".
• Lernen und Lehren kann flexibler und unabhängiger gestaltet werden, weil keine räumliche oder zeitliche Bindung notwendig ist.
• Digitale Medien bringen Möglichkeiten der Interaktivität mit sich.
• Direktes Feedback ermöglicht selbstgesteuertes Lernen.
• Digitales Lernmaterial ist einfacher zu editieren. Im Vergleich zu Lehrbüchern kann es schneller auf den aktuellsten Stand gebracht werden. Auch die Erstellung digitaler Vorlagen ermöglicht ein schnelles Hinzufügen und Ändern von Inhalten.

Lehrmittelkonzept

Im Ablaufplan werden die Anfangs- und Endpunkte des digitalen Lehrmittels durch grüne Ovale gekennzeichnet. Rechtecke stehen für Informationsträger, Rauten für Abfragen. Zu Beginn steckt die Anfangsfolie den inhaltlichen Rahmen des Lehrmittels fest. Dabei werden konkrete Lernziele und Fragestellungen, auf denen der Fokus der Bearbeitung liegt, aufgezeigt. Der Aufbau der Themenbereiche verfolgt stets dasselbe Prinzip: Zunächst gelangen die Schülerinnen und Schüler auf eine Folie, die eine Übersicht über den jeweiligen Themenbereich gibt. Wird der Inhalt des Bereichs wie bei der Übersichtskarte in kompaktere

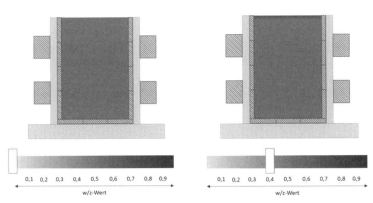

Abb. 1: w/z-Wert Schieberegler im Lehrmittel

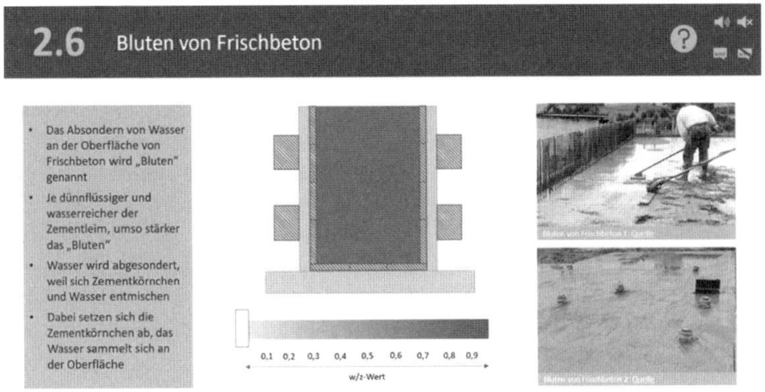

Abb. 2: Digitales Lehrmittel in PowerPoint

Unterthemen gegliedert, werden diese entsprechend dargestellt. Anhand der Übersicht der Themenbereiche können die Auszubildenden zu den weiteren Unterthemen oder zurück zur Übersichtskarte gelangen. Findet innerhalb der Unterthemen keine weitere Gliederung der Inhalte statt, werden auf der Folie des jeweiligen Unterthemas die didaktisch aufbereiteten Inhalte behandelt. Im Anschluss daran kann ein Quiz zum jeweiligen Inhalt gestartet werden. Diese Quizze sollen den Schülerinnen und Schülern die Rückmeldung geben, ob sie die Kernaussagen der zuvor behandelten Inhalte verstanden haben. So bilden Inhalt und Quiz stets eine zusammenhängende Lerneinheit. Am Ende jedes Lehrmittels steht laut digitalem Lehrmittelkonzept die Lernzielkontrolle. Die zu Beginn genannten Fragestellungen oder Lernziele werden hier wieder aufgegriffen und anhand einer Wissensabfrage überprüft. Die Kontrolle kann, wie bereits bei den anderen Abfragen, selbstständig durchgeführt werden. Unabhängig vom Ergebnis können die Auszubildenden wieder eigenständig entscheiden, ob sie die Bearbeitung des Lehrmittels beenden oder zurück zur Übersichtskarte springen möchten, um Inhalte bestimmter Themenbereiche noch einmal zu wiederholen.

Für die exemplarische Umsetzung des Lehrmittelkonzepts wurde aus dem Themenfeld „Zusammenhang von Eigenschaften und Zusammensetzung von Beton" der Einfluss des Wasserzementwerts als Schwerpunkt für das Lehrmittel festgelegt. Der Einfluss des Wasserzementwerts auf die Eigenschaften von Beton ist ein konkretes Beispiel für die gezielte Einwirkung auf die Baustoffeigenschaften. Anhand diese Wertes wird gut erkennbar, welche Möglichkeiten es bei der Einflussnahme auf den künstlich hergestellten Baustoff Beton gibt. Auch die exemplarische Analyse des analogen Lehrmittelkonzepts zeigt, dass der Wasserzementwert im Zusammenhang mit den Eigenschaften von Beton besonders hervorgehoben wird (Abb. 1).

Die Elemente der Unterthemen auf den jeweiligen Übersichtsfolien der Themenbereiche wurden durchgehend gleich gestaltet. So bleibt das einheitliche und ruhige Erscheinungsbild des digitalen Lehrmittelkonzepts erhalten. Auch das Farbschema wurde weiterhin eingehalten (Abb. 2).

Fazit

Das in dieser Arbeit entwickelte digitale Lehrmittelkonzept besitzt für den Ausbildungsberuf der Bauzeichnerin bzw. des Bauzeichners besondere Relevanz: Es zeigt auf, wie mithilfe digitaler Software und digitaler Lehrmittel selbstgesteuerter Unterricht an berufsbildenden Schulen entstehen kann, und ist dabei nicht als fertige Unterrichtseinheit zu verstehen, sondern vielmehr als erster konkreter Versuch, die Inhalte des ausgewählten Themenbereichs digital aufzubereiten. Für die Nutzung im Schulunterricht bedarf es noch weiterer Überlegungen und Arbeitsschritte. Exemplarisch stellt das Lehrmittelkonzept aber sehr gut die Möglichkeiten digitaler Formate dar und sollte ohne allzu großen Mehraufwand auf andere Themenbereiche und Fachrichtungen übertragen werden können.

CONCEPT DEVELOPMENT OF A DIGITAL TEACHING AID – PROPERTIES AND COMPOSITION OF CONCRETE   In this project, a digital teaching aid concept for the properties and compositions of concrete was developed. By analysing an analogue teaching material concept based on a classic textbook, insights were gained into the composition and structure of the teaching material. Based on the knowledge obtained, a separate digital teaching aid concept was drafted, including considerations of variable usability and independent learning. The teaching aid concept was implemented, reviewed for content on the subject of the connection between properties and compositions of concrete and tested with regard to its technical functionality. The digital teaching aid concept provides for the structures and processes to be implemented using Microsoft PowerPoint.

ALEXANDRA SCHLENDER
Betreuung: Fritz Wilhelms, Johannes Wolff
Insitut für Berufswissenschaften im Bauwesen

POTENZIALE UND GRENZEN VON ERKLÄRVIDEOS IN DER HOLZTECHNIK

HOLZTECHNISCHE PROBLEMSTELLUNGEN AUF DEM VIDEOPORTAL YOUTUBE

Die Digitalisierung erreicht zunehmend alle Bereiche des menschlichen Lebens, das Arbeitsumfeld ist davon nicht ausgeschlossen. Geschäftsfelder, Arbeitsbereiche, Berufszweige und die Art, wie wir beruflich lernen, verändern sich durch fortschrittliche Technologien. Fachwissen muss kontinuierlich überarbeitet werden, um mit den fortschreitenden Entwicklungsprozessen mithalten zu können. Die berufliche Ausbildung steht vor neuen Herausforderungen, um diese Veränderungen durch geeignete Lernmöglichkeiten unterstützen zu können. Diese Lernmöglichkeiten könnten aus dem technischen Fortschritt einen Vorteil ziehen und das Lernangebot sowie den Lernprozess individueller und flexibler gestalten. Es mangelt jedoch an einer umfassenden didaktischen beziehungsweise pädagogischen Begutachtung der Auswirkung von digitalen Bildungsmedien auf die Lernenden. Berücksichtigt werden müssen insbesondere die schülerzentrierten Lernvoraussetzungen für den Umgang mit digitalen Medien sowie die mediale Gestaltung.

Forschungsziel

Zu einem Teilbereich der medialen Gestaltung wird in „Potenziale und Grenzen von Erklärvideos in der Holztechnik" Stellung bezogen. Die Arbeit untersucht, ob Erklärvideos zu holztechnischen Anwendungen auf dem Videoportal YouTube fachliche Kriterien für die berufliche Bildung erfüllen und inwieweit Grenzen für den möglichen Einsatz bestehen. Auf diese Weise sollte ein umfassendes Bild von Erklärvideos in Bezug auf die berufliche Lehre entstehen. Für die Beantwortung der Fragen wurde die quantitative Inhaltsanalyse herangezogen. Dafür wurde ein Instrument in Form eines Codebuches entwickelt, welches neben dem Kategorieschema auch Handlungsanweisungen für die Codierer, wichtige Definitionen und die Erläuterungen der Untersuchungseinheit enthält.

Mit der Gründung der Onlineplattform YouTube im Jahr 2005 wurde eine neue Möglichkeit geschaffen, Wissen zu erwerben, ohne auf ein Buch zurückgreifen zu müssen. Nahezu jeder Person ist es möglich, mit geringem Aufwand Erklärvideos zu produzieren und diese einer weltweiten Gemeinschaft zur Verfügung zu stellen. Das Angebot an unterschiedlichen Themenbereichen ist nahezu unbegrenzt. Diese Vielfältigkeit bietet zahlreiche neue Möglichkeiten, allerdings kann die niemals abebbende Flut an Informationen die Konsumierenden der Inhalte auch sprichwörtlich erschlagen.[1]

Vorgehen

Um sich mit entsprechenden Thematiken befassen zu können, die unüberschaubare Menge an Medien zu bewältigen und gleichzeitig gesicherte Erkenntnisse zu gewinnen, die eine subjektive Betrachtungsweise ausschließen, wurde die strukturierte, standardisierte Inhaltsanalyse entworfen.[2] Mehrheitlich wird bei einer quantitativen Analyse eine große Menge von Mitteilungen mit ähnlichen Wesensmerkmalen betrachtet. Das Ergebnis resultiert nicht aus einer persönlichen Auffassung von gesonderten medialen Verkündungen, sondern aus einer strukturierten Untersuchung umfangreicher zentraler Botschaften. Das Ziel ist keine ausführliche, tiefgreifende Analyse des beobachteten medialen Gegenstands, vielmehr werden aus der Vielzahl der beobachteten Gegenstände Tendenzen herausgefiltert, um so allgemeingültige Aussagen ermöglichen zu können. Natürlich muss davon abgesehen werden, jedem einzelnen Objekt gleichermaßen gerecht zu werden. Bei der quantitativen Inhaltsanalyse ist die Vorgehensweise demnach auf Menge angelegt, nur die interessanten Fakten werden erfasst, um die Vielschichtigkeit zu begrenzen. Die umfassende und unübersichtliche Medienberichterstattung wird so auf zentrale Strukturen reduziert.

Das Codebuch als zentraler Bestandteil der Inhaltsanalyse wurde so entworfen, dass Online-Inhalte, also Bewegtbilder, erfasst und analysiert werden können. Hinzu kommt, dass Online-Inhalte eine gewisse Flüchtigkeit und Dynamik aufweisen. Um die Auswahleinheit bestmöglich eingrenzen zu können, durchläuft das Untersuchungsmaterial einen mehrstufigen Filterprozess. Bei der Bestimmung der vier Hauptthemenfelder wurde sich auf die wesentlichen Ferti-

gungsprozesse im Tischlerhandwerk konzentriert. Diese sind Maschinenarbeit, Handarbeit und Oberflächenbehandlung, bei der Maschinenarbeit ist insbesondere das Sägen und Fräsen elementar. Demnach wurden folgende vier Themenfelder gebildet:

• Spanplattenzuschnitt an der Formatkreissäge
• Nuten an der Tischfräse
• Eckverbindungsfertigung einer Schwalbenschwanzverbindung
• Oberflächenbehandlung

Aus den festgelegten Themenfeldern wurden vier Analyseeinheiten gebildet. Bei den ersten beiden Analyseeinheiten „Spanplattenzuschnitt an der Formatkreissäge" sowie „Nuten an der Tischfräse" handelt es sich um reine Maschinenarbeitsgänge, die aufgrund ihrer Komplexität didaktisch reduziert wurden. Daher wird lediglich ein Arbeitsvorgang für jede Maschine betrachtet. Der Spanplattenzuschnitt und das Nuten wurden außerdem ausgewählt, da dies typische Arbeiten in einer Tischlerei sind. Die dritte Analyseeinheit weist starke konstruktive Bezüge auf und ist daher äußerst komplex. Das Anfertigen einer Eckverbindung fördert viele Fertigkeiten: räumliches Vorstellungsvermögen, mathematische Kenntnisse, Wissen über die Materialeigenschaften und den Umgang mit dem Werkzeug sind nur einige Beispiele. Dies wird exemplarisch anhand einer Schwalbenschwanzverbindung erläutert. Die Oberflächenbehandlung verkörpert die letzte Analyseeinheit. Bei dieser wird der Schwerpunkt vor allem auf die Vorbereitung einer Oberfläche für den Auftrag des Oberflächenschutzes und auf die Arbeit mit diversen Ölen gesetzt. Für jede Analyseeinheit wurden Schlagwörter bestimmt, welche unterstützend bei der Recherche nach geeignetem Videomaterial in die Suchleiste eingegeben wurden. Bei der anschließenden Auswertung der Videos wurde entschieden, ob die vorher festgelegten Kriterien bei der jeweiligen Analyseeinheit erfüllt wurden.

Ergebnisse

Bei den betrachteten Erklärvideos wurde ein Großteil der zuvor festgelegten Kriterien erfüllt (Abb. 1). Dennoch haben sich beim Vergleich der vier Analyseeinheiten Unterschiede gezeigt. Dem Themenbereich

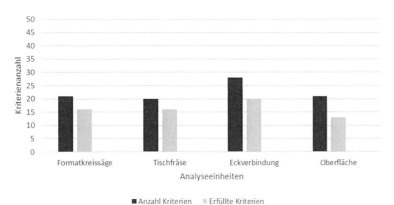

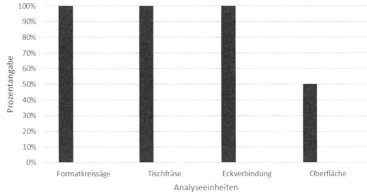

Abb. 1: Ergebnisvergleich der vier Analyseeinheiten

Abb. 2: Vergleich erfüllter Sicherheitsregeln

Oberfläche wurde im Vergleich zu den Bereichen Tischfräse, Formatkreissäge und Eckverbindung ein etwas geringerer Stellenwert beigemessen. Bei den erstgenannten Prozessen handelt es sich um Verarbeitungsprozesse, bei denen aus einfachem Holz etwas Nutzbares beziehungsweise Ansehnliches gefertigt wird. Die Oberflächenbehandlung ist hingegen nur noch eine Art Abschlussprozess, um dem Werkstück Oberflächenschutz beziehungsweise eine ansprechendere Optik zu verleihen. Da vermutlich bei den Nutzern der Plattform YouTube ein höheres Interesse beim Verarbeitungsprozess als bei der Oberflächenbehandlung liegt, versuchen die Videoersteller, diesen Interessen gerecht zu werden. Es gilt schließlich, möglichst viele Nutzer zu erreichen und damit zusätzliche Klicks zu bekommen, da der Schwerpunkt mehr auf dem kommerziellen Aspekt als auf dem didaktischen Nutzen liegt.

Die anfängliche Vermutung, dass die meisten Erklärvideos nur zu reinen Unterhaltungszwecken dienen und damit möglichst viele Aufrufe generiert werden sollen, lässt sich bestätigen. Zwar waren viele zuvor aufgestellte Kriterien in den angesehenen Erklärvideos vorhanden, dennoch war zu erkennen, dass der Fokus in den Hauptkategorien auf der Holzbearbeitung mit Maschinen und Werkzeug lag. Der Analyseeinheit Oberflächenbehandlung wurde weniger Bedeutung beigemessen, obwohl diese ebenfalls ein elementarer Bestandteil in der Holzverarbeitung ist

(Abb. 2). Abschließend lässt sich feststellen, dass die quantitative Inhaltsanalyse in komprimierter und optimierter Form durchaus für eine erste Beurteilung von Erklärvideos geeignet ist. Einige Gegebenheiten gilt es jedoch bezüglich der Methodik und Auswertung zu berücksichtigen. Besonders die Schnelllebigkeit der im Internet veröffentlichten Medien stellt hohe Anforderungen an die Reliabilität.

Fazit

Ob ein Einsatz der betrachteten Erklärvideos für den beruflichen Unterricht in Frage kommt, konnte mit der quantitativen Inhaltsanalyse nicht endgültig festgestellt werden. Auch wenn teilweise bis zu 80 Prozent der festgelegten Kriterien erfüllt wurden, bleibt es fraglich, ob die analysierten Tutorials für die berufliche Bildung geeignet sind, da im berufsbildenden Kontext noch weitere Anforderungen gelten. Sollte überdies ein Video existieren, welches jegliche fachlichen Kriterien erfüllt, wäre eine alleinige quantitative Überprüfung dennoch nicht ausreichend. Für eine tiefergehende, vor dem tatsächlichen schulischen Einsatz notwendige angemessene Beurteilung müssen darüber hinaus wichtige pädagogische und didaktische Handlungen analysiert werden.

POTENTIALS AND LIMITS OF EXPLAINER VIDEOS IN WOOD TECHNOLOGY The aim of this project was to examine whether explanatory videos of wood

technology applications on YouTube meet technical criteria for vocational training and to what extent there are limits to their potential use. Quantitative content analysis was used to answer these questions. Up to 80 % of the specified criteria were met, but it remains questionable whether the explanatory videos considered are suitable for vocational training. In the vocational training context, there are further requirements that need to be taken into account.

1 Dorgerloh, Stephan/Wolf, Karsten: *Lernen und Lernen mit Tutorials und Erklärvideos*. Weinheim 2020, S. 8
2 Rössler, Patrick: *Inhaltsanalyse*. 3. Auflage, Konstanz 2017, S. 15

STEFFEN VERHOLEN
Betreuung: Fritz Wilhelms, Johannes Wolff
Insitut für Berufswissenschaften im Bauwesen

FLUORESZENZ-ANALYSE VON ROBINIE IM BEZUG ZUR DAUERHAFTIGKEIT

Das Potenzial der Holzart Robinie wird derzeit nicht voll ausgeschöpft. Robinie (*Robinia pseudoacacia* L.) weist als einzige der in Europa verbreiteten Holzarten eine hohe natürliche Dauerhaftigkeit auf. Da die Dauerhaftigkeit eines einzelnen Bauteils aber stark von inneren Faktoren abhängt (z. B. Lage im Stamm, Vorbehandlung durch Dämpfen etc.), versagen einzelne Bauteile deutlich früher als andere. Sie ist also nicht für alle Bauteile zuverlässig gewährleistet. Da die Dauerhaftigkeit bei Robinienholz nachweislich auf teils stark fluoreszierende Inhaltsstoffe zurückzuführen ist,[1] lässt sie sich möglicherweise schnell, günstig und zerstörungsfrei durch Fluoreszenzspektroskopie bestimmen. Ziel der Arbeit war es, die Fluoreszenzeigenschaften von Robinie als Grundlage einer solchen Methode genauer zu charakterisieren.

- Welche der enthaltenen Stoffe fluoreszieren bei welchen Wellenlängen?
- Wie verändert sich die Fluoreszenz durch nachweislich dauerhaftigkeitsverringernde Verfahren?

Die pilzhemmenden Inhaltsstoffe der Robinie sind im Stamm inhomogen verteilt.[2,3] In den innersten 10 bis 20 Jahrringen liegen sie in deutlich geringerer Konzentration vor. Dieses sogenannte juvenile Holz ist daher deutlich weniger dauerhaft als das adulte, äußere Kernholz. Die Unterscheidung zwischen adultem und juvenilem Kernholz ist mit bloßem Auge nicht möglich. Der Inhaltsstoff Robinetin weist eine starke grün-gelbe Fluoreszenz auf. Viele andere Holzbestandteile wie Cellulose, Hemicellulose und Lignin fluoreszieren ebenfalls, aber deutlich schwächer. Das Fluoreszenzspektrum von Holz setzt sich aus den Signalen aller enthaltenen Inhaltsstoffe zusammen.

Es wurden 100 Prüfkörper aus adultem und juvenilem Robinienkernholz erstellt und anschließend verschiedenen Behandlungsarten unterzogen. Jeweils vor und nach der Behandlung wurden dreidimensionale Fluoreszenzspektren (EEM = Exzitations-Emissions-Matrices) sowie L *a b* -Farbmessungen der Prüfkörper durchgeführt. Ein EEM von unbehandeltem Robinienholz ist in Abbildung 1 zu sehen. Es wurden drei Ansätze verfolgt, um die Fluoreszenzpeaks von Robinienholz stofflich zuzuordnen:

- Messung von Referenzmaterialien (z. B. Lignin, Cellulose, Robinetin) und Vergleich der Reinspektren mit dem Spektrum von Robinienholz
- Behandlung von Prüfkörpern mit unterschiedlichen Verfahren, die die Fluoreszenz oder Dauerhaftigkeit beeinflussen. Durch Vorher-nachher-Abgleich wurden die Fluoreszenzänderungen der einzelnen Peaks ermittelt. Korrelierende Peaks wurden einer gemeinsamen Stoffgruppe zugeordnet.
- Anwendung von Data-Science-Algorithmen (Parafac) zur mathematischen Ermittlung von Reinstoffspektren

Die Referenzstoffe Galactose und Xylose (Hemicellulose-Bausteine), Cellulose und mittels Organosolv-Verfahren aus Buchen- und Eukalyptusholz aufgeschlossenes Lignin wurden in Reinform untersucht. Die gemessenen Fluoreszenzpeaks im Holz wurden mithilfe der Reinstoffspektren unterschiedlichen Stoffgruppen zugeordnet.

Im zweiten Schritt wurde die Auswirkung verschiedener Behandlungsverfahren auf die Fluoreszenz untersucht. Es ist bekannt, dass die Dauerhaftigkeit des adulten Kernholzes beim industriellen Dämpfungsverfahren stark abnimmt.[2] Da das Holz beim Dämpfen dem Einfluss von hoher Temperatur, Wasser und Sauerstoff ausgesetzt wird, wurden diese Parameter variiert, um zu ergründen, welche der möglichen Kombinationen für den Dauerhaftigkeitsverlust verantwortlich ist. Untersucht wurden:

- Heißlufttrocknung: hohe Temperatur und Sauerstoff (100 °C, 10 Std.)
- Heißwasser-Tränkung: hohe Temperatur und Wasser (14-tägige Wasserlagerung, davon 10 x 6 Std. kochen bei 100 °C)
- Dämpfen: hohe Temperatur, Wasser und Sauerstoff (100 °C; 100 % Luftfeuchtigkeit, 16 Std.)
- Kaltwassertränkung (14-tägige Wasserlagerung)
- Nullreferenz: keine Behandlung

Sowohl die Fluoreszenzpeaks als auch die Farbwerte der Prüfkörper erniedrigten oder erhöhten sich durch die unterschiedlichen Behandlungen. Peaks, die sich durch die gleiche Behandlungsart ähnlich veränderten, wurden als zusammengehörige Stoffgruppe interpretiert.

Überraschend war, dass das juvenile Holz in allen Stämmen höhere Robinetin-Fluoreszenz aufwies als das adulte Holz (Abb. 2), obwohl der Gehalt von Robinetin im juvenilen Holz laut Dünisch et al. (2010) ca. um den Faktor 2,7 kleiner ist als im adulten. Da die

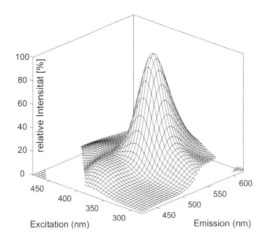

Abb. 1: Fluoreszenz-EEM von unbehandeltem Robinienholz. Robinetin bildet den Hauptpeak, während die Holzgrundstoffe in Nebenpeaks fluoreszieren.

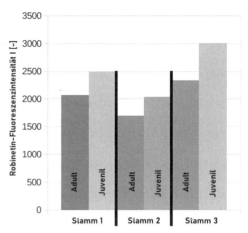

Abb. 2: Robinetin-Fluoreszenz von juvenilem und adultem Holz dreier Stämme. Juveniles Holz fluoresziert stärker, enthält aber weniger Robinetin.

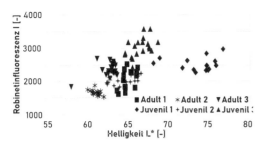

Abb. 3: Robinetin-Fluoreszenz in Abhängigkeit der Helligkeitswerte

Prüfkörper aus drei Stämmen unterschiedlichen Ursprungs stammten, kann eine einmalige Anomalie ausgeschlossen werden. Die Konzentration lag also offenbar außerhalb des linearen Bereichs, in dem sie mit der Fluoreszenzintensität korreliert. Bei nachfolgenden Untersuchungen muss dieser Herausforderung nachgegangen werden.

Im Gegensatz zur Stammlage (juvenil/adult) spielte die Helligkeit des Holzes eine wichtige Rolle bei der Fluoreszenz (Abb. 3). Je heller die Färbung des Holzes, desto höher war auch die Intensität der Fluoreszenz. Absorbierende (dunkle) Inhaltsstoffe verringerten offenbar den Anteil des Lichtes, der das Robinetin zur Fluoreszenz anregte, sowie die Fluoreszenzemission an sich. Bei der zukünftigen Entwicklung quantitativer Systeme muss diese Erkenntnis berücksichtigt werden.

Die Referenzstoffe wurden in Pulverform und als Suspension in Kaltwasser, Heißwasser und Methanol gemessen. Wie in der Literatur beschrieben,[4] zeigte sich eine hohe Abhängigkeit der Fluoreszenzlage und -intensität vom Lösemittel/Suspensionsmittel.

Die so ermittelten Peaks wurden mit den EEMs des Robinienholzes abgeglichen. Mehrere Peaks von Robinienholz wurden so Inhaltsstoffen wie Cellulose und Lignin zugeordnet.

Die Behandlungsarten beeinflussten die Peaks der Prüfkörper in unterschiedlichem Ausmaß. Einige Peaks verringerten sich z. B. durch Wassereinfluss enorm, während andere verstärkt wurden. Anhand dieser Verhaltensmuster wurden die Peaks in Gruppen eingeteilt. Mithilfe von Literaturangaben zu Löslichkeit etc. wurden diese dann den Grundbestandteilen von Holz zugeordnet. Die Ergebnisse dieser Zuordnung stimmten allerdings nur teilweise mit der Zuordnung durch Referenzmaterialien überein.

Die Entwicklung eines Systems, welches im Durchlaufverfahren die Robinetinkonzentration einzelner Bretter durch Fluoreszenzmessung bestimmt, ist mit Schwierigkeiten behaftet. Diese Bachelorarbeit zeigt grundlegende Zusammenhänge auf und bereitet so den Boden für weiterführende Untersuchungen. Insbesondere wird die Bedeutung der Helligkeitswerte für die gemessene Fluoreszenzintensität betont sowie die Schwierigkeit, dass die Robinetinkonzentration im Holz offenbar oberhalb des linearen Bereichs einer kalibrierbaren Kurve liegt.

Günstig sind die Bedingungen dadurch, dass Robinetin mit Abstand die am stärksten fluoreszierende Substanz im Robinienholz ist. Kein anderer Fluoreszenzpeak im Holz überlappt oder beeinflusst den Robinetinpeak wesentlich. Ein wichtiger weiterführender Schritt ist die Bestimmung der Dauerhaftigkeit in Korrelation zur Fluoreszenz.

FLUORESCENCE ANALYSIS OF BLACK LOCUST WITH REGARD TO DURABILITY In this project, the intensity changes of several peaks in the fluorescence spectra of *Robinia pseudoacacia* L. heartwood, due to different treatments involving heat, water and air, were evaluated. Considering the intensities and L *a b* colour measurements before and after treatment, it was possible to show several substance-specific fluorescence alterations. These may be assigned to the wood components cellulose, hemicellulose and lignin. In addition to the knowledge about the location and behaviour of fluorescence peaks of the robinia-specific robinetin, this work deepens the understanding of general fluorescence patterns. It may help to build a foundation for the development of a fast, affordable, and non-destructive durability determination method with enormous application possibilities.

1 Sablík, P./Giagli, K./Pařil, P./Baar, J./Rademacher, P.: „Impact of Extractive Chemical Compounds from Durable Wood Species on Fungal Decay after Impregnation of Nondurable Wood Species". In: *European Journal of Wood and Wood Products*. Heft 74, 2016, S. 231–236

2 Dünisch, Oliver/Richter, Hans-Georg/Koch, Gerald: „Wood Properties of Juvenile and Mature Heartwood in Robinia pseudoacacia L.". In: *Wood Science and Technology*. Heft 44, 2010, S. 301–313

3 Vek, Viljem/Poljanšek, Ida/Oven, Primoz: „Variability in Content of Hydrophilic Extractives and Individual Phenolic Compounds in Black Locust Stem". In: *Holz als Roh- und Werkstoff*. Heft 78, 2020, S. 501–511

4 Lakowicz, Joseph R.: *Principles of Fluorescence Spectroscopy*. 3. Auflage, Boston 2006

PATRICK KOTZIAS
Betreuung: Frank Peters, Prof. Andreas Rapp
Institut für Berufswissenschaften im Bauwesen

ERSTELLUNG DIGITALER LERN-EINHEITEN ZUR BETRIEBSPLANUNG

In dem vom BMBF geförderten Projekt „Leibniz works 4.0" arbeitet das IBW daran, im Lehramtsstudium an berufsbilden Schulen in den Fachrichtungen Bautechnik, Farbtechnik und Raumgestaltung sowie Holztechnik stärker auf die heterogenen berufsbiografischen Besonderheiten der Studierenden einzugehen. Schwerpunkte hierbei sind Flexibilisierung und Digitalisierung mithilfe von aufbereiteten Experimenten, Laborübungen und individualisierten Lernformaten.

Die Prüfungsordnung sieht durch Wahlpflichtangebote vorrangig im Masterstudium eine weitere Profilbildung über die gewählte berufliche Fachrichtung hinaus vor, die in der späteren Lehramtstätigkeit einen breiteren Einsatz ermöglicht und auf die aktuelle Veränderungsdynamik in der Berufswelt und damit auch in der beruflichen Bildung vorbereitet. Da aber die Veranstaltungen im Masterstudium auf speziellen werkstoff- und fertigungstechnischen Grundlagen der jeweiligen beruflichen Fachrichtung aufbauen, bedarf es hier Unterstützungsangebote für fachfremde Studierende. In dieser Arbeit wurde am holztechnischen Modul „Betriebsplanung und Organisation" exemplarisch ein digitales Lehrangebot entwickelt, mit dem sich Studierende der Farbtechnik und Raumgestaltung wesentliche Grundlagen der holztechnischen Werkstattfertigung im Selbststudium erarbeiten und damit den Inhalten zur Betriebsplanung besser folgen können.

Als methodologischer Rahmen zur Entwicklung der Lerneinheiten wurde nach dem Prinzip „Forschen durch Gestalten" der Design-Based Research (DBR)[1] gewählt. Dieser Ansatz wird zunehmend in der Bildungsforschung angewendet. Zielsetzung ist die Lösung einer Problemstellung im Bereich der Bildung und die daraus folgende Herleitung von Theorien, die wiederum in der Praxis Anwendung finden und weitere Erkenntnisse für die Lehr-Lernforschung ermöglichen. Die erstellten Lösungsansätze bzw. Interventionen mit den einhergehenden Erkenntnissen werden im DBR als nachhaltige Innovationen bezeichnet.

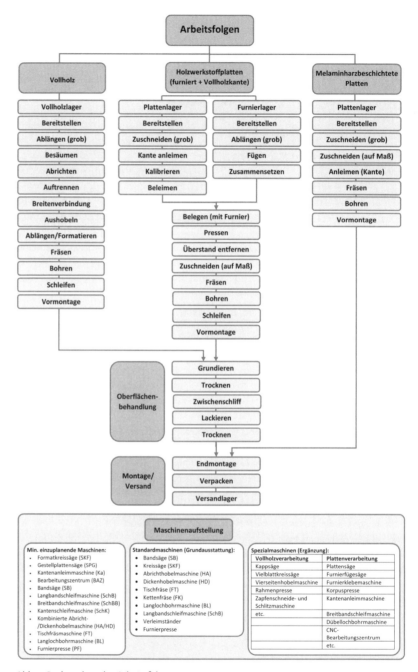

Abb. 1: Sachanalyse der Arbeitsfolgen

Die Konzeption und Erarbeitung der Lerneinheiten folgt dem Design-Based-Research-Ansatz, der dafür sechs Schritte vorsieht:

1. Problem präzisieren
2. Literatur und Erfahrungen auswerten
3. Design entwickeln bzw. verfeinern
4. Design erproben und formativ evaluieren
5. Gestaltungsprinzipien generieren
6. Intervention summativ evaluieren

Im Rahmen der Masterarbeit wurden die ersten vier Schritte bearbeitet.

Zur Präzisierung des Problems wurden Teilnehmende aus zwei Studienjahrgängen mittels Fragebögen zu Schwierigkeiten bei der Bearbeitung der Lerninhalte zu den Themenblöcken Kalkulation, Betriebsstättenplanung und Fertigungsmethoden befragt. Im Abgleich mit den Ergebnissen der Studierenden der Farbtechnik und Raumgestaltung sowie der Holztechnik konnte die Problemstellung weiter eingegrenzt werden. Die Auswertung zeigte mehrere Problemstellen bei den Inhalten Kostenrechnen im Tischlerhandwerk, Maschinen und Arbeitsfolgen in einer Tischlerei sowie Betriebsneugründung auf. Diese Inhalte waren fachbereichsunspezifisch und semesterübergreifend genannt worden, sodass eine Erstellung von Interventionen nach dem DBR-Ansatz an dieser Stelle am dringendsten notwendig erschien. Von Seite der Teilnehmenden wurde mehrfach die mediale Aufbereitung und Erstellung von Erklärvideos für Interventionen genannt.

Im zweiten Schritt wurden die drei Inhaltsbereiche hinsichtlich Fachinhalten, Prinzipien, Zusammenhängen und Begrifflichkeiten analysiert und grafisch in Sachanalysen der Kerninhalte als Grundlage für die Erstellung von Lehrvideos aufbereitet. Außerdem wurden die mediendidaktischen Anforderungen für Erklärvideos geklärt.[2]

Auf dieser Grundlage entstand in einem weiteren Schritt ein Konzept für vier Erklärvideos zu den Themenbereichen Kostenrechnen im Tischlerhandwerk, Maschinen und Arbeitsfolgen in einer Tischlerei zu zwei Referenzprodukten sowie Betriebsneugründung. Wesentliches Ziel dabei war, den Videoeinsatz in unterschiedlichen Methoden und Lernarrangements nutz-

bar zu machen und damit Binnendifferenzierung in heterogenen Lerngruppen mit einem hohen Anteil an selbstgesteuertem Lernen zu ermöglichen. Dies wurde durch klare Strukturierung gestützt, das Video zur Vollholzbearbeitung bediente sich beispielsweise einer Gliederung des Hauptteils in Dreierblöcke: Diese Dreierblöcke umfassen erstens das Fließdiagramm für die Reihenfolge der Arbeitsschritte, zweitens das real aufgenommene Video des Arbeitsprozesses und drittens die Vorher-nachher-Bilder für einen direkten Vergleich von Ausgangs- und Endzustand des Bearbeitungsschritts. Im Ablauf des Fertigungsprozesses werden diese durch entsprechende Videoeinstellungen mit *timestamps* parallel entwickelt und im Schlussteil in einer Gesamtübersicht mit Wiederholungen abgerundet.

Als Grundstein für die Erprobung im vierten Schritt des DBR-Ansatzes wurden die Erklärvideos in das an der Leibniz Universität Hannover genutzte Lernmanagementsystem LUH-ILIAS in ein Lernarrangement eingepflegt und stehen zunächst im Rahmen des Projekts „Leibniz works 4.0" (plabs.uni-hannover.de) zur Verfügung. Die Erprobung und Durchführung der Interventionen sowie die formative Evaluation können erst nach erneuter Lehrveranstaltung im Folgestudienjahr durch die dozierende Person der Lehrveranstaltung durchgeführt werden.

Als mögliche weitere Interventionen wurden angedacht:

1. Als Alternative zur zweidimensionalen, vogelperspektivischen Darstellung der Laufwege im Grundriss der Werkstatt können 360° Aufnahmen eingesetzt werden.
2. Durch interaktive Elemente in Bildern und Videos können die Lernprozesse durch Lernaufgaben, Quizze etc. weiter strukturiert werden.
3. Eine weitergehende Gestaltungsmöglichkeit beinhaltet die Nutzung von Augmented Reality (erweiterte Realität) oder Virtual Reality (virtuelle Realität).

PREPARATION OF DIGITAL LEARNING UNITS FOR OPERATIONAL WORKSHOP PLANNING In the "Leibniz works 4.0" project, measures are being taken to increase flexibility and digitalisation in vocational teacher training programmes. The aim is to

Abb. 2: Screenshot: Werkstattgrundriss

enable students with heterogeneous professional biographies to learn in a more individualised way. In this project, four explanatory videos were developed for teaching contents of the Operational Planning and Organisation module. This means that explanatory videos are available in the LUH-ILIAS learning management system for the course contents of cost accounting in the joinery trade, machines and work processes in a joinery workshop and setting up a new joinery business.

1 Reinmann, Gabi: „Design-based Research". In: Schemme, Dorothea/Novak, Hermann (Hg.): *Gestaltungsorientierte Forschung – Basis für soziale Innovationen. Erprobte Ansätze im Zusammenwirken von Wissenschaft und Praxis.* Reihe: Berichte zur beruflichen Bildung. Bielefeld 2017, S. 49–61

2 Tenberg, Ralf: *Didaktische Erklärvideos – Ein Praxis-Handbuch.* Stuttgart 2021

VANESSA FASS, LINO CAMILLE FLORA
Masterthesis
Prüfende: Johannes Wolff, Fritz Wilhelms
Institut für Berufswissenschaften im Bauwesen

FORSCHUNG
UND LEHRE

Forschung
Promotion
Lehre

RESEARCH FUTURES

FORSCHUNGSSCHWERPUNKT DER FAKULTÄT UND FÖRDER-AKTIVITÄTEN Eine fakultätsweite Diskussion zur Stärkung der Forschung hat im Jahr 2021 das laufende Forschungsbenchmarking begleitet, die Entwicklung des gemeinsamen Forschungsschwerpunkts „Future Habitats" spielte dabei hinsichtlich der strategischen Entwicklung der Forschung eine wichtige Rolle. Parallel dazu wurde mit einer Reihe von Formaten der Forschungsnachwuchs an der Fakultät gezielt gefördert und unterstützt: Die „Lunchtime Lectures" bieten eine Plattform für offenen Austausch zu Themen und Methodiken; die methodischen Kolloquien „Open Research" unterstützen die Vorbereitung und den Start von Promotionen; das Forschungsanreizprogramm AULET der Fakultät wiederum unterstützt Projekte von Wissenschaftlichen Mitarbeitenden zur wissenschaftlichen Weiterqualifizierung.

OPEN RESEARCH – FACULTY RESEARCH FOCUS AND INCENTIVE ACTIVITIES The activities to enhance research in the Faculty are linked to the development of the joint research focus FUTURE HABITATS – "Shaping Human Living Space and Environment" in order to position the Faculty of Architecture and Landscape Sciences – in itself a broad interdisciplinary constellation – as an actor of research innovation with other partners within Leibniz University Hannover, with other research and innovation partners and with society. FUTURE HABITATS has been at the core of a debate about research that involves professors, researchers, doctoral candidates and students, triggered by the ongoing RESEARCH BENCHMARKING. It is being conducted in the disciplinary areas of architecture and urbanism (coordinated by Jörg Schröder) and landscape architecture and environmental planning (coordinated by Martin Prominski). The Faculty understands this benchmarking as an opportunity to sharpen its strategic profile in research, to set up a strategic vision and to identify core fields of enhancement.

A set of incentive activities is aimed at enhancing research at the Faculty: the series LUNCHTIME LECTURES provides an innovative platform for young researchers to present, discuss and exchange first-hand topics and methodologies with a faculty-wide audience. Contributions to the events on 23 June and 15 December 2021 came from all nine institutes of the Faculty.

- LUNCHTIME LECTURES Summer 2021: Caendia Wijnbelt, David Kreis, Christian Eickelberg and Michael Vogt, Amelie Bimberg and Lea Frenz, Riccarda Cappeller, Sina Mackel, Lisa Seiler, Jessica Baier.
- LUNCHTIME LECTURES Winter 2021–22: Ina-Marie Kapitola, Jens Broszeit, Jonas Lamberg, Karaivanov Rangel, Kathleen Margrit Dahmen, Patrick Beckmann, Fritz Whilhelms.

The OPEN RESEARCH methodological colloquia series for current and future doctoral candidates, organised by Federica Scaffidi, is an opportunity to juxtapose in working sessions different research lines as an exercise in reflection and to build and share interdisciplinary, open and dynamic research approaches.

- On 7 July 2021, the INDUCTIVE RESEARCH colloquium opened up approaches of inductive research methodologies that are highly relevant for the architectural disciplines. Inductive research is at the core of defining "contexts of discovery" and for the formation of hypotheses. Supported by dedicated structuring infographics, several approaches and tools for data collection, observation and hypothesis formation were experimented with and discussed in working sessions. The colloquium was able to draw on inspiring inputs from and discussions with several guest reviewers: Martina Massari (University of Bologna), Maria Valese (TU Delft) and Alissa Diesch (LUH).
- On 26 January 2022, the FOCUSING colloquium was developed around questions that every young researcher encounters in order to develop skills to monitor and structure one's own working process: Do you know how to focus on your research? Do you know how to organise your literature review? How do you observe a phenomenon? How do you collect and analyse data? How do you build your theory? For this colloquium, Isabelle Soares (University of Groningen) kindly served as an international reviewer and provided a stimulating input.

With the Faculty's dedicated research incentive programme AULET, projects of young researchers and doctoral candidates are funded, based on an open call, and selected and mentored by an interdisciplinary committee. The funding aims at supporting early research phases in the exploration and setup of a research proposal as well as empirical working phases. A main focus is on design research, with diversified research formats corresponding to the disciplinary culture also being addressed.

PROF. JÖRG SCHRÖDER, DR. FEDERICA SCAFFIDI
Forschung
Forschungsdekanat/Office of the Dean of Research

LEARNING LANDSCAPES

Lehre und Forschung im Hochschulbereich unterliegen derzeit einem tiefgreifenden gesellschaftlichen und pädagogischen Wandel. Globalisierung, digitales Arbeiten, die Entwicklung neuer Technologien, internationaler Wettbewerbsdruck zwischen Hochschulen sowie die Qualität der Hochschulstandorte sind nur einige Aspekte, die dabei eine entscheidende Rolle spielen. Von diesen Rahmenbedingungen ausgehend fragen wir uns: Welchen Einfluss haben Faktoren wie soziale Bildungsideale, Kontext und Ort sowie räumliche und typologische Organisationen von Projekten auf deren Erfolg oder Misserfolg? Beeinflussen informelle Faktoren den Entwurf? Existiert eine direkte Verbindung zwischen einem vorhandenen Bildungsideal und einem spezifischen architektonischen Ausdruck? Und weiter: Gibt es eine ideale architektonische oder typologische Form?[1]

Analyse Referenzobjekt: Sorbonne Université, 1882–1902, Henri Paul Nénot, Bearbeiterin: Olga Luise Warning

HABITATS OF THE FUTURE – PROTOTYPES FOR A GLOBAL SOCIETY

The ongoing process of modernisation – that began in Western countries 200 years ago – has had an enormous impact on architecture. Due to a multitude of complex circumstances, architecture is currently in an unconscious process of radical objectification and democratisation. This dynamic process of radical reduction of architecture – also caused by the continuous transformation of society – has meanwhile reduced architecture to its absolute core: typology.

Our age, dominated by pragmatism, offers the great potential to imagine architecture as a collective tool, intelligent and serving the community in the best sense of the word. In direct response to these circumstances, architecture must understand and use the radical conditions of our time as a positive and inspiring basis. The radical idea of typology (per se) – de facto the objectification of architecture – is seen as a possible way to be able to do architecture in the actual sense in the future. Perhaps this itself has the potential to produce an independent and contemporary architectural style that reflects the hidden logic of our times.

How do these changes impact the built structures – the new as well as the existing ones? What should buildings be able to do and which spaces are needed? Can buildings react to these processes and how can they maybe even stimulate and support these ongoing changes? What and whom do these buildings represent? And: what is the impact of all this on the organisation of buildings and typologies?

Derived from these overarching questions, we will formulate an annual theme every year that forms the basis of the entire teaching and research programme. Our aim is to use the knowledge gained from our research to create and analyse an architectural typology collection of a specific building type and to create a catalogue of building types that compares and reflects the vitality of typological forms in a new way.

In the first academic years, we deal with the radically changing conditions in the educational landscape. Teaching and research in higher education are currently subject to profound social and educational change. Globalisation, digital work, rapid development of new technologies, international competitive pressure between universities and the qualities of university locations are just a few aspects that play a decisive role in this.

Based on the overriding questions we ask ourselves: Is there a "typological optimum" for aspects such as building organisation, internal logistics, spatial backbone, flexible structure, compactness and energy performance? What influence do factors such as the particular ideal of social education, the context and location or the spatial and typological organisation of the buildings have on their success or failure?

For this, we are currently analysing reference projects using the three main approaches of "graphic analysis", "volumetric analysis" and "the design in historical and social context".

PROF. ANDRÉ KEMPE, PROF. OLIVER THILL, SIMON BECKMANN, AMELIE BIMBERG, PETER HASLINGER, CHRISTIAN KACZMAREK, ANNA SCHULZE
Forschung
SKT Kempe Thill (Entwerfen und Ressourcen)

MACHINE-LEARNING-ASSISTENZ FÜR DEN NACHHALTIGEN ENTWURF

Ein performanceorientierter Entwurf mit geringen Umweltauswirkungen und niedrigen Lebenszykluskosten ist heute ein zentrales Erfordernis der Nachhaltigkeit. Entscheidende Leistungsentscheidungen werden in den frühen Phasen der Designentwicklung und -detaillierung getroffen. Das Potenzial und die Auswirkungen solcher Designentscheidungen sind jedoch oft unbekannt, die komplexen Abhängigkeiten sind in der Regel implizit und werden nicht ausreichend verstanden. Der Trend zur Digitalisierung und erweiterten Intelligenz, der durch *machine learning* (ML) verstärkt wird, verändert viele Bereiche. Um diesem Wandel gerecht zu werden, stellt das Design neue Herausforderungen an ML als Assistenz, da es sich um einen intuitiven Prozess handelt: ML soll nicht mehr nur Vorhersagen und Analysen mit Hilfe datengesteuerter Beobachtungsmethoden liefern, sondern auch Domänenwissen und Argumentationsfähigkeit in die ML-Assistenz einbetten, um Detailvorschläge zu ermöglichen. Um dieses Ziel zu erreichen, ist die Forschung in dreifacher Hinsicht neu: 1. Schaffung eines maschinellen Assistenzrahmens für den Entscheidungsprozess. Dieser Rahmen soll die Analyse unter dynamischen, unvollständigen Informationsinputs mit Unsicherheitsquantifizierung ermöglichen und mit der Natur des Designprozesses übereinstimmen; 2. Kodierung von Design-Domänenwissen in ML-Methoden in Aspekten der Modellstruktur (komponentenbasiertes ML, siehe GE 1652/3-2, DFG Projekt 2363), der Inputdatenerweiterung (Hybrid-Modellrahmen) und der ML-Zielfunktion (physikalisch-informiertes maschinelles Lernen). Dem Paradigma der Systemtechnik folgend, bildet dieser Ansatz Gebäudedesign und -technik ab und erfasst das dynamische Verhalten des Gebäudedesigns durch gekoppelte ML-Komponenten; 3. Kausalitätslogik in den ML-Vorhersageprozess zu kodieren, ermöglicht eine ML-Unterstützung bei der Analyse von Was-wäre-wenn-Fragen während des Designprozesses ohne Fehlschlüsse. In einem weiteren Schritt werden die Detailvorschläge von der maschinellen Unterstützung auf Basis von Merkmalen und Ähnlichkeiten der Entscheidungssituationen entwickelt. Diese Empfehlungen und die entsprechenden Auswertungen stehen im Rahmen ihrer Übertragbarkeit als Feedback für informierte Entscheidungen im leistungsorientierten Bauen zur Verfügung. Durch die Adressierung der oben genannten Probleme kommt die entwickelte maschinelle Unterstützung nicht nur dem Konstruktionsbereich in Bezug auf Innovation und Nachhaltigkeit zugute, sondern die Forschung selbst ist für die Entwicklung aktueller ML-Methoden in Richtung höherer Intelligenz sinnvoll.

INFORMED MACHINE LEARNING ASSISTANCE FOR SUSTAINABLE DESIGN 1. Establishing a machine assistance framework to support decision-making in sustainable design. This framework is designed to enable analysis under dynamic, incomplete information inputs with quantification of uncertainty to align with the nature of the design process; 2. Encoding design domain knowledge into ML methods under the aspects of model structure (component-based machine learning), input data augmentation (hybrid model framework) and ML objective function (physics-informed machine learning). Following a system engineering paradigm, this approach maps building design and engineering and captures the dynamic behaviour of building design through coupled ML components; 3. Encoding causality logic into the ML prediction process enables ML assistance to analyse "what-if" questions during the design process without false conclusions.

1. Machine assistance framework – uncertainty analysis

Data

- Ongoing design scheme
- Uncertainties

Multi-objective information

- Multi-objective indicators: energy performance, LCA, etc.
- Sensitivity analysis
- Uncertainty analysis
- Design variability

Semi-automated design assistance

- *Xia Chen; Philipp Geyer (2022) "Machine assistance in energy-efficient building design: A predictive framework toward dynamic interaction with human decision-making under uncertainty" In : Applied Energy, vol. 307, p. 118240. DOI: 10.1016/j.apenergy.2021.118240.*

1. Logic unit

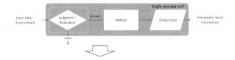

2. Basic component (Agent)

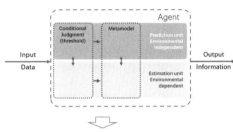

3. Single agent-human interaction

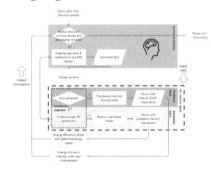

4. Multi-agent Connection

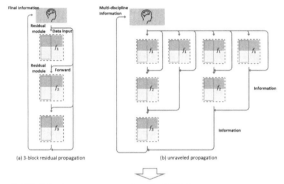

(a) 3-block residual propagation　　(b) unraveled propagation

5. Multi-phase connection in BIM

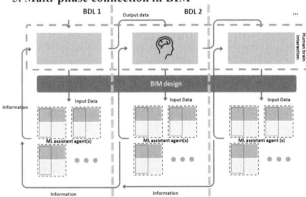

XIA CHEN, PROF. DR. PHILIPP GEYER
Forschung
Institut für Entwerfen und Konstruieren, Gebäudetechnik

THERMOCHEMISCHE FLUIDE IM GEWÄCHSHAUSANBAU

Das dem Projekt zugrundeliegende Gesamtkonzept basiert auf einer innovativen Nutzung von Absorptionsverfahren in der Gewächshausklimatisierung (auch sorptive Klimatisierung genannt). Dieses Konzept nutzt die hygroskopischen Eigenschaften einer flüssigen Salzlösung, die hier als thermochemische Trägerflüssigkeit (TCF) bezeichnet wird und in der Lage ist, mehrere Funktionen wie Heizung, Kühlung und Entfeuchtung in einem einzigen Gerät, Absorber genannt, zu erbringen. Eine wässrige, aber hochkonzentrierte Magnesiumchloridlösung ($MgCl_2$) hat sich für die Luftregulierung in Gewächshäusern als am besten geeignet (Leistung/Kosten) erwiesen (siehe H2020-Projekt H-Disnet, GA 695780).

Wenn das TCF in einer hohen Konzentration in Kontakt mit feuchter Luft kommt, die durch die Transpiration der Pflanzen im Gewächshaus entsteht, absorbiert es einen Teil der Luftfeuchtigkeit und gibt die latente Wärme der Luftfeuchtigkeit in Form von fühlbarer Wärme ab. Etwa 1000 Liter Wasserdampf, die in Form von Wasser in das TCF aufgenommen werden, setzt entsprechend der Phasenumwandlungsenergie 680 kWh Wärme frei (rechter Teil der Grafik unten). Die Aufnahme von Wasser verdünnt das TCF.

Wenn das TCF bis zu einem bestimmten Grad verdünnt ist, kann der Prozess nicht fortgesetzt werden und das TCF muss regeneriert, das aufgenommene Wasser muss wieder ausgetrieben werden. Dazu muss die gleiche Energiemenge, die durch den Absorptionsprozess freigesetzt wurde, wieder in das System eingebracht werden, also 680 kWh pro Tonne verdunstetes Wasser. Das Wasser wird in Form von Wasserdampf freigesetzt, der von der trockenen Luft aufgenommen wird (linker Teil der obigen Grafik). Wärmequellen mit Temperaturen im Bereich von 20–60°C sind für den Regenerationsprozess ausreichend, die genaue Temperatur hängt von dem Phasengleichgewicht des Dampfdrucks zwischen TCF und Umgebungsluft ab.

Die Klimatisierung in Gewächshäusern ist für diese Art von Anwendungen geeignet, weil die Pflanzen durch die Transpiration große Mengen an Feuchtigkeit abgeben, die normalerweise durch Lüftung abgeführt werden muss. Das TCF hat die Funktion, diesen Überschuss an Feuchtigkeit zu eliminieren und gleichzeitig Nutzwärme zu produzieren. (Umwandlung von latenter Wärme in fühlbare Wärme).

THERMOCHEMICAL FLUIDS IN GREENHOUSE FARMING

Today, greenhouse horticulture is related to the highest productivity of all common methods in agriculture. The energy consumption, especially for heating purposes in Central Europe are still high, while in Southern Europe, growing water shortages will force the use of seawater desalination, which may also cause a quantum leap in energy demand.

TheGreeFa proposes solutions for greenhouse farming that recover latent heat of humid air, which is otherwise not used, and pure water from air humidity.

XIA CHEN, PROF. DR. PHILIPP GEYER
Forschung
Institut für Entwerfen und Konstruieren, Gebäudetechnik; Zurich University of Applied Sciences, Institute for Energy Systems and Fluid Engineering (Switzerland); WATERGY GmbH; Technische Universität Berlin; IZNAB SPOLKA Z OGRANICZONA ODPOWIEDZI-ALNOSCIA (Poland); National Research Institute of Rural Engineering, Water and Forests (Tunisia); Sfera società agricola srl (Italy); Hyperborea Srl (Italy); Meyer Orchideen AG (Switzerland); STRANE INNOVATION SA (France); University of Almeria (Spain); Moragues and Scade Abogados (Spain)

INTENTIONEN REFLEXIVEN ENTWERFENS ENTWERFEN UND FORSCHEN IN ARCHITEKTUR UND LANDSCHAFT Im Kontext von Architektur, Städtebau und Landschaftsarchitektur ist die Artikulation von Intentionen von hoher Relevanz, die sich insbesondere anhand der häufigen Präsentationen von Haltungen und leitenden Ideen in Bezug auf Projektentwürfe oder auch übergreifende Werkkonzepte zeigt. Wie aber können Intentionen auf einer allgemeinen Ebene charakterisiert und wie spezifischer und gewinnbringend differenziert werden? Wie schreiben sich Intentionen in die Praktiken von Entwerfen und Forschen in Architektur und Landschaft ein? Wie werden sie in den kreativen Prozessen orientierend, klärend und dynamisierend wirksam, und wie tragen sie zu Gestaltung und Erkenntnis bei? Die Beiträge in *Intentionen Reflexiven Entwerfens* beschreiben, rekonstruieren und analysieren vielfältige Kapazitäten und Spannungsbögen, die sich zwischen Ausrichtung und Realisierung, zwischen Agency und Kontextualisierung sowie zwischen Erkundung, Imagination und Projektivem entwickeln. Sie zeigen zudem auf, mit welchen anderen treibenden Kräften Intentionen in Entwurfs- und Forschungsprozessen generativ zusammenwirken.

Dabei enthüllen die Beiträge spezifische wie auch grundlegende Eigenschaften und Inhalte des Reflexiven Entwerfens, des entwerfenden Forschens und forschenden Entwerfens. So wird mit neuen Perspektiven die Relevanz einer reflexiven Entwurfsforschungspraxis für die qualitätsvolle Gestaltung des menschlichen Lebensumfeldes aufgezeigt.

Intentionen Reflexiven Entwerfens erweitert die Reihe der Buchpublikationen zum Thema „Reflexives Entwerfen", die Oberthemen und Inhalte abbildet, welche auch in vorangegangenen a_ku Symposien zum Entwerfen und Forschen in Architektur und Landschaftsarchitektur thematisiert wurden, so unter anderem *Prozesse und Praktiken Reflexiven Entwerfens*. Mit Beiträgen von Matthias von Ballestrem, Maria del Pilar Barba Buscaglia, Katja Benfer, Steffen Bösenberg, Ricardo Carvalho, Edoardo Cresci, Valerie Hoberg, Luciano Motta, Caroline Voet, Cyrus Zahiri und Margitta Buchert. Erschienen 2021 beim JOVIS Verlag, Berlin.

INTENTIONS OF REFLEXIVE DESIGN – DESIGN AND RESEARCH IN ARCHITECTURE AND LANDSCAPE In the context of architecture, urban planning and landscape architecture, the articulation of intentions is of great relevance. This is particularly evident in the frequent presentations of attitudes and guiding ideas in relation to project designs or overarching work concepts. But how can intentions be characterised on a general level, and how can they be differentiated more specifically and productively? How are intentions inscribed in the practices of design and research in architecture and landscape? How do they become orienting, clarifying and dynamising in the creative processes, and how do they contribute to design and knowledge gain? The contributions in *Intentions of Reflexive Design* describe, reconstruct and analyse diverse capacities and arcs of tension that develop between alignment and realisation, between agency and contextualisation, and between exploration, imagination and the projective. They also show the other driving forces with which intentions interact generatively in design and research processes.

The contributions reveal both specific and fundamental properties and content of "Reflexive Design", design research and research-based design. With new perspectives, the relevance of a reflexive design research practice for the high-quality design of the human living environment is shown.

Intentions of Reflexive Design expands the series of book publications on the subject of Reflexive Design, which depicts main topics and contents that were also discussed in previous a_ku symposia on design and research in architecture and landscape architecture. With contributions by Matthias von Ballestrem, Maria del Pilar Barba Buscaglia, Katja Benfer, Steffen Bösenberg, Ricardo Carvalho, Edoardo Cresci, Valerie Hoberg, Luciano Motta, Caroline Voet, Cyrus Zahiri and Margitta Buchert. Published in 2021 by jovis, Berlin.

HERAUSGEBERIN: PROF. MARGITTA BUCHERT, MIT BEITRÄGEN VON MATTHIAS VON BALLESTREM, MARIA DEL PILAR BARBA BUSCAGLIA, KATJA BENFER, STEFFEN BÖSENBERG, RICARDO CARVALHO, EDOARDO CRESCI, VALERIE HOBERG, LUCIANO MOTTA, CAROLINE VOET, CYRUS ZAHIRI UND MARGITTA BUCHERT
Forschung
Institut für Geschichte und Theorie der Architektur, Architektur und Kunst 20./21. Jahrhundert

NEW BAUHAUS CITY Climate change will affect the way we understand, experience and design cities. Cities are the stage and a key actor when it comes to imagining and realising a resilient present of how we live and work together. The aim to transform Europe into the first climate-neutral continent will need an inventive design for living spaces – a design that combines technology with arts and enhances new economic and social opportunities. The New European Bauhaus initiative calls on urbanism and architecture to link, combine and accelerate with other disciplines, other creatives and with active citizens to set up a cultural project. The creative research of NEW BAUHAUS CITY responds to this call through placing cities at the centre. In order to delimit the range of examination, the work on "cities" here is – in order to move beyond current scientific and political mainstream – focused on living environments outside of big cities where 2/3 of Europeans live, namely on medium-sized and small cities, suburbs, towns, villages, hamlets, farmsteads.

NEW BAUHAUS CITY is organised as an experimental platform with a shared methodology that evolved in a first phase of the selection of place and focus for 10 case studies. For this research and design approach, particular analysis and projection tools have been developed, crossing disciplinary borders between architecture and urbanism with social sciences and arts (e.g. mapping, diagramming, infographics, drawings, texts, models and videos). Creative exchange with stakeholders and guest experts chosen for each of the case studies, who come from other disciplines, different professional fields, from enterprises, start-ups and from civic engagement, contributed not only to sharpening the objectives and project-related actions but also to enhancing the communicative and interactive aspects of the creative methodology and its tools. NEW BAUHAUS CITY shows findings from 10 selected case studies, structured in three levels of knowledge production:

1. establishing a typology of relevant urban dimensions beyond big cities with their different implications for urban transformation,
2. offering a range of urban actions aimed at sustainability, and

3. leading to insights into transversal criteria for pathways towards resilience.

The identified urban dimensions shed light on current challenges of living environments outside of big cities in a geographical range of places from Germany to Sweden, Hungary and Peru, from small settlements to small and medium-sized towns (103 to 53,466 inhabitants). Still, this categorisation is not about size, but rather oriented to flows and networks of territorial patterns – nevertheless establishing approaches adapted to smaller places and different from the mainstream of urban planning focused on big cities:

1. peripheral coast areas face effects of climate change and abandonment (case study Halligen, Northern Frisian Island),
2. post-mining areas are main arenas of change in decarbonisation (case studies Hoyerswerda, Lausitz region, and Schöningen, Helmstedt region),
3. touristic areas deal with increasing mono-functionalism (case studies Keszthely, Lake Balaton Region, and Norra Lagnö, Stockholm archipelago),
4. inland peripheral areas face problematic further extension of mono-functional developments (housing or industry) and at the same time musealisation and/or abandonment of centres (case studies Rödinghausen, North Rhine Westphalia, and Rhoden, Northern Hesse),
5. areas of metropolitan extension where these phenomena are even more pronounced (case studies Wildau and Neuruppin, both Brandenburg), and – in the context of megacities – lead to precarious and risky informal settlements (case study Chancay, Lima region).

NEW BAUHAUS CITY Die Europäische Initiative Neues Europäisches Bauhaus ruft Architektur und Städtebau dazu auf, sich mit anderen Disziplinen, anderen Kreativen und aktiven Mitmenschen zu verbinden, um ein kulturelles Projekt ins Leben zu rufen. Die kreative Forschung von NEW BAUHAUS CITY stellt Städte in den Mittelpunkt, und zwar jenseits der Metropolen, wo zwei Drittel der Europäerinnen und Europäer leben. Der Klimawandel wird die Art und Weise verändern, wie wir Städte verstehen, empfinden und

gestalten. Städte sind die Bühne und der Hauptakteur für Resilienz und Lebensqualität. Das Ziel, Europa zum ersten klimaneutralen Kontinent zu machen, erfordert eine erfinderische Gestaltung von Lebensräumen, die Technologie mit Kunst verbindet und neue wirtschaftliche und soziale Möglichkeiten fördert.

„Land Unter", Warft and Hallig (Foto: Kristina Gergert und Pia-Marie Hoff)

PROF. JÖRG SCHRÖDER, RICCARDA CAPPELLER, DR. FEDERICA SCAFFIDI
Forschung
Institut für Entwerfen und Städtebau, Regionales Bauen und Siedlungsplanung

SEASIDE Die Hälfte der Europäerinnen und Europäer lebt in der Nähe des Meeres, und sofort haben wir Städte wie Barcelona oder Kopenhagen vor unseren Augen. Während der Covid-19-Pandemie entdeckten jedoch viele Menschen die Kleinstädte, Dörfer und das Land für sich: nicht nur für Freizeitaktivitäten, sondern auch für neue Lebens- und Arbeitsmodelle, die aufgrund der digitalen Möglichkeiten umsetzbar schienen. „Seaside" erkundet diese Orte abseits der Metropolen angesichts des steigenden Meeresspiegels und der klimatischen, sozialen und wirtschaftlichen Veränderungen als neue Hotspots zur Resilienzstärkung. Ziel ist es, Räume an der Schnittstelle zwischen Meer und Land mit hohen architektonischen und urbanen Qualitäten zu finden und diese zu entwickeln. Als Gestaltende können wir so zur Entstehung lebendiger und dynamischer Orte in peripheren und marginalisierten Gebieten beitragen.

„Dranske – Die Platte, Zukunftsvision"
(Foto: Maya Eberle and Malin Osterheider)

SEASIDE Half of Europe's population lives are living near the sea. We immediately imagine the seafront of Barcelona or Copenhagen. This research and study project wants to direct curiosity to the SEASIDE beyond metropolises. In the Covid-19 situation, many people became aware of small towns, villages and the countryside as places for leisure, but also for new living and working models, supported by digital dimensions. Hence, the interest is to explore and to design SEASIDE beyond metropolises as hotspots for resilience – in the face of rising sea levels and climatic, social and economic changes. The aim is to contribute to creating new vibrant and dynamic places and communities in peripheral and marginalised areas, to explore and invent spaces at the sea/land interface with high architectural and urban qualities. For this, two innovations are at the core: new forms of urban and territorial projects, more strategic, more adaptive, more interactive, more linked to the architectural scale; and new forms of analysis to seize spatial potentials for a creative use towards the future, in the interaction of people and space.

The interface of land and sea, the solid and the liquid has always been the breeding ground for evolution and innovation. The particular circumstances of the encounter of the elements has shaped very different environments created by nature and human intervention. Coastlines are marked by manifold forms of connecting, segregating and hybridising the land and the sea. Cliffs, dykes and fortifications represent strong delimitations, while ports, beaches, fishing and energy production reflect exchanges that exist between the elements. Hybrid situations like mangroves and mud flats are common and also created intentionally, for salines for instance. Temporal events like regular tides and sudden floods are also part of the coast's character; the transformability of the coastline by erosion, sedimentation and the construction of polders can be observed over a human lifetime.

Living at the coast is attractive: coastlines are home to half of the global population and rising, and they are the most popular tourist destination. The SEASIDE has engendered urbanistic typologies like harbour towns, fishing villages, villas, vacation resorts and many more. They show a high adaptability to the environment and are understood in the studio as chances for resilience. Emerging lifestyles and living/working models make use of long-standing adaptations to these regions by combining traditional abilities, knowledge and intelligence with digital and social innovations. New habitats are created where indigenous and vernacular concepts meet new "temporary citizens", re-signifying established structures, expanding them with new global and local networks and flows. These innovative articulations of long-standing heritage and new creative work forms and lifestyles will be analysed in SEASIDE as a basis for further relational strategies. In SEASIDE, 7 case studies are examined:

- Wilhelmshaven, North Sea, Lower Saxony, Germany
- Dranske, Baltic Sea, Mecklenburg-Vorpommern, Germany
- Mar Menor Alboran Sea, Murcia, Spain
- Riviera dei Fiori Ligurian Sea, Liguria, Italy
- Barletta-Andria-Trani, Adriatic coastline, Puglia, Italy
- Crozon Peninsula, Celtic Sea, Brittany, France
- Dunkirk – Nieuwpoort, English Channel, France/Belgium

A first phase comprises the selection of the place and the set-up of a mission. In an analytical phase, the specific task of each project is defined, in spatial, programmatic and processual aspects, according to the specific context. In the design phase, interconnected scenarios from territorial to urban and architectural fields are set up and evaluated.

PROF. JÖRG SCHRÖDER, ALISSA DIESCH, RICCARDA CAPPELLER
Forschung
Institut für Entwerfen und Städtebau,
Regionales Bauen und Siedlungsplanung

15-MINUTE CAMPUS

Das Forschungs- und Lehrprojekt „15-Minute Campus" wirft einen ganz neuen Blick auf die räumliche Situation der Leibniz Universität Hannover an den Herrenhäuser Gärten und untersucht zugleich den allgemeinen Wandel von Universitäten. Neue Ideen, Formen und Netzwerke des Lehrens und Lernens sowie der Forschung und des universitären Lebens werden die Hochschulen langfristig verändern, sie sind von der Digitalisierung ebenso abhängig wie von Trends in Gesellschaft und Kultur. Ziel von „15-Minute Campus" ist es, einen realen Ort der Begegnung und Interaktion zu entwickeln und dabei die Verknüpfungen zur Stadt zu nutzen. Wie die internationalen Benchmarks von erfolgreichen Campus-Projekten zeigen, ist ein lebendiger und innovativer Campus der Schlüssel für das Branding, die Identität und die strategische Entwicklung einer Universität.

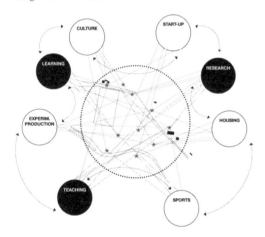

Campus Herrenhausen, programmatische Vision
(Grafik: Jörg Schröder)

15-MINUTE CAMPUS This research and study project aims to take a fresh look at the spatial situation of the central area of Leibniz University Hannover at Herrenhäuser Gardens. Covid-19 shed light on universities as bodies undergoing disruptive change: new ideas, forms, networks of teaching, learning, of research and university life are already underway and will change universities profoundly. They depend on digitalisation as much as on trends in society and culture. These trends will influences the spatial vision of university in the future, as much as spatial inventions can be an innovative part of transformation processes. The urban position of Leibniz University is a distinguishing characteristic compared to many university campuses in marginal situations. We see it as a potential not yet discovered and used—it is time for a vision of an Urban Campus in Hannover.

The aim of 15-Minute Campus project is to explore and spatialise advantages of a campus as a real place of encounter and interaction, capitalising additionally on links to the city. As international benchmarks of successful campus projects show, campus is a key for branding, identity and strategic development of the university. Therefore, the project addresses four dimensions:

1. envisioning an Urban Campus as vibrant and innovative place, with three key performance indicators: visibility and density of university space, interfaces and connections with the city;
2. designing a Young Cluster as new element of the campus, with the primary purpose of providing student housing, extended to include innovative models of co-learning and co-working.
3. Furthermore, it addresses the future of universities overall and
4. identifies contributions to urban resilience.

The Urban Campus will respond to opportunities of new urban mobility and urban policies for sustainability. For this, we will refer to the concept of the 15-Minute City developed in Paris: it will help to imagine the Urban Campus as a dense, mixed-use, liveable and networked space. The Urban Campus is aimed to develop and express the innovative potential of the university in the spaces where its daily activities take place: with new architecture, but also through creatively recycling and reinterpreting the existing, and through new interactions with the city. The project searches for the spatial expression of new models of research and education, of activities that become more fluid, more digital but also more direct and interactive. How can the demand for new spatial qualities of places to meet, collaborate, live and engage be met? How can links to city and society be actively created in space, for start-ups, involvement, dialogue and cooperation?

The research into the 15-Minute Campus is structured in four phases:

1. Campus Atlas as urban analysis with cartography, mapping, images;
2. formulating a strategic vision;
3. drawing concepts on different scales (Urban Campus 1:2,500, Young Cluster 1:500-1:200);
4. communicating the project with graphics, images and presentations.

The Campus Atlas is dedicated to the analysis of international cases and the spatial analysis of the entire area and the city of Hannover. The task is to observe the urban context, assess its quality and analyse the urban settlement, open spaces, infrastructures and used/neglected potentials with conceptual drawings, photographs and maps (mapping, infographics, sketches, text). In this exploration, the centrality of the area, nodes and landmarks, resources, potentials, the observation of social capital, but also the elaboration of weaknesses play an important role. It is also about analysing existing networks and interactions between the local productive, technological and cultural sites.

PROF. JÖRG SCHRÖDER, DR. FEDERICA SCAFFIDI, ALISSA DIESCH
Forschung
Institut für Entwerfen und Städtebau,
Regionales Bauen und Siedlungsplanung

ATLAS UNCOVERING TERRITORIES IN BOGOTÁ

Bogotá und die umliegende Hochebene erfuhren in der zweiten Hälfte des 20. Jahrhunderts große Veränderungen, die bis heute andauern. Von den sechs lateinamerikanischen Megastädten hatte die Hauptstadt Kolumbiens die höchste Wachstumsrate. Die daraus folgenden urbanen Transformationen haben sich in ein historisch gewachsenes Territorium eingeschrieben und sind gleichzeitig von ihm geprägt. Während Zahlen diesen Prozess jedoch nur unzureichend beschreiben, können Karten ein hilfreiches Instrument sein, um diesen Wandel zu erfassen. Der Atlas *Uncovering Territories in Bogotá* stellt die Dynamiken dieses Prozesses in zwei Maßstabsebenen dar. Sein Fokus liegt auf sechs eingemeindeten Dörfern bzw. ihrer Rolle im Urbanisierungsprozess und eröffnet neue Perspektiven. Zahlreiche Essais verschiedener Autorinnen und Autoren diskutieren diese Phänomene.

ATLAS UNCOVERING TERRITORIES IN BOGOTÁ Bogotá and the surrounding Sabana (the Sabana de Bogotá is the geographic region of the Capital District of Bogotá and its surrounding municipalities) have experienced major changes during the second half of the twentieth century that have continued, to a lesser extent, until today. This phenomenon has been the strongest transformation of the area since the arrival of Europeans and the following conquista and colonisation in the sixteenth century. Of the six Latin American megacities, Bogotá has had the highest growth rates. However, numbers can describe this process only unsatisfactory, but maps can be a helpful tool to grasp this shift. Often, the urban expansion of Bogotá is referred to as a mono-centric growth, and its description remains mostly abstract and focused on the historic centre of the colonial capital Santa Fé. The transformation of the periphery, the former villages, haciendas, settlements and rural plots has not yet attracted the same interest.

The standard reference for the urban development of Bogotá and pioneer in a series of cartographic works is the Atlas histórico de Bogotá (2004) by Escovar, Mariño, Peña. Here, the conurbation process of Bogotá with its surrounding villages as a poly-centric constellation is mentioned but not represented in detail. Since then, the circumstances of the annexation of six villages to the capital district have been studied from a political perspective and concerning different aspects of their past, yet without providing cartographic material. By presenting cartographic results of two doctoral thesis, the Atlas Uncovering Territories of Bogotá focuses on the spatial-morphological transformation of the city's context, the entire territory of the Sabana de Bogotá (Arturo Calderón Esteban) and zooms of the six former villages of Usme, Bosa, Fontibón, Engativá, Suba and Usaquén (Alissa Diesch). Student projects of the open topic seminar during the summer semester 2019 and further work funded by the Aulet research grant make the spatial transformation of these six villages visible for the first time. During the seminar, discussions, especially with invited guest critic and author of the Atlas histórico de Bogotá, César Peña, revealed interesting aspects of these overlooked dynamics. Peña also contributes his perspective in the preface to this atlas.

The maps and essays in this atlas offer a new view of the urban expansion of Bogotá and the process of metropolitanisation of the Sabana. The understanding and representation of the Sabana de Bogotá as a historically evolved, coherent territory enables new and creative visioning for the region. Reading the former villages as historical centres facilitates a new perspective on the urbanisation process and highlights the dynamics of the poly-centric network the metropolitan region is inscribed in. It sheds light on places that are often considered peripheral and passively devoured by the expanding city, working out their individual character and formative role in the metropolitanisation process and the contemporary city. Additionally, the atlas sheds light on the agency and persistence of the historically evolved structures, creating a simultaneity of different times in the present and a resource for the future. In the Atlas Uncovering Territories in Bogotá, the metamorphosis is shown from diverse perspectives, which enables comparisons of the transformation over time and simultaneously establishes cross-references between different places and scales.

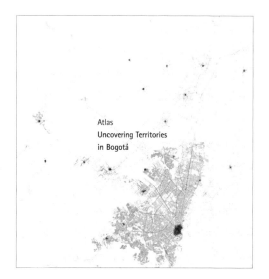

Cover: Diesch, Alissa (Hg.): *Atlas Uncovering Territories in Bogotá*. Hannover 2022

ALISSA DIESCH
Forschung
Institut für Entwerfen und Städtebau,
Regionales Bauen und Siedlungsplanung

COOPERATIVE ARCHITECTURE

BERLIN, LIVERPOOL, BARCELONA Im forschungsorientierten Seminar „Cooperative Architecture" haben kleine Gruppen Studierender drei Beispiele für gemischte urbane Lebensräume (ExRotaprint, Granby Four Streets und Can Batlló) untersucht und diese mithilfe eines kombinierten architektonisch-ethnografischen Ansatzes unter Verwendung von Infografiken, detaillierten axonometrischen Zeichnungen und Kollagen „gemappt". Mappings können dazu beitragen, das Urbane als kontinuierlichen Prozess zu begreifen[1] und kontextbezogenes Wissen, räumlich-zeitliche Informationen, Erfahrungen und kritische Fragen zur Nutzung des Raums zu verdichten. Die Kommunikation und Vermittlung von räumlichem Wissen, sowie die Prozesse seiner Gestaltung wurden anhand von drei Themen und Maßstäben diskutiert.

COOPERATIVE ARCHITECTURE – BERLIN, LIVERPOOL, BARCELONA Throughout the research-oriented COOPERATIVE ARCHITECTURE seminar, small groups of students conducted design research on three examples for mixed urban living spaces (Ex-Rotaprint in Berlin, Granby Four Streets in Liverpool, Can Batlló in Barcelona), using a combined urban-architectural and ethnographic approach to create in-depth mappings, infographics, detailed axonometric drawings and collages. Mappings can help to conceive the urban as a continuous process[1] and create situated explorations that condense spatial information, embodied experiences and critical questions towards the use of space, following a relational understanding of it.[2] Throughout the course, the communication and translation of spatial knowledge, including processes of its creation, was discussed and tested, following three main scales and approaches that inverted the classical analytical approach from the city scale to the architectural one to really grasp the projects and later understand them in their social, spatial and cultural context: for each scale, Encounters, Incidences and Networks, inputs on these keywords, the history, transformation processes and appearance of the projects, information on the approaches of the designers involved as well as

references for graphical elaborations were given to create a common departure point.

The ENCOUNTERS address an architectural scale, create first impressions and give a general understanding of the case studies as situations "as found", closely looking at the existing material and its everyday use. INCIDENCES address the neighbourhood scale – describing the processes of urban transformation bound to the historical past, as well as political and social developments that can be found in the direct surrounding of the examined projects, the infrastructure and thematic connections. NETWORKS focuses on the city scale, looking at the urban structure and trying to link the content of the case studies with a possible future prospect, drawing connections and thinking further already existing programmes of each city in an abstract and imaginative map.

The collaboratively produced graphics help characterise the spatial capacities of the cases that are part of a broader research framework. The teaching and researching format was also used to better understand knowledge creation and communication in design processes.

Incidences-Timeline: Social, political and historic influences Granby Four Street

1 Wolfrum Sophie / Brandis, Nikolai Frhr. V.: *Performative Urbanism*. Berlin 2015
2 Kiss, Daniel / Kretz, Simon: *Relational Theories of Urban Form. An Anthology*. Basel 2021

RICCARDA CAPPELLER
Forschung
Institut für Entwerfen und Städtebau,
Regionales Bauen und Siedlungsplanung

CIRCULAR TERRITORIES Das Symposium „Circular Territories" war Teil einer Veranstaltungsreihe – darunter Workshops, Labore und Webinare – der Konferenz „XXIII Jornadas Internacionales de Patrimonio Industrial" (29.09.–02.10.2021), die von der Vereinigung INCUNA in Gijón (Spanien) organisiert wurde. Circular Territories ist zudem Teil des von Mosè Ricci initiierten Forschungsprojekts „Medways" an der Accademia dei Lincei (Italien), Themen sind unter anderem Kreislaufwirtschaft, städtische und ländliche Entwicklung, Ernährungssysteme, soziale Innovation, Kulturerbe, Kreativität und Kultur. Ziel des Forschungsprojekts ist es, die Kommunikation und den Austausch zwischen Fachleuten, unternehmerisch Tätigen, Forschenden und Aktivistinnen und Aktivisten aus Ländern wie beispielsweise Bangladesch, Deutschland, Italien, Neuseeland, den USA, Mexiko, Australien, Großbritannien und Hongkong zu fördern.

Programmcover (Grafik: Federica Scaffidi)

CIRCULAR TERRITORIES Circular Territories was part of a series of events – including workshops, laboratories and webinars – organised in the framework of the Conference XXIII Jornadas Internacionales de Patrimonio Industrial (29.09-02.10.21) of the INCUNA association of Gijón (Spain). The topic of circular territories is also part of the Medways research framework initiated by Mosè Ricci at the Accademia dei Lincei (Italy). The initiative promotes a debate between experts, entrepreneurs, activists and researchers from many parts of the world, including Bangladesh, Germany, Italy, New Zealand, USA, Mexico, Australia, UK, Hong Kong, and contributes to the following three main areas:

Circular economy and creative industries

It is becoming increasingly clear that a linear model of resource consumption can no longer be followed and that circularity has an important role to play in the development of a sustainable future. New innovative technologies, more efficient solutions and industrial policy reforms are required to improve the productivity of resources and to recycle and reduce waste generated in production and consumption processes. New companies and creative industries have invested in the development of a new future by promoting circular solutions for recycling and the use of local resources. This session focuses on circular economy projects, examples and interventions that encourage creative transformation processes based on new technologies able to renew productivity in a territorial context.

Social innovation and urban heritage

Contemporary urban areas and local resources are affected by episodes of abandonment and disuse. Urban planners and architects have examined experiences of reactivating such sites and addressed these problems by adopting new socially innovative strategies. Indeed, social innovation encourages practices that respond to the social and spatial problem by creating innovative solutions for the community and enhancing the value of assets in the long term. These practices generate a new sense of belonging to the place and develop a wide network of local activists and associations able to promote structural impact and economic growth. At the heart of the debate are social enterprises and non-profit entities who want to create social benefits, new cultural opportunities and economic solutions that make better use of local resources. Heritage plays a central role in this as it provides the space for community participation and builds social awareness which can activate processes of reappropriation and reactivation. This session focuses on social innovation in the heritage of urban settlements, where public participation and social enterprises play an important role in the regeneration process.

Cultural urbanism and sustainable innovation

In a contemporary world affected by a global pandemic and climate change, the development of urban and rural areas plays an important role in the creation of a sustainable future. Resilient approaches are needed to transform spaces and products that trigger ecological, economic and socio-cultural sustainability and promote new responsible behaviours and actions. At the heart of the debate are initiatives that encourage sustainable interventions in creative ways. Art, culture, sustainable urban and territorial design play an important role in developing new trajectories for the future development of space, especially for peripheral areas. Innovative and creative projects reshape places, enhance local resources and create new economic possibilities and new forms of work. This session focuses on projects, policies and programmes that aim to develop new lifestyles in urban and rural areas.

PROF. JÖRG SCHRÖDER, DR. FEDERICA SCAFFIDI
Forschung
Institut für Entwerfen und Städtebau,
Regionales Bauen und Siedlungsplanung

VOR, WÄHREND UND NACH CORONA

DAS KLEINGARTENENTWICKLUNGSKONZEPT DER STADT FRANKFURT AM MAIN Frankfurt am Main ist der selbstbewusste Mittelpunkt eines wirtschaftsstarken Ballungsraums. Hochhaussilhouette, Flughafen, Messebetrieb und Kulturstandort, all das verbindet man mit der Stadt. Dagegen ist das bedeutende freiraumpolitische Erbe nicht sehr bekannt. In Frankfurt wurden in der Weimarer Republik wegweisende Siedlungen gebaut und mit Freiräumen ausgestattet. Es gelang der Stadtverwaltung, das Niddatal als Naturschutz- und Erholungsgebiet zu gestalten, sodass Planerinnen und Planer in den 1990er Jahren mit dem Grüngürtelprojekt daran anknüpfen konnten und das Freiraumsystem bis in das Frankfurter Umland ausdehnten. In den letzten Jahren wurde aber auch deutlich, dass die Stadt unter besonderem klimatischen Stress leidet. Hochkonjunktur und wirtschaftliche Krisen führen gleichermaßen zur Gefährdung der Freiräume und zu Turbulenzen im Planungswesen. Dringend werden konsistente Konzepte zur Sicherung dieses Freiraumsystems benötigt.

Ein Beispiel ist das Kleingartenentwicklungskonzept (KEK), das die Stadt 2019 bei dem Büro Trüper, Gondesen und Partner (TGP) aus Lübeck in Auftrag gab. Die Leibniz Universität berät das Projekt hinsichtlich des Dialogs, der mit den Kleingärtnerinnen und Kleingärtnern geführt wurde. Zum Glück konnten sich alle Beteiligten bei intensiven Gartentischgesprächen vor der Coronapandemie kennenlernen. 2021 wurden die Gespräche online in Videokonferenzen weitergeführt. Für Menschen, die gerne draußen sind, die ihre Gärten zeigen, die vielleicht auch nicht immer gut mit Computern ausgestattet sind, war dies eine große Herausforderung.

Zunächst wurden also die technischen Hürden überwunden. Man half sich gegenseitig im Vereinshaus, sodass alle Eingeladenen auch mitreden konnten. Nicht zuletzt musste sich auch die Stadtverwaltung mit den IT-lern im Haus auseinandersetzen, um neue Programme nutzen zu dürfen.

Vorträge und Impulse sind leicht mithilfe der Videokonferenzsysteme zu übertragen, vielleicht sogar besser als im Vereinsheim, in dem man zusammengedrängt einem Vortrag lauscht. Aber die Diskussionen und das gegenseitige aufeinander Bezugnehmen waren schwer. Nur durch eine sehr aktive Moderation wurden auch die Stillen angesprochen, der Chat wurde kurzerhand zum Flipchart umfunktioniert, sodass alle den erreichten Stand der Debatte nachverfolgen konnten.

Wie im realen Gespräch auch, sind in den Raum geworfene Begriffe ohne Kontext kein gutes Ergebnis einer solchen Diskussion. Man war also stark auf die aussagekräftigen Protokolle der Sitzungen angewiesen. Im Nachgang der Sitzungen wurden sie immer wieder aufgegriffen und weiterbearbeitet.

Das Kleingartenentwicklungskonzept ist nun kurz vor der parlamentarischen Beschlussphase. Es soll im Herbst 2022 verabschiedet werden. Die Bedeutung der Freiräume und dabei besonders auch der Kleingärten in einer Großstadt ist während der Pandemie sehr deutlich geworden. Das große Privileg, über einen solchen Garten zu verfügen, wird eng verknüpft mit der Notwendigkeit, die ökologischen Funktionen, die Vielfalt und Nutzbarkeit der Freiraumstruktur der Stadt insgesamt zu stärken.

BEFORE, DURING AND AFTER CORONA – A DEVELOPMENT STRATEGY FOR ALLOTMENTS IN FRANKFURT Frankfurt has a great number of allotment gardens, that were founded in the surroundings of the old city already since the 19th century. In 2019, the city decided to follow up with a strategy and integrate the gardens in a broader green network. It was quite a challenge to discuss the new plan with the gardeners first directly and later in different video conferences. Now, everybody knows what a privilege it is to care for a garden, not only for oneself but for all citizens.

Eine Kleingartenparzelle in Frankfurt am Main

Kleingartenparzellen sind aktuell heiß begehrt

PROF. BETTINA OPPERMANN
Forschung Projektabschluss
Institut für Freiraumplanung, Freiraumpolitik und Planungskommunikation; Büro Trüper, Gondesen und Partner (TGP); Stadtverwaltung Frankfurt am Main

REFLEKTIERTES WISSEN ZUM MITNEHMEN **2 JAHRE PODCAST „DEBATTEN UM RABATTEN"** Als wir Anfang 2020 den ersten Podcastbeitrag veröffentlichten, wussten wir nicht wirklich, auf was wir uns da eingelassen hatten. Jeden Monat einen Beitrag zu veröffentlichen, war das Ziel. Ende 2021 stehen tatsächlich 24 Folgen im Netz. Viele Gesprächspartnerinnen und -partner haben freiwillig ihr Wissen zur Verfügung gestellt und sich mit uns ins Gespräch begeben. Die Leibniz Universität und das Institut für Freiraumentwicklung haben diesen Beitrag der Wissenschafts- oder Planungskommunikation mit erheblichen Mitteln unterstützt, denn die Gespräche müssen bearbeitet und geschnitten werden. Stimmt die Klangqualität nicht, so hören wir gleich weg.

Die 24 Folgen beschäftigen sich mit verschiedensten Themen der Freiraumpolitik, zum Beispiel Kleingärten, Parkanlagen oder Friedhöfen. Mal wird die Bewegung im Freiraum hervorgehoben, dann wieder

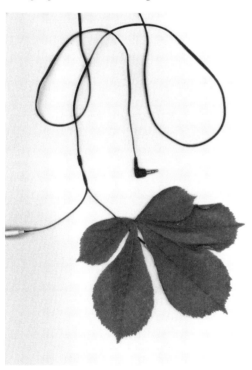

bestimmte Pflanzen oder Genusselemente. Die Vielfalt der Menschen und damit auch ihrer Perspektiven soll zum Zug und Ausdruck kommen. Mal geht es locker mit O-Tönen zur Sache, mal bieten wir höchst ernsthaft einen ausgetüftelten Vortrag an, der im Prinzip auch ein Fachartikel sein könnte. Bei dieser Formenvielfalt ist es wichtig, beim Thema zu bleiben. Um den Raum unter freiem Himmel, der öffentlich oder privat gestaltet wird, geht es in diesem Podcast. Dass man diesen Raum sehr konkret als einzelne Rasenfläche betrachten kann, man aber auch einen großräumigeren und abstrakteren Blick entwickeln kann, liegt in der Natur der Sache. Vom Park zum Freiraumsystem, vom kommunalen Freiraumsystem zu regionalen Angeboten der Erholung und schließlich zur Frage, wie sich Freiräume in der Stadt und auf dem Land unterscheiden, all das interessiert uns.

- Zum Beispiel haben sich die Möglichkeiten, im Sommer zu baden, in den letzten Jahren erheblich erweitert. Nicht nur das Schwimmbad, auch der Baggersee und die vielen neuen Flussbadestellen machen die Menschen glücklich.
- Die Interviewpartnerinnen und -partner beweisen, wie sehr sie sich mit ihren Aufgaben identifizieren. Da geht es um die Wertschätzung für Berliner Gartendenkmale, da wirbt eine kommunale Freiraumplanerin um Nachwuchs, da müssen aktuelle Herausforderungen in der Coronapandemie bewältigt werden.
- Schließlich sprechen wir auch Missstände an. Menschen und Gruppen sollen und werden sich in vielfältigster Weise Freiräume aneignen. Aber wo sind die Grenzen der Festivalisierung, Verparkung und Kommerzialisierung des öffentlichen Freiraums? Wie können wir ihn für alle wertvoll erhalten?

Wir planen nun die zweite Staffel der Podcastserie. Was kann man besser machen? Was interessiert die Menschen und die Studierenden? Möglicherweise könnten wir Kontroversen und Dilemmata der Planung noch mehr thematisieren. Es ist gewollt, dass unsere Gesprächspartnerinnen und -partner das Format mit ihren Gedanken und Reflexionen voll und ganz ausfüllen. Die Fragen spielen nur die „zweite Geige". Aber in einem Gruppengespräch gelingt es vielleicht

doch noch etwas besser, Meinungen miteinander zu kontrastieren. Über die Ohren der Zuhörerinnen und -hörer wollen wir das Nachdenken über die „Rabatten", die wir brauchen, auslösen. Der Podcast ist offen für Experimente und wir freuen uns auf Ihr Feedback.

REFLECTED KNOWLEDGE TO GO – 2 YEARS OF THE PODCAST "DEBATTEN UM RABATTEN" For two years and 24 contributions, we have experimented with the podcast format to inform students and interested people about opens space policies. The answers are very reflected and show how green space contributes to liveable cities and vibrant rural environments. Perhaps in the future we will add more controversy to the debate. Ideas are welcome.

QR-Code zu den Beiträgen von „Debatten um Rabatten"

PROF. BETTINA OPPERMANN
Forschung
Institut für Freiraumplanung, Freiraumpolitik und Planungskommunikation

STÄDTE WAGEN WILDNIS – VIELFALT ERLEBEN

Stadt und Wildnis? Was zunächst nach einem Gegensatz klingt, ist keiner: Selbst in der Großstadt ist Wildnis möglich. Stellt der Mensch die Nutzung ein, gewinnt die Natur die entstandenen Freiräume zurück. Das haben Hannover, Frankfurt am Main und Dessau-Roßlau gemeinsam mit Wissenschaftsakteuren und dem Biodiversitätsnetzwerk BioFrankfurt e. V. im Forschungsprojekt „Städte wagen Wildnis" erprobt. Das Projekt wurde von 2016 bis 2021 im Rahmen des Bundesprogramms „Biologische Vielfalt" durch das Bundesamt für Naturschutz mit Mitteln des Bundesministeriums für Umwelt, Naturschutz und nukleare Sicherheit gefördert.

Warum genau diese drei Städte? Die Zahl der Einwohnenden in Frankfurt am Main steigt, womit sich der Nutzungsdruck auf die innerstädtischen Freiräume erhöht, in Dessau-Roßlau hingegen sinkt sie konstant, es kommt vermehrt zur Nutzungsaufgabe – und Hannover befindet sich irgendwo zwischen den Extremen. Im Projekt haben die drei Städte gemeinsam mehr Wildnis gewagt. Ziel war es, Arten- und Biotopvielfalt zu erhalten und zu fördern, dabei die Lebensqualität in den Städten zu steigern und Menschen für Stadtwildnis zu begeistern; urbane Natur sollte erreichbar und erlebbar gemacht werden. Gleichzeitig wurden neue Pflege- und Nutzungskonzepte erprobt, die zu neuartigen Landschaftsbildern in der Stadt geführt haben.

Das Institut für Umweltplanung (IUP) begleitete die Flächenentwicklung in Hannover durch ökologische Untersuchungen und Evaluierung der Maßnahmen. Durch die Veränderung des Pflegemanagements der Projektflächen veränderten sich auch das Angebot an Ressourcen (z. B. Nahrung), die strukturelle Gestalt und Vielfalt der Lebensräume sowie die räumlichen Bezüge. Es wurde analysiert, welche Arten durch die Pflegestrategien neuen Lebensraum finden beziehungsweise Lebensraum verlieren. Folglich wurden Artengruppen untersucht, die als sogenannte Indikatoren fungieren – also stark auf strukturelle Vielfalt und Verfügbarkeit von Ressourcen innerhalb von Lebensräumen sowie räumliche Zusammenhänge zwischen (Teil-)Lebensräumen angewiesen sind und bei Veränderung dieser Parameter durch Einwanderung oder Abwanderung reagieren. Somit wurden jedes Jahr systematisch Fledermäuse, Brutvögel, Wintervögel, Heuschrecken, Wildbienen, Tagfalter, Biotoptypen und Vegetation auf den Projektflächen erfasst. Die Ergebnisse zeigen, unter welchen Bedingungen sich Stadtwildnis entwickeln kann und auf welche Weise derartige Flächen künftig auch in anderen Kommunen angelegt werden können.

Ebenso wurde die Akzeptanz und Wahrnehmung des Themas städtische Wildnis und der erprobten Maßnahmen sozialwissenschaftlich evaluiert. Was sollte unternommen werden, um die Menschen für mehr Wildnis in der Stadt zu begeistern? Grundlagen dazu lieferte die Akzeptanz- und Wahrnehmungsstudie des IUP. Durch eine Befragung von Nutzenden und Anwohnenden (2017, 2019, 2020) auf den Wildnisflächen in den drei Projektstädten konnte erfasst werden, was die Menschen mit dem Begriff „(urbane) Wildnis" verbinden und welche Einstellung sie zu den Entwicklungsmaßnahmen vor ihrer Haustür haben. Durch die wiederholte Erhebung über die gesamte Projektlaufzeit war es zudem möglich, die Veränderung im Nutzungsverhalten und in der Nutzungsintensität festzustellen.

Die Akzeptanz und Wahrnehmung urbaner Wildnis und des Projekts hat sich über den Projektzeitraum gesteigert. Die zielgerichtete Öffentlichkeits- und Kommunikationsarbeit hat dabei die Sensibilität und Akzeptanz geschaffen, dass städtische Wildnis zugelassen, akzeptiert und gefördert wird.

Weitere Ergebnisse sind zu finden unter: www. staedte-wagen-wildnis.de

CITIES VENTURING INTO WILDERNESS "Urban wilderness" may seem to be a contradiction, but a return of nature and wildlife to our cities is desirable and beneficial – and even possible! The "Städte wagen Wildnis" research project was a concerted effort to provide opportunities for natural succession processes on various urban green spaces to improve species and habitat diversity and the quality of life for the inhabitants of three German cities: Hannover, Frankfurt/Main and Dessau-Roßlau. From 2016 to 2021, these cities had made certain urban areas available for urban wilderness projects. The aim was to bring people and nature together. They met this challenge by accompanying these projects at all development stages with accurate surveys and documentation – ecological and sociological.

Wildere und erfahrbare Stadtnatur durch extensivere Pflege und Zulassen von Sukzession (Foto: C. Schoch)

Kennzeichnung der Wildnisflächen in Hannover durch das Wappentier und Kunstobjekt „Wildnis-Assel" – hier am Grünberger Weg (Foto: T. Langreder)

CARMEN RETHSCHULTE, CHRISTOFFER ZOCH, PROF. DR. MICHAEL REICH
Forschung Projektabschluss
Institut für Umweltplanung, Naturschutz und Landschaftsökologie

PLASTIZITÄT KONZEPTIONEN POSTINDUSTRIELLER TRANSFORMATION

Im postindustriellen Zeitalter spielen Konversionsstrategien, die industrielle Architektur als räumliche Ressource erschließen, eine entscheidende Rolle in der Entwicklung unserer städtischen Habitate. Die Transformation dieser Typologien ist eine architektonische Aufgabe, die in vielen zeitgenössischen Projekten bereits implizites Entwurfswissen hervorbringt, in der Entwurfsforschung bisher jedoch kaum betrachtet ist.[1] In diesem Kontext sucht das Forschungsprojekt einen entwurfsmethodischen Zugang zur Systematisierung transferfähiger Entwurfsmethoden der Transformation. Der transdisziplinär vielseitig verwendete, aber noch nicht explizit in die Architektur übertragene Begriff der *Plastizität* dient hierbei als wesentliches konzeptuelles Werkzeug.

Transformation als Entwurfshandlung

Transformation wird dabei als die Umformung des Bestehenden durch ein wechselseitiges, räumliches Ineinandergreifen von Neuem und Bestehendem begriffen. Architektonisches Wissen hierzu findet sich in verschiedenen theoretischen Positionen wie auch praktischen Beispielen, die nicht allein im Postindustriellen zu suchen sind.[2] Eine Fokussierung auf das eigentliche Wesen des Transformierens ermöglicht daher eine Vergleichsebene, die dieses Wissen übertragbar macht, wie auch eine Annäherung an das Industrielle in seiner typologischen und programmatischen Vielseitigkeit.

Plastizität als Forschungsinstrument

Der Begriff Plastizität wurde und wird in seiner Bedeutung in anderen Domänen erforscht und als Konzeptualisierung dieser transformativen Gemeinsamkeiten befragt. Verschiedene Wissenschaftsfelder haben hier bereits ein erkenntnisgewinnendes Potenzial argumentiert, zum Beispiel die Neurowissenschaften. Hier dient er als ein Kernkonzept des Verständnisses des Gehirns. Er kann als ein *heuristisches Werkzeug* begriffen werden, das nicht nur beschreibend, sondern als erkenntnisgewinnendes Moment wirksam werden kann.[3] Als systematisiertes Konzept der Verformung,

Funktionsänderung und komplexen Morphogenese bieten Konzeptionen der Plastizität eine besondere Übertragbarkeit in die Architektur.

Forschungsdesign

Vor dem Hintergrund wesentlicher Problemstellungen der Industriekonversion skizziert die Forschungsarbeit zunächst Positionen der Architektur, in denen Verständnisse der Transformation explizit sind. Sie helfen, eine darauffolgende transdisziplinäre Betrachtung des Begriffs der Plastizität in seinem Übertragungspotenzial zu befragen. In einer komparativen Fallstudie werden diese theoretischen Rahmungen über die Analyse von Projekten wie dem Toni-Areal in Zürich, der Fondazione Prada in Mailand oder der High Line in New York in ihrer Anwendbarkeit überprüft und mit konkreten Gestaltungsmitteln erweitert. Neben der transdisziplinären Arbeit mit dem Begriff *Plastizität* versucht das Forschungsprojekt auf zeichnerische Analysemittel, wie sie in der architektonischen Praxis gängig sind, als Mittel der architektonischen Forschung zurückzugreifen und hierüber insbesondere räumliche Zusammenhänge systematisch erfassbar darzustellen.

Ergebnisse und Potenziale

Mittels einer Synthese übergreifender Konzeptionen von Plastizität und der Fallstudien kann ein Repertoire der Gestaltung von Transformation expliziert werden. Diese architektonische Plastizität ist dabei durch einen Fokus auf die physische Verformung geprägt und durch spezifisch architektonische Mittel der Inszenierung und Choreografie erweitert. Hiermit lassen sich die multimodalen und komplexen Repertoires individueller Entwurfsmittel zur Revitalisierung des Brachliegenden als öffentlichem Raum transferfähig darlegen. Mithilfe dieser Erkenntnisse, welche sowohl Diskurse außerhalb als auch konkrete Gestaltungsmittel innerhalb der Architektur befragen, soll ein raummorphologischer Beitrag zum Diskurs postindustrieller Konversion geleistet werden. Eine architektonische Konzeption der Plastizität soll im besten Fall dabei helfen, das Entwerfen von Transformation als wesentlich für das Gelingen einer ressourceneffizienten und

qualitätsvollen Architektur zu verstehen. Perspektivisch kann dieser Ansatz auch dazu dienen, neue Architekturen für spätere Umnutzungen formbarer, also *plastisch* zu konzipieren. Die Forschungsarbeit richtet sich sowohl an Gestaltende als auch an Forschende im Bereich der Konversion.

PLASTICITY — CONCEPTUALISATIONS FOR POST-INDUSTRIAL ADAPTIVE REUSE
Strategies of adaptive reuse that reintroduce industrial structures as spatial resource of our built environment play a vital role in current and future developments of our surroundings. As a design task, however, these are yet to be extensively researched. In this context, the research project aimed at capturing the conceptual and spatial dependencies involved in the design of transformation through case studies and the term *plasticity*.

Even though architecture seems so closely related to the term and the morphogenetic qualities it inherently describes, plasticity in architecture lacks a distinct definition. The research was able to show that an extensive examination of *plasticity* in other fields can provide a research tool to access and conceptualise partly implicit design knowledge while extracting explicit methods of transformation.

1 Vgl. hierzu u. a. Guggenheim, Michael: „Formloser Diskurs. Umnutzung als Test architektonischen Wissens". In: *Candide. Journal for Architectural Knowledge.* No. 4, September 2011, S. 9–36
2 Vgl. u. a. Wong, Liliane: *Adaptive Reuse. Extending the Lives of Buildings.* Basel 2017, S. 155–158
3 Der Neurowissenschaftler Jacques Paillard hat sich auch dem Thema gewidmet und das Konzept der Plastizität als ‚heuristischen Generator' bezeichnet.
Vgl. hierzu: Paillard, Jacques: „Réflexions sur l'usage de concept de plasticité en neurobiologie". In: *Journal de Psychologie Normale et Pathologique*, 1/1976, S. 33–47

STEFFEN BÖSENBERG
Promotion
Institut für Geschichte und Theorie der Architektur, Architektur und Kunst 20./21. Jahrhundert
Erstgutachterin: Prof. Dr. Margitta Buchert
Zweitgutachter: Tom Avermaete, ETH Zürich

KÜNSTLERHAUS MAETZEL – HAUS UND GARTEN

In Hamburg-Volksdorf befindet sich das Künstlerhaus Maetzel, das der Architekt Emil Maetzel (1877–1955) ab 1924 für sich und seine Frau Dorothea Maetzel-Johannsen (1886–1930) errichtete. Das in Backstein erbaute Haus steht auf einem ca. 6000 m² großen Gründstück, welches gärtnerisch gestaltet ist. Ziel des kooperativen Lehrprojekts war es, Architektur und Garten im Zusammenhang zu untersuchen und sie als eine gewachsene Einheit zu begreifen. Daher haben die Abteilungen Bau- und Stadtbaugeschichte sowie Geschichte der Freiraumplanung dieses Projekt Lang in gemeinsamer Betreuung durchgeführt.

Den Ausgangspunkt bildete die Vermessung und zeichnerische Aufnahme des aktuellen Bestands. Aufbauend auf dieser Bestandserfassung wurden die wichtigen Bau- und Umbauphasen des Gebäudes sowie die Anlagengenese der Gartenbereiche dokumentiert. Obschon Haus und Garten noch nicht einmal 100 Jahre alt sind, haben sie in dieser Zeit schon zahlreiche Veränderungen und Überformungen erfahren, wodurch der ursprüngliche bauzeitliche Zustand verunklärt wurde. Dies herauszuarbeiten war eine große Herausforderung für die Studierenden, die auf diesem Wege auch sehr viel Forschungsarbeit geleistet haben.

Emil Maetzel war neben seiner Eigenschaft als Leiter der Städtebauabteilung der Hamburger Baubehörde (1907–1933) auch als bildender Künstler tätig und gehörte zu den Gründern der *Hamburgischen Sezession*. Seine Frau Dorothea war ebenfalls Künstlerin. Beide standen dem Expressionismus und der Neuen Sachlichkeit nahe. Daher gehört das Haus Maetzel zu den wenigen erhaltenen Zeugnissen der Hamburgischen Kunst- und Kulturgeschichte der 1920er Jahre.

Das Haus in Volksdorf war zunächst als kleines Wochenendhaus geplant, ehe es 1926 zum ständigen Wohnsitz ausgebaut wurde. Dazu gehört auch ein großer Atelierraum auf der Gartenseite. Der Garten mit seinem Teich wurde in jenen Jahren ebenfalls von den Maetzels angelegt. Nach dem Zweiten Weltkrieg gründete die Tochter und Keramikkünstlerin Monika Maetzel (1917–2010) in dem Haus eine Werkstatt, die sie über mehr als 50 Jahre leitete. Infolgedessen wurden am Haus sukzessive Umbauten vorgenommen. Diese waren den funktionalen Bedürfnissen der Keramikwerkstatt geschuldet, haben aber leider auch die architektonische Gesamtkomposition des Hauses verunklärt. Auch im Garten hat es mehrere Veränderungen gegeben, deren ursprüngliche Intention durch späteren Aufwuchs und mangelnde Pflege nur noch schwer nachzuvollziehen ist.

Ziel der forschenden Bestandaufnahme war es, das gärtnerische und architektonische Ensemble in seinen wechselseitigen Qualitäten zu erfassen und in seiner Genese zu verstehen. Zugleich soll diese Forschungsarbeit die Basis für ein denkmalgerechtes Sanierungskonzept von Haus und Garten sein, damit dieses einzigartige Kunstensemble dauerhaft erhalten und der Öffentlichkeit zugänglich gemacht werden kann.

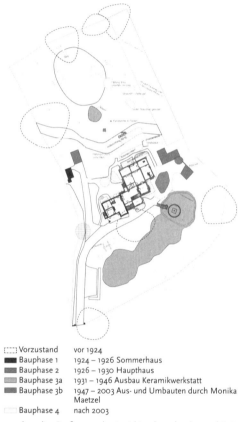

:::: Vorzustand   vor 1924
■ Bauphase 1   1924 – 1926 Sommerhaus
■ Bauphase 2   1926 – 1930 Haupthaus
▨ Bauphase 3a   1931 – 1946 Ausbau Keramikwerkstatt
■ Bauphase 3b   1947 – 2003 Aus- und Umbauten durch Monika Maetzel
☐ Bauphase 4   nach 2003

ehemalige Bepflanzung, heute nicht mehr vorhanden punktiert

Bauphasenplan und anlagengenetische Karte (© Abdel-Rahman, Czyborra, Geiger, Godt, Holeczek, Liepert, Rodenberg, Szymanska, Vilmer, Wölke, Zeng)

HOUSE MAETZEL – ARCHITECTURE AND GARDEN

In Hamburg-Volksdorf, the architect and artist Emil Maetzel built a house for himself and his wife Dorothea in 1924. It stands on a large, landscaped plot of land. The goal of the cooperative teaching project was to examine architecture and garden in their interrelation and to understand them as a single entity. Therefore, the chairs for Building History and History of Open Space Planning jointly carried out this project. The starting point was the survey of the existing building and garden. Based on this, the important construction and conversion phases of the building and the garden were documented. Although house and garden are not even 100 years old, they have already undergone numerous modifications, obscuring their original condition. Working this out was a great challenge for the students, who have done a great deal of research along the way.

Haus Maetzel (© Wiebke Wölke)

PROF. DR. MARKUS JAGER, JÜRGEN PADBERG, JULIANE ROTH
Lehre
Institut für Geschichte und Theorie der Architektur, Bau- und Stadtbaugeschichte, Geschichte der Freiraumplanung

UUURBLE PLATTFORM FÜR VIRTUELLE STADTERKUNDUNG In den Fächern Architektur, Städtebau sowie in verwandten Disziplinen wie Geografie, Stadt- und Raumplanung oder Landschaftsarchitektur ist die Auseinandersetzung mit beispielhaften Bauwerken oder Stadträumen ein fester Bestandteil der Ausbildung. Durch das intensive Studium solcher Orte ist es den Studierenden möglich, fachliche Kenntnisse für ihr Studium beziehungsweise ihr späteres Berufsleben zu gewinnen. Die Auseinandersetzung mit Bauwerken oder Stadträumen erfolgt meist durch einschlägige Fachliteratur oder durch Bereisung. Die Erfahrung zeigt aber, dass die Reichweite beider Methoden begrenzt ist: Fachliteratur, in der städtebaulich bedeutsame Orte systematisch aufbereitet sind, ist selten und meistens regional oder thematisch eingegrenzt. Entsprechend schwer ist es für Studierende, ihr Interesse mithilfe dieser Literatur zu stillen. Bildungsreisen erlauben demgegenüber zwar eine gezieltere Auseinandersetzung mit den betreffenden Orten und gelten seit jeher als unverzichtbarer Teil des Studiums, sind aber äußerst kosten- und zeitaufwendig und während des Studiums nur in begrenztem Maße durchführbar.

Um die beiden oben genannten Zugänge zu ergänzen und das Studium beispielhafter Bauwerke und Stadträume zu erleichtern, wurde das Projekt „Uuurble" ins Leben gerufen. Es basiert auf dem Online-Kartendienst Google Maps und verknüpft die dort verfügbaren Bildwelten mit städtebaulichen Fachinformationen. Auf diese Weise ist es möglich, Orte auf der ganzen Welt virtuell zu bereisen. Die eigens für diesen Zweck programmierte Website besteht aus zwei Teilen: Auf der rechten Seite der Anwendungsoberfläche ist Google Maps eingebettet und erlaubt die virtuelle Erkundung ausgewählter Stadträume mittels Satellitenbilder, Schrägansichten und Straßenansichten. Auf der linken Seite befinden sich Texte, Grafiken, Video- und Soundaufnahmen, mit deren Hilfe das Bildmaterial von Google Maps fachlich erklärt wird. Beide Seiten sind miteinander verknüpft, sodass beim Lesen der Texte immer die passende Einstellung in Google Maps zu sehen bzw. bei der Betrachtung von Google Maps immer die passenden Fachinformationen erscheinen.

Die Website kann auf verschiedene Arten genutzt werden: als Recherchetool und Wissensplattform, als Lehrmittel für Schulen und Universitäten oder einfach als Sammlung bedeutender und außergewöhnlicher Orte. Alle Inhalte auf der Seite können frei von Nutzungsrechten verwendet werden, denn Uuurble wurde als Open Educational Ressource konzipiert, um den Bildungsgegenstand „Stadt" einem möglichst großen Publikum zugänglich zu machen.

Das Projekt richtet sich in erster Linie an Studierende, die im Rahmen von Seminaren ihre eigenen Beiträge verfassen und auf der Plattform veröffentlichen können. Sie recherchieren Informationen zu ausgewählten Orten, erstellen Texte, Grafiken oder Videomaterial und verknüpfen diese mit den passenden Ansichten auf Google Maps. Auf diese Weise erwerben die Studierenden städtebauliches Fachwissen und sammeln zugleich wertvolle Erfahrungen für das wissenschaftliche Arbeiten und Schreiben. Uuurble wurde darauf ausgelegt, Studierende und Forschende anderer Hochschulen an der Erstellung der Inhalte zu beteiligen. Neben der Leibniz Universität Hannover und der Technischen Universität Braunschweig sind derzeit Studierende der Hochschule Anhalt-Dessau Teil des Projekts. Weitere Partnerschaften aus Deutschland und dem Ausland werden folgen. Uuurble ist in diesem Sinne ein Gemeinschaftsprojekt, eine ständig wachsende Sammlung, die ihre Nutzenden dazu anregt, ihr Wissen über Städte zu teilen und sich interdisziplinär auszutauschen.

Uuurble wurde an der Abteilung für Stadt- und Raumentwicklung (IES) und in Zusammenarbeit mit dem Institut für Geschichte und Theorie der Architektur und Stadt der TU Braunschweig entwickelt. Das Projekt wird vom Niedersächsischen Ministerium für Wissenschaft und Kultur gefördert. www.uuurble.de

UUURBLE – PLATFORM FOR VIRTUAL CITY EXPLORATION Uuurble was launched to facilitate the study of exemplary buildings and urban spaces. It is based on the online mapping service Google Maps and links the image material available there with urban design knowledge.

Uuurble can be used as a research platform, teaching tool or simply as a collection of significant places. Uuurble is primarily aimed at students who can write and publish their own contributions there. In this way, they acquire knowledge in urban design and history as well es scientific working and writing.

Uuurble was developed at the Department of Urban and Spatial Development (IES) in collaboration with the Institute for History and Theory of Architecture and the City at the TU Braunschweig and was funded by the Ministry of Science and Culture of Lower Saxony. www.uuurble.de

PROF. TIM RIENIETS
Lehre
Institut für Entwerfen und Städtebau,
Stadt und Raumentwicklung

FACULTY NEWS

NEUBERUFUNGEN UND VERABSCHIEDUNGEN

RUHESTAND PROFESSORIN LÉON Zum Wintersemester 2021/22 wurde Hilde Léon nach 21 Jahren als Professorin am Institut für Entwerfen und Gebäudelehre feierlich verabschiedet.

Hilde Léon wurde 2002 zur Kommissarin für den deutschen Beitrag der Architektur-Biennale in Venedig berufen. Durch zahlreiche Projekte und Veröffentlichungen bereicherte sie die Forschung und Lehre an der Leibniz Universität Hannover. Einen besonderen Akzent setzte 2021 die Ausstellung „Arnes Erbe" zum Leben und Wirken des dänischen Architekten Arne Jacobsen. Im Namen des Fachbereichs Architektur wünschen wir alles Gute im Ruhestand.

Als Ihre Nachfolgerin am Institut für Entwerfen und Gebäudelehre begrüßen wir Prof. Marieke Kums (STUDIO MAKS, Rotterdam).

[IEG – Institut für Entwerfen und Gebäudelehre]   ▽

RUHESTAND PROFESSOR WOLSCHKE-BULMAHN Zum Wintersemester 2021/22 verabschiedete sich Prof. Dr. Joachim Wolschke-Bulmahn nach 25 Jahren Lehre und Forschung für das Fachgebiet Geschichte der Freiraumplanung am Institut für Landschaftsarchitektur. Neben dieser Tätigkeit leitete er über 20 Jahre das international bekannte und renommierte Zentrum für Gartenkunst und Landschaftsarchitektur (CGL) als fachbereichsübergreifende Einrichtung der Universität Hannover.

Unter seinen unzähligen Veröffentlichungen und Forschungsschwerpunkten ist vor allem die Aufarbeitung der Rolle der Landschaftsarchitektur im Nationalsozialismus hervorzuheben. Wir sind dankbar für die vielen Leistungen und die große Kollegialität und wünschen alles Gute im Ruhestand!

[ILA – Institut für Landschaftsarchitektur]   ▽

RUHESTAND PROFESSOR LÖSKEN Zum Wintersemester 2021/22 ging Professor Gilbert Lösken in den Ruhestand. Seit 1994 vertrat er das Fachgebiet Technisch-konstruktive Grundlagen der Freiraumplanung am Institut für Landschaftsarchitektur.

Gilbert Lösken hat entscheidende Beiträge zum Thema Wasserrückhaltevermögen und Abflussverzögerung von begrünten Dächern sowie zur Standortoptimierung von Straßenbäumen geleistet, seine 14 Meter lange Beregnungsversuchsanlage ist einmalig in Deutschland. An der LUH leitete er viele Jahre das Institut für Landschaftsarchitektur.

Wir wünschen Gilbert Lösken einen schönen Ruhestand und bedanken uns für sein Engagement und die vielen Leistungen für das Institut!

[ILA – Institut für Landschaftsarchitektur]

PROF. DR. JOCHEN HACK Zum 1. Februar 2022 durfte das Kollegium am IUP Prof. Dr. Jochen Hack begrüßen, der die neue Professur „Digital Environmental Planning" (Digitale Umweltplanung) angetreten hat. Jochen Hack hatte zuvor an der Technischen Universität Darmstadt gelehrt. Seine inter- und transdisziplinäre Forschungsgruppe SEE-URBAN-WATER hat er an die LUH mitgebracht. Die vom Bundesministerium für Bildung und Forschung (BMBF) geförderte Nachwuchsgruppe arbeitet seit 2018 an innovativen Ansätzen zur Entwicklung und Implementierung naturbasierter Lösungen (Nature-based-Solutions) in urbanen Flusseinzugsgebieten in Costa Rica und Nicaragua.

[IUP – Institut für Umweltplanung]

PROF. DR. ANN-KATHRIN KOESSLER Das Kollegium am IUP begrüßt ganz herzlich Prof. Dr. Ann-Kathrin Koessler, die zum 1. Januar 2022 die neue Professur „Behavioural Aspects of Environmental Planning" (Umweltverhalten und Planung) angetreten hat. Ann-Kathrin Koessler hatte zuvor am Institut für Umweltsystemforschung der Universität Osnabrück gelehrt. In ihrer Forschung widmet sie sich dem menschlichen Verhalten im sozial-ökologischen und ökonomischen Kontext und geht der Frage nach, wie sich Partizipation, Selbstverpflichtung und Empathie auf das damit verbundene prosoziale und umweltorientierte Verhalten auswirken.

[IUP – Institut für Umweltplanung]

GASTPROFESSUR MARTIN DIEKMANN Martin Diekmann hat zum Wintersemester 2021/22 eine einjährige Gastprofessur am Institut für Landschaftsarchitektur übernommen. Er vertritt dort das Fachgebiet Technisch-konstruktive Grundlagen der Freiraumplanung. Martin Diekmann studierte Landschaftsarchitektur und Architektur an der Universität Hannover und machte sich 1991 mit seinem Büro lad+ in Hannover selbstständig. Viele seiner gebauten Projekte sind preisgekrönt, unter anderem mit dem Deutschen Architekturpreis 2021. 2020 gewann er den Wettbewerb zur Neugestaltung des Eingangs zum Bundespräsidialamt in Berlin. Wir freuen uns, Martin Diekmann am Institut für Landschaftsarchitektur begrüßen zu dürfen.

[ILA – Institut für Landschaftsarchitektur]   ▽

BESONDERE AUSZEICHNUNGEN

ALR-HOCHSCHULPREIS 2020: VIER AUSZEICHNUNGEN DURCH DIE AKADEMIE LÄNDLICHER RAUM Für ihre Dissertation „Berufsbedingte Multilokalität in ländlichen Räumen Niedersachsens. Gesellschaftliche und räumliche Auswirkungen mehrörtiger Lebensweisen als planerische Herausforderung am Beispiel des Landkreises Diepholz" wurde Dr. Lena Greinke am 28. Juni 2021 mit dem 2. Platz des ALR-Hochschulpreises ausgezeichnet. Die Arbeit ist in der Reihe *Rural areas: Issues of local and regional development/Ländliche Räume: Beiträge zur lokalen und regionalen Entwicklung* des LIT Verlags erschienen und wurde von Prof. Dr. Rainer Danielzyk (IUP) und Prof. Dr. Ingo Mose (Carl von Ossietzky Universität Oldenburg) betreut. Den 3. Platz teilten sich Anne Kautz mit ihrer Masterarbeit zu „‚Lifestylemigration' als Chance für ländliche Leerstände im Landkreis Goslar?" (Betreuung: PD Dr. Sylvia Herrmann und Lena Greinke) und Jacob Jeff Bernhardt mit seiner Masterarbeit über „Bewässerungsmuster im deutschen Ackerbau – ein Modell zur Abschätzung potenzieller Bewässerungsmengen" (Betreuung: PD Dr. Sylvia Herrmann und Johannes Hermes), beide am Institut für Umweltplanung. Eine Anerkennung erreichten Vera Akimova, Julian Gick, Charleen Heins, Shari Jäkel, Lisa Lange und Tia-Farina Wessels mit ihrem Masterprojekt „Funktionsveränderungen in ländlich gelegenen Mittelzentren. Müssen wir Innenstädte neu interpretieren?" (Betreuung PD Dr. Sylvia Herrmann und Dr. Falco Knaps).
[IUP – Raumordnung und Regionalentwicklung]

BDA THESISPREIS FÜR BESTE ABSCHLUSSARBEIT
Mit ihrer Masterthesis „Transformation des Bahnbetriebshofs Heidelberg" haben Felix Fritz und Mick Riesenberg den BDA Thesispreis im Sommersemester 2021 erhalten. Ihre Arbeit beschäftigt sich mit der Planung und Ergänzung des Betriebsgeländes der Heidelberger Stadtbahnen und stellt den Versuch dar, trotz monofunktionaler Nutzung im Erdgeschoss einen architektonischen Baustein zu entwickeln, der einen Mehrwert für Quartier und Stadt darstellt.

Die Masterthesis wurde betreut von Prof. Oliver Thill (Erstprüfer) und Prof. Jan Kampshoff (Zweitprüfer) von der Technischen Universität Berlin.
[IEG – Institut für Entwerfen und Gebäudelehre] ▽

BDA_MASTER_H PREIS 2022 Die Masterthesis „Europäisches Bürgerhaus" von Jonas Trittmann am Institut für Entwerfen und Städtebau (Prof. Andreas Quednau) wurde mit dem BDA_Master_H Preis 2022 ausgezeichnet. Ausgehend von einer kritischen Betrachtung der baulich-räumlichen Repräsentation der Europäischen Union in ihren Mitgliedsstaaten entwickelt das Projekt als Gegenentwurf eine lokale Vertretung der EU, die im Stadtzentrum von München durch programmatische Offenheit, Zugänglichkeit und Aneigenbarkeit zur Teilhabe einlädt. Auf herausragende Weise entwickelt die Arbeit aus der Kritik der gegenwärtigen EU-Praxis architektonische Fragestellungen und eröffnet dabei neue Perspektiven.
[IES – Städtebauliches Entwerfen] ▽

DFG-PROMOTIONSSTIPENDIUM Claudia Massioni (Italien) hat ein DFG-Promotionsstipendium für das neue Graduiertenkolleg „Urban future-making: Professional agency across time and scale" an der Hafencity Universität Hamburg erhalten. Gefördert von der Università Politecnica delle Marche (UnivPM) war sie davor für ein sechsmonatiges Stipendium an der Leibniz Universität Hannover und hat hier, mit Unterstützung von Prof. Jörg Schröder (LUH) und Prof. Maddalena Ferretti (UnivPM), die Skizze ihres Dissertationsprojekts entwickelt. Ihr Forschungsthema lautet „Circular strategies for the activation of 1950–1976 housing projects of inland Marche region".
[IES – Regionales Bauen und Siedlungsplanung]

DIE ZUKUNFT DER GROSSEN STRASSE Die Göderitz-Stiftung lobt jährlich einen studentischen Wettbewerb im Fach Städtebau aus – 2021/22 unter der Ägide der Abteilung für Stadt- und Raumentwicklung. Unter dem Titel „Die Zukunft der großen Straße" untersuchten 25 Teams aus fünf Fakultäten Auswirkungen der Mobilitätswende auf den städtischen Raum. Als Fallbeispiel diente die Vahrenwalder Straße, eine der meistbefahrenen Straßen Hannovers und Sinnbild für die Auswüchse der „autogerechten Stadt". Mit ihren Entwürfen haben die Studierenden eindrucksvoll gezeigt, dass die Mobilitätswende nicht nur ökologisch sinnvoll ist, sondern auch die Lebensqualität unserer Städte erheblich verbessern kann.
[IES – Stadt- und Raumentwicklung]

VICTOR RIZKALLAH-STIFTUNG FÖRDERPREIS Mira Eggersglüß wurde mit dem Förderpreis der Victor Rizkallah-Stiftung für ihre Masterarbeit „ApréSki" ausgezeichnet. Der Förderpreis wird jährlich ausgeschrieben und in Anerkennung besonderer wissenschaftlicher Leistungen an der Leibniz Universität Hannover vergeben. Die Masterarbeit beschäftigt sich mit Skigebieten in den Alpen, die sich unterhalb von 1500 Höhenmetern befinden und durch prognostizierte Temperaturanstiege stark beeinflusst sein werden und zeigt Konzepte für deren zukünftige Entwicklung. Neben wirtschaftlichen sowie alpin-kulturellen Gesichtspunkten sind die Auswirkungen des Wintersports auf

den Naturraum Ausgangspunkt für die Transformationsansätze.
[ILA – Landschaftsarchitektur und Entwerfen]

BDA SONDERPREIS – PROKLIMA Mit ihrer Masterthesis „Science meets City – Eine Zukunftsvision für inner/städtische Warenhausstrukturen im Wandel" haben Julie Hamann und Maike Henkel den BDA proKlima-Sonderpreis im Wintersemester 2021/22 erhalten. Das Umnutzungskonzept eines Kaufhauses stellt eine Symbiose aus verschiedenen freizeitlichen und kulturellen Attraktoren sowie einer universitären Nutzung aus Learning Center und Forschungsschwerpunkten dar. Leitgedanke des Umnutzungskonzepts ist es, einen Begegnungsort der Kommunikation und Kreativität frei von Konsum und Kommerz zu schaffen. Betreut wurde die Arbeit von Prof. Oliver Thill (Erstprüfer) und Prof. Zvonko Turkali (Zweitprüfer).
[IEG – Institut für Entwerfen und Gebäudelehre]   ▽

PROKLIMA-SONDERPREIS: MEAT CHANGE Für ihre Thesis im Studiengang Architektur und Städtebau (MSc) wurde Julia Theis mit dem proKlima-Sonderpreis des Architekturverbandes BDA und des proKlima-Fonds des Energieunternehmens Enercity ausgezeichnet. Ziel des Sonderpreises ist es, die Themen Klimaschutz und Dekarbonisierung stärker in den Fokus praktizierender und zukünftiger Generationen von Architektinnen und Architekten sowie Stadtplanenden zu rücken. In einer gestalterischen Untersuchung entwarf Julia Theis Szenarien für einen radikalen Wandel hin zu einer nachhaltigen Nahrungskultur durch urbane und architektonische Erfindungen, Elemente und Systeme.
[IES – Regionales Bauen und Siedlungsplanung]   ▷

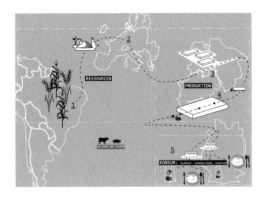

DAAD-PROMOTIONSSTIPENDIUM Christian Corral (Ecuador) wurde mit dem DAAD-Forschungsstipendium für ein Promotionsstudium an der Leibniz Universität Hannover ausgezeichnet. Sein Dissertationsprojekt, das von Prof. Jörg Schröder betreut wird, untersucht „Zukunftsszenarien für Guayaquil" als neue städtebauliche und ökologische Artikulation für die Stadt Guayaquil, ihren Fluss und die Küstenlagune und entwickelt Innovationen für den Städtebau in digitalen und materiellen Dimensionen. Mit dem Fokus auf nachhaltige, zukunftweisende Entwicklungskonzepte und -szenarien werden verschiedene Standpunkte erörtert und berücksichtigt. Die Arbeit, deren Grundlage die Untersuchung der Wechselwirkungen zwischen der Stadt und dem Fluss im Hinblick auf den Klimawandel und den Anstieg des Meeresspiegels ist, zielt auf den Entwurf von nachhaltigeren und resilienteren Stadtmodellen.
[IES – Regionales Bauen und Siedlungsplanung]

DISSERTATIONEN

MATHIAS SCHOLZ 16. Dezember 2021: Anwendbarkeit von Bioindikationssystemen für planerische und naturschutzfachliche Fragestellungen in Auen [von Haaren, IUP/Henle, Universität Leipzig]

STEFFEN BÖSENBERG 23. Juli 2021: Plastizität, Konzeptionen postindustrieller Transformation [Buchert, IGT/Avermaete, ETH Zürich]

GÄSTE UND VORTRÄGE

LAURA BACHI AUS BRASILIEN ALS GASTDOKTORANDIN AM IUP Im Rahmen des CAPES-Sandwich-Promotionsprogramms hat Laura Bachi von November 2021 bis März 2022 am IUP geforscht. Sie arbeitet als Doktorandin im Postgraduierten-Programm „Analyse und Modellierung von Umweltsystemen" an der Universität von Minas Gerais, Brasilien, an ihrer Dissertation mit dem Titel „Ländliche Räume und sozio-biologische Vielfalt: Strategien für die nachhaltige Nutzung von Biodiversität und Community-basiertes Management in brasilianischen Biomen".
[IUP – Landschaftsplanung und Naturschutz]

TYPOLOGY TALKS. LEARNING LANDSCAPES Die erste Veranstaltung der jährlich stattfindenden Reihe „Typology Talks" unter Leitung von Prof. Oliver Thill setzte sich am 20. Oktober 2021 mit den sich radikal verändernden Rahmenbedingungen in der Bildungslandschaft auseinander.
Im Mittelpunkt der internationalen Konferenz stand die Beziehung zwischen Architektur, typologischer Eigenart und spezifischen Anforderungen von Bildungsbauten. Wir diskutierten den Zusammenhang zwischen architektonischer Haltung, politischen Zwängen sowie gesellschaftlichem Bildungsideal.
Als Gäste begrüßten wir: Piet Eckert (E2A Architects, Zürich), Kees Kaan (KAAN Architecten, Rotterdam), Yvonne Farrell und Shelley McNamara (Grafton Architects, Dublin, Pritzker-Preisträger 2020)
[IEG – Institut für Entwerfen und Gebäudelehre]   ▽

(Foto: Julian Martitz)

FRENCH NEW REALISM Mit dem Sommersemester 2021 endete die Vortragsreihe „French New Realism". Inhaltlich nahm die Serie Bezug auf die gleichnamige ARCH+ Ausgabe, die im Oktober 2020 von Prof. André Kempe gastkuratiert wurde. Als Gäste durften wir Sophie Delhay, Ido Avissar von LIST, Eric Lapierre von ELEx und Umberto Napolitano von LAN begrüßen und mit ihnen die zeitgenössische Architekturszene Frankreichs diskutieren.

[IEG – Institut für Entwerfen und Gebäudelehre]

ARCHITECTURE IN THE AGE OF NEOLIBERALISM – FORM In der neuen Vorlesungsreihe „Architecture in the Age of Neoliberalism" laden wir wichtige Protagonistinnen und Protagonisten des europäischen Diskurses ein, um über die Absichten ihrer Architektur angesichts der Provokationen des Neoliberalismus zu diskutieren. Dabei wird jedes Semester einer klassischen architektonischen Kategorie gewidmet, um den Fokus auf den „harten Kern" der Architektur zu richten. Vier Gäste machten im WiSe 2021/22 den Auftakt zu FORM. Wir sprachen mit Anne-Julchen Bernhardt (BeL), Job Floris (Monadnock), Kersten Geers (OFFICE kgdvs) und Wilfried Kuehn (Kuehn Malvezzi) über eigene Projekte, persönliche Einflüsse und den Umgang mit Hindernissen.

[IEG – Institut für Entwerfen und Gebäudelehre] ▽

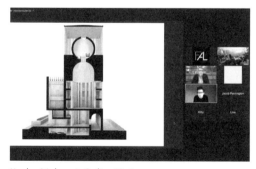

Kuehn Malvezzi, Online-Vortrag am 30.11.21

VORTRAG NEW YORK INSTITUTE OF TECHNOLOGY Für die Konferenz „Archipelagos of Changing Habitats" des New York Institute of Technology (NYIT) am 15. Juli 2021, die Teil der Aktivitäten des Italienischen Pavillions der Architekturbiennale Venedig 2021 war, steuerte Prof. Jörg Schröder den Vortrag „New Bauhaus City – Rediscovering Territories" bei. Im Fokus des Vortrags stand die Diskussion zur Perspektive von Stadt und Territorium in der Initiative „New European Bauhaus" und im Kontext des European Green Deal, also die Rolle, die Orte einnehmen können, wenn Menschen mit den Räumen, Strömungen und Ideen interagieren können und so neue Lebensqualität erreicht werden kann.

[IES – Regionales Bauen und Siedlungsplanung]

NEW BAUHAUS CITY DIALOGUES Die Vortragsreihe „New Bauhaus City Dialogues" im Sommer 2021 zielte auf einen kreativen Austausch über die Rolle von Stadt und Territorium in der Initiative „New European Bauhaus". Mit internationalen Gäste aus Forschung und Praxis wurden drei thematische Debatten eröffnet: Urbanism & New Work mit Severine Marguin (TU Berlin) und Elena Militello (Southworking, Messina), Urbanism & Experiments mit Amica Dall (Assemble, London) und Lucio Nardi (Berlin) sowie Urbanism & Creativity mit Alma Sarmiento (Universidad del Rosario, Bogotá) und Torange Khonsari (Public Works, London). Die Vortragsreihe entstand in Zusammenarbeit mit dem Masterprojekt „New Bauhaus City" zu neuen Visionen für Orte jenseits der Metropolen.

[IES – Regionales Bauen und Siedlungsplanung]

VORTRAGSREIHE „URBAN ISSUES" Die im Wintersemester 2021/22 von Prof. Andreas Quednau und Hanna Noller vom Institut für Entwerfen und Städtebau organisierte Vortragsreihe „Urban Issues" thematisierte den Entwurf und Bau einer Stadt mit recycelten Bauteilen. Als Gäste waren dazu eingeladen: Michaël Ghyoot (Architekt, Forscher, Dozent und Kurator bei Rotor, Brüssel): Reusing Building Material, Oliver Seidel (Architekt bei baubüro in situ/ZIRKULAR, Basel): Zirkularwirtschaft und Architektur in der Praxis sowie Nils Nolting (Architekt bei Cityförster, Hannover): Recyclinghaus Hannover – Entwurf und Umsetzung. Vorträge und Diskussion flossen als Input in das Entwurfsprojekt „RE:cycle City" ein.

[IES – Städtebauliches Entwerfen] ▷

(Foto: Julian Martitz)

ABSCHLUSSVERANSTALTUNG DES PROJEKTS „ZUKUNFTSDISKURSE GESELLSCHAFTLICHER ZUSAMMENHALT" Bei einem als Fishbowl durchgeführten Podium vom 4. bis 6. Juli 2021 im Rahmen des Dokumentarfilmfestivals „Utopionale" diskutierten Vertreterinnen und Vertreter der Zivilgesellschaft Hannovers und Forschende des FGZ (Forschungsinstitut Gesellschaftlicher Zusammenhalt) in lockerer Atmosphäre am Ufer der Ihme über den Begriff des Zusammenhalts, seine Eignung für den „Alltagsgebrauch", über Einschluss- und Ausschlussmechanismen sowie über Zusammenhalt als Utopie. Die Diskussion wurde von den Projektverantwortlichen Dr. Daniela Kempa (IUP) und Dominika Vogs (Wissenschaftsladen Hannover e. V.) moderiert.

[IUP – Landschaftsplanung und Naturschutz]

EXKURSIONEN

STADT, LAND, RAND Herkunft und Bedeutung des Begriffs Landschaft sind gerade in theoretischen Texten der Landschaftsarchitektur immer wieder Bestandteil von kontroversen Diskussionen. Doch was verstehen wir ganz praktisch unter Landschaft? Wann hört die Stadt auf und wo fängt die Landschaft an? Gibt es eine wahrnehmbare Grenze zwischen Stadt und Land? Die Grenzlinien und fließenden Verläufe haben wir auf der Exkursion erkundet, mit unterschiedlichen Darstellungsweisen experimentiert und unsere Wahrnehmungseindrücke in eigene Mappings übersetzt.

[ILA – Landschaftsarchitektur und Entwerfen] ▷

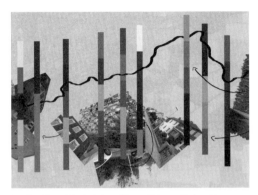

Louisa Parent hat sich auf ihrer Reise mit den Raumfolgen von Stadt zu Land auseinandergesetzt.

EXKURSION HAMBURG – CONFERENCE CENTER UNI HAMBURG Im Rahmen des Entwurfsprojekts „Conference Center Uni Hamburg" fand im Oktober 2021 eine eintägige Exkursion nach Hamburg statt. Neben der Besichtigung des neu entstehenden Campus der Uni Hamburg in der Science City Bahrenfeld mit den Werkhallen des DESY (Deutsches Elektronen-Synchrotron) sowie des Entwurfsgrundstücks an der Luruper Chaussee standen das Chile-Haus von Fritz Höger, das Hamburger Rathaus und die Elbphilharmonie von Herzog & de Meuron auf dem Programm. Außerdem bekamen die Studierenden eine interessante Führung durch Arne Jacobsens Christianeum.

Die Exkursion wurde von der Abteilung Entwerfen und Ressourcen in Zusammenarbeit mit Studio Kempe Thill durchgeführt.

[IEG – Institut für Entwerfen und Gebäudelehre] ▽

EXKURSION NACH FÜSSEN Die Exkursion nach Füssen, zum Forggensee und nach Neuschwanstein im November 2021 bot einen Einblick in eine wachsende Region außerhalb der Metropolen. Im Fokus standen aktuelle Projekte in Architektur und Städtebau in der Region, darüber hinaus bestand durch die Exkursion die Möglichkeit, einen regionalen Zugang zu räumlicher Entwicklung, kultureller, wirtschaftlicher und sozialer Dynamik, ihren Hintergründen und Kontextbedingungen zu erlangen. Im Mittelpunkt standen die Siedlungsmuster, Lebensräume und die Lebensqualität der Region, verbunden mit einer vielfältigen Baukultur, dem Kulturerbe und naturräumlichen Elementen wie dem See und den Bergen sowie sozialen und wirtschaftlichen Faktoren.

[IES – Regionales Bauen und Siedlungsplanung]

FORSCHUNGSREISE BOGOTÁ Während ihrer Forschungsreise nach Bogotá präsentierte und diskutierte Alissa Diesch den neu erschienen Atlas *Uncovering Territories* an der Universidad Nacional de Colombia, der Universidad de los Andes und der Pontificia Universidad Javeriana. Ergebnisse des Forschungsprojekts wurden vor Ort bekannt gemacht und die Arbeit erfuhr wertvollen Input. Alissa Diesch konnte bestehende akademische Verbindungen stärken, neue – wie die zur neuen Fakultät für Kreativität der Universidad del Rosario – entstanden. Einen Eindruck des interdisziplinären Ansatzes der Fakultät können Studierende im Rahmen des kooperativen virtuellen Workshops „The Future of Creative Cities" im SoSe 2022 bekommen.

[IES – Regionales Bauen und Siedlungsplanung] ▽

Bogotá (Foto: Alissa Diesch)

THE VIRTUAL FIELD INVESTIGATION: RIVER EDEN Betreut von Cedric Gapinski, haben über 20 Studierende zwischen dem 13. August und 15. Oktober 2021 eine virtuelle englischsprachige Exkursion an den Fluss Eden in Cumbria (Nordwestengland) unternommen, der mit einer Länge von 80 Meilen einer der beeindruckendsten Kalk- und Sandsteinflüsse Englands ist. Die von den Umweltorganisationen The Rivers Trust und Eden Rivers Trust konzipierte Exkursion basiert auf einem Online-GIS und behandelt die Veränderung von Flusslandschaften und -prozessen. Die Studierenden lernten in sieben Bausteinen unter anderem, wie sie ihre eigene virtuelle Feldforschungsreise planen und eine Risikobewertung durchführen können.

[IUP – Landschaftsplanung und Naturschutz]

AUDIOTOUR „FRAUENORTE" Am 21. Mai 2021 machten sich rund 20 Studierende der Bachelor- und Masterstudiengänge Landschaftsarchitektur und Umweltplanung auf Spurensuche von Hannovers prägendsten Frauen, darunter Hannah Arendt und Niki de Saint-Phalle. Die von Dr. Lena Greinke betreute virtuelle Exkursion wurde mithilfe der Audio.Stadt-RadTour des Bürgerbüro Stadtentwicklung e. V. (bbs) und einer App durchgeführt. Ziel der Tagesexkursion war es, sogenannte Frauenorte Hannovers kennenzulernen und ihre Bedeutung für die Stadtentwicklung nachzuvollziehen. Die Erlebnisse und Erfahrungen an den neun Hörstationen bereiteten die Studierenden in Collagen auf.

[IUP – Raumordnung und Regionalentwicklung]

R:A:B OP DE REIS – EN VOYAGE Der (freiraum-) planerische Innovationsgrad der Beneluxländer übertrifft sich seit Jahrzehnten immer wieder aufs Neue und soll zukünftig noch resilienter gestaltet werden. Nach dem Startschuss in Rotterdam entdeckten wir innerhalb von zwei Tagen (*per pedes* und *by bike*) die innerstädtischen, aber auch die hafennah gelegenen öffentlichen Freiräume und radelten uns vor bis in die urbanen Landschaften der Randbezirke. Nach einem Tagesaufenthalt in der „Diamantenstadt" Antwerpen, die sowohl freiraumplanerisch als auch städtebaulich zukunftsorientiert ausgerichtet ist, führte uns der Weg in die Hauptstadt Belgiens, Brüssel. Dort besichtigten wir für zwei weitere Tage sehr kontrastreiche innerstädtische Freiräume und Quartiere. 20 Studierende konnten an der Exkursion vom 5. bis 9. Oktober 2021 teilnehmen.

[IF – Entwerfen urbaner Landschaften]

Gruppenfoto im Droogdokkenpark Antwerpen

ERKUNDUNG DER KOLDINGER SEENLAND-SCHAFT Im Naturschutzgebiet „Leineaue zwischen Hannover und Ruthe" konnten Studierende eine von Lara Diekmann konzipierte Tagesexkursion durchführen. Insgesamt 47 Studierende folgten im Herbst 2021 der 4,7 km langen Route entlang von Mergel- und Kiesabbaugewässern und Leine und lernten so eines der bedeutendsten Vogelrastgebiete in der Region Hannover kennen. Neben Wasservogelarten sollten die Teilnehmenden weitere Tierartengruppen wie Amphibien und Libellen sowie charakteristische Pflanzen des Lebensraums eigenständig finden, bestimmen und mit Fotos dokumentieren. Mit einem Selfie am eigenen Lieblingsort wurde auch der ästhetische Wert dieses für die Naherholung wichtigen Gebiets erschlossen.

[IUP – Naturschutz und Landschaftsökologie]

AUDIOTOUR „MASCHSEE UND SONST NIX?" Ziel der virtuellen Tagesexkursion am 17. Dezember 2021, betreut von Dr. Lena Greinke, war es, die Rolle des Wassers im hannoverschen Städtebau kennenzulernen und ihre Bedeutung für die Stadtentwicklung nachzuvollziehen. Rund 40 Studierende der Bachelor- und Masterstudiengänge Landschaftsarchitektur und Umweltplanung erkundeten mithilfe der Audio.StadtRadTour „Maschsee und sonst nix?" des Bürgerbüro Stadtentwicklung e. V. (bbs) ausgewählte „Wasserorte" im Stadtgebiet von Hannover mittels einer App. Ihre Erlebnisse und Erfahrungen an den acht Hörstationen bereiteten die Studierenden inhaltlich und grafisch in Collagen auf.

[IUP – Raumordnung und Regionalentwicklung]

EIN TAG IM SCHULBIOLOGIEZENTRUM HANNOVER Am 8. September 2021 besuchten 16 Studierende gemeinsam mit Dr. Roswitha Kirsch-Stracke den Schulgarten Burg, das „Herzstück" des Schulbiologiezentrums. Biologe Jörg Ledderbogen führte durch die Einrichtung. In der sogenannten Ökoanlage befinden sich kleinere Versuchsflächen, die als Vorbilder für Schulgärten und Schulhöfe dienen: Hier wird Sukzession nachvollziehbar gemacht – sei es auf schiefen Ebenen oder auf Probeflächen mit unterschiedlichen Substraten. Apotheker- und Duftgarten sowie das Probieren von ausgefallenen Gewürzpflanzen stießen auf besonderes Interesse. Krönender Abschluss des Tages waren die botanische Fruchtuntersuchung und die Verkostung von rund 20 verschiedenen Tomatensorten.

[IUP – Landschaftsplanung und Naturschutz]

VEGETATIONSKUNDLICHE TAGESWANDERUNG DURCH DEN NÖRDLICHEN ITH 16 Studierende erkundeten am 4. Juni 2021 von Coppenbrügge aus den Ith, einen schmalen Bergzug im Weser-Leine-Bergland. Vorbereitung und Durchführung lagen bei Dr. Roswitha Kirsch-Stracke und M.Sc.-Student Julian Gick. Die Studierenden konnten ihre Pflanzenkenntnisse auffrischen, Vegetationstypen kennenlernen und die Ausblicke vom Ithkamm genießen. Darüber hinaus wurde das frühe Naturschutzengagement von Ernst und Elisabeth Rudorff thematisiert, die zeitweilig in Lauenstein lebten. Alle Teilnehmenden waren froh, wieder einmal gemeinsam Landschaft „in echt" zu erleben.

[IUP – Landschaftsplanung und Naturschutz]

STADT- UND REGIONALENTWICKLUNG IN WIEN UND UMGEBUNG Wien ist eine Benchmark für Stadtentwicklung und Wohnungspolitik in Europa. Dieses Erfolgsmodell wurde im Rahmen einer sechstägigen Exkursion im September 2021 in die österreichische Hauptstadt und deren Umgebung besichtigt. 19 Studierende lernten durch ein abwechslungsreiches Programm die Stadt- und Regionalentwicklung in Wien und Niederösterreich genauer kennen und wurden dabei von Prof. Rainer Danielzyk, Prof. Axel Priebs und Dr. Nora Mehnen begleitet. Vor Ort wurden in Gesprächen mit Vertretenden der Landes- und Stadtverwaltungen, der Zivilgesellschaft und der Wissenschaft viele Aspekte der Stadt- und Regionalentwicklung diskutiert.

[IUP – Raumordnung und Regionalentwicklung]

VENEDIG – HOW WILL WE LIVE TOGETHER Der Lehrstuhl Bau- und Stadtbaugeschichte führte in Kooperation mit den Hochschulen IUAV Venedig, TU Dortmund und TH Lübeck in der Zeit vom 5. bis 17. September 2021 eine internationale Sommerakademie durch. Das Thema der Sommerakademie lautete: „How will we live together? Die Palazzi am Canal

Grande und ihre Umnutzungsgeschichte". Basierend auf den Vorbereitungsseminaren im Sommersemester wurde in internationalen Teams die Bau- und Umnutzungsgeschichte ausgewählter Palazzi am Canal Grande untersucht. Neben der Analyse und Beurteilung historischer Umnutzungen wurden darüber hinaus für sechs derzeit ungenutzte beziehungsweise zum Verkauf stehende Palazzi Konzepte für neue Wohnnutzungen entwickelt.

[IGT – Bau- und Stadtgeschichte]   ▽

Sommerakademie Venedig: Gruppenbild

STUDIERENDE BAUEN SCHWIMMENDE INSELN IM MOOR Im Rahmen einer Exkursion und eines Wochenstegreifs haben elf Studierende im März 2022 unter Leitung von Amanda Grobe und Lotta Zoch schwimmende Inseln aus Schilf gebaut. Sie sollen auf einer wiedervernässten Abtorfungsfläche die natürliche Verlandung und Moorentwicklung fördern. Das Schilf für die Inseln wurde in Hannover-Badenstedt am Badeborntteich während der jährlich im Winter stattfindenden Röhrichtpflege geerntet – eine Win-win-Situation. Die Studierenden konnten sich außerdem über die ehrenamtlichen Pflegeeinsätze des BUND Hannover informieren. Die fertigen Inseln wurden auf Versuchsflächen des Forschungsprojekts „Insekten beleben Moore" im Naturschutzgebiet „Totes Moor" am Steinhuder Meer ausgebracht.

[IUP – Naturschutz und Landschaftsökologie]   ▷

FORSCHUNGSPROJEKTE

GASTKRITIKERINNEN FÜR FORSCHUNGSORIENTIERTE SEMINARE „Open Topic" ist ein Rechercheseminar zu Stadt und Territorium, mit dem der Forschungsbezug und Einsatz wissenschaftlich-künstlerischer Methodiken im Masterstudiengang Architektur und Städtebau gefördert werden. Im WiSe 2021/22 unterstützte Prof. Manuela Mattone (Politecnico di Torino) das Seminar als Reviewerin mit inspirierendem Input. Im Rahmen des Forschungsseminars „Medways – Circular Territories" im SoSe 2021 gab es Vorträge und Gastkritik von Dr. Ioanna Katapidi (Ironbridge International Institute of Cultural Heritage, University of Birmingham) und Manuela Catania (Hong Kong University of Science and Technology).

[IES – Regionales Bauen und Siedlungsplanung]

STADTUNTERBAU – URBAN BASE, KATALYSATOR DER NACHHALTIGEN, NUTZUNGSGEMISCHTEN BZW. NUTZUNGSOFFENEN STADT Die allgemein anerkannte Zielsetzung nutzungsgemischter Quartiere scheitert oft in der Umsetzung. Insbesondere das Potenzial der unteren Geschosse bleibt meist ungenutzt. Hier setzt das von Prof. Andreas Quednau geleitete Forschungsprojekt „Stadtunterbau – Urban Base, Katalysator der nachhaltigen, nutzungsgemischten bzw. nutzungsoffenen und wandlungsfähigen Stadt" an, das im Rahmen des Programms „Zukunft Bau" vom Bundesministerium für Wohnen, Stadtentwick-

lung und Bauwesen gefördert und in Kooperation mit der Oslo School of Architecture and Design und BARarchitekten durchgeführt wird. Untersucht werden Modellprojekte in Europa mit innovativen Lösungen für die unteren Geschosse.

[IES – Städtebauliches Entwerfen]

FORSCHUNGSTOOL FILM BEI DEN KONFERENZEN „CA2RE" UND „CITY, PUBLIC SPACE & BODY" Das Potenzial des Mediums Film für die Gestaltung und Vermittlung räumlicher Situationen und das intuitive Arbeiten im Entwurf ist noch nicht ausgeschöpft. Nach Walter Benjamin besteht seine revolutionäre Funktion darin, Kunst und Wissenschaft miteinander zu verbinden und einem breiteren Publikum zugänglich zu machen (1935). Im Rahmen des Dissertationsvorhabens „Design Modes in Cooperative Architecture" untersucht Riccarda Cappeller Film als Forschungstool, um die Kapazitäten von Raum und die Rolle der Gestaltenden in drei Fallstudien zu erfassen. Erste Versuche wurden auf der Konferenz des Ca2RE-Netzwerks in Ljubljana und dem Online-Symposium „City, Public Space & Body" der Goldsmith Universität diskutiert.

[IES – Regionales Bauen und Siedlungsplanung]   ▽

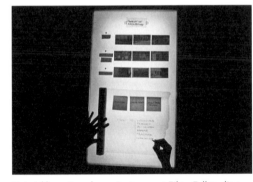

Entwicklung Forschungsinstrument Film. Fallstudien Exrotaprint, Granby for Streets, Can Batlló
(Bild: Riccarda Cappeller)

INNOVATIONSLABOR „H2-WEGWEISER NIEDERSACHSEN" Wie kann ein wasserstoffbasiertes Energiesystem der Zukunft in Niedersachsen konkret gestaltet werden, welche technischen Varianten sind vorteilhaft und welchen Einfluss haben rechtliche, ökologische und ökonomische Aspekte? Dies untersucht das IUP im Rahmen des „H2-Wegweisers Niedersachsen" mit weiteren Teilnehmenden aus der Praxis. Umweltauswirkungen und ökologische Bewertungen stehen dabei im Fokus. Das Projekt läuft von 2021 bis 2024, beteiligt sind Ole Badelt und Prof. Dr. Christina von Haaren. Weitere beteiligte Institute sind das Institut für Elektrische Energiesysteme (IfES-EES) der LUH, Institute der Technischen Universität Clausthal sowie das ISFH (Institut für Solarenergieforschung GmbH).

[IUP – Landschaftsplanung und Naturschutz]

FORSCHUNGSAUFENTHALT IUAV VENEDIG Federica Scaffidi erhielt eine Förderung der University IUAV in Venedig für einen Forschungsaufenthalt im März 2022. Thema ihrer Forschung sind hybride Orte der sozialen Selbstorganisation, ihre unternehmerischen Modelle und Auswirkungen auf das Territorium sollen analysiert und verglichen werden. Städte und Regionen haben oft unentdeckte Ressourcen, die vernachlässigt bzw. zu wenig genutzt werden. Heutzutage scheint sich dieser Trend durch Beispiele der sozialen Selbstorganisation umzukehren. Ressourcen werden regeneriert und es entstehen Zentren der Kreativität und Innovation, auch mit neuen Unternehmensmodellen, die sozialen Nutzen, neue Wirtschaftszweige, kulturelle Aktivitäten und räumliche Innovation miteinander verbinden.

[IES – Regionales Bauen und Siedlungsplanung] ▽

SINOPES – INNOVATION IN GOVERNANCE OF ECOSYSTEM SERVICES Ziel des Projekts ist die Entwicklung eines koordinierten, effizienten und nachhaltigen Management- und Finanzierungsmechanismus für Ökosystemleistungen (ÖSL) unter Berücksichtigung der Kontexte in Deutschland und China. Das Projekt untersucht innovative, vertragsbasierte (zum Beispiel ergebnisbasierte, kooperative) und digital gesteuerte Ansätze zur Förderung von ÖSL. Dabei steht der Austausch in Workshops und gegenseitigen Forschungsbesuchen im Fokus. Das Projekt unter Leitung von Prof. Dr. Bettina Matzdorf und Prof. Dr. Christina von Haaren läuft bis 2023 und wird gefördert durch das Mobilitätsprogramm des Deutsch-Chinesischen Zentrums für Forschungsförderung mit Unterstützung von DFG und NSFC.

[IUP – Landschaftsplanung und Naturschutz]

ZUKUNFTSDISKURSE: GESELLSCHAFTLICHER ZUSAMMENHALT – ÜBER UTOPIEN REDEN Eine Gesellschaft, die Menschen zusammenbringt sowie Ungerechtigkeiten und Ungleichheiten überwindet, ist die Vision vieler engagierter Menschen in Hannover. Das im Rahmen des MWK-Förderprogramms „Zukunftsdiskurse" geförderte Projekt widmete sich von 2020 bis 2021 der Vernetzung von Akteurinnen und Akteuren und eröffnete einen Diskursraum zwischen Zivilgesellschaft und Wissenschaft. In Workshops wurden wissenschaftliche Methoden mit praktischen Inhalten verknüpft. Leitung und Bearbeitung lagen bei Dr. Daniela Kempa vom IUP und Dominika Vogs vom Wissenschaftsladen Hannover e. V. in Kooperation mit dem Leibniz Forschungszentrum TRUST und dem Forschungsinstitut Gesellschaftlicher Zusammenhalt.

[IUP – Landschaftsplanung und Naturschutz]

STÄDTE WAGEN WILDNIS – VIELFALT ERLEBEN In den drei Modellstädten Dessau-Roßlau, Frankfurt am Main und Hannover wurden von 2016 bis 2021 anhand beispielhafter Entwicklungs- und Kommunikationsmaßnahmen neue Prinzipien für einen wildnisorientierten Umgang mit bisher konventionell gepflegten städtischen Grünflächen entwickelt. Am IUP begleiteten Christoffer Zoch, Frauke Lehrke und Dominique

Breier die wildnisorientierte Flächenentwicklung wissenschaftlich durch eine ökologische und sozialwissenschaftliche Evaluierung unter Leitung von Prof. Dr. Michael Reich, Dr. Stefan Rüter und Carmen Rethschulte. Projektbeteiligte waren außerdem Bio-Frankfurt e. V., die Senckenberg Gesellschaft für Naturforschung und die Hochschule Anhalt Köthen.

[IUP – Naturschutz und Landschaftsökologie] ▽

PUBLIKATIONEN

Schröder, Jörg/Carta, Maurizio/Scaffidi, Federica/Contato, Annalisa (Hg.): **COSMOPOLITAN HABITAT.** Berlin, 2021.

Cosmopolitan Habitat ist eine Forschungsagenda für urbane Resilienz: Städte können als globale Avantgarde verstanden werden, um sich den Herausforderungen des Klimawandels, der Migration und der sozialen Fragmentierung zu stellen. Im Rahmen des Green Deal befördert Europa Ideen und Innovationen für einen grundlegenden Wandel sowie langfristige Strategien, um die Ziele Resilienz und Nachhaltigkeit zu erreichen. Anhand von Ideen für europäische Städte und

Forschungsessays diskutiert der Band konzeptionelle Modelle, urbane Strategien und räumliche Praktiken der Offenen Stadt, zwischen Städtebau, Architektur, anderen Künsten und Wissenschaften, Kultur, Wirtschaft und Politik.

[IES – Regionales Bauen und Siedlungsplanung]   ▽

werden Räume sein, die neue Lebensqualität und Inklusivität bieten. Was sind die spezifischen Herausforderungen und positiven Trends, die bereits bestehenden Initiativen und vielversprechenden Perspektiven für Orte?

[IES – Regionales Bauen und Siedlungsplanung]   ▽

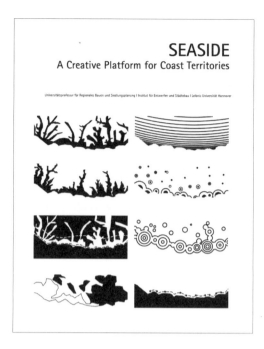

Albert, Christian / Galler, Carolin / von Haaren, Christina (Hg.): **LANDSCHAFTSPLANUNG.** 2. Auflage. Stuttgart, 2022.

Vor 18 Jahren gab Prof. Dr. Christina von Haaren das Lehrbuch *Landschaftsplanung* heraus. Beteiligt waren vor allem Mitarbeitende des Instituts für Landschaftspflege und Naturschutz der LUH. Die Landschaftsplanung in Deutschland hat sich seitdem weiterentwickelt: Neue Ziele, Aufgaben und Methoden, etwa zum Klimaschutz und zu erneuerbaren Energien, sind zu den klassischen hinzugekommen, die Internationalisierung ist vorangeschritten. Die zweite Auflage des Lehr- und Arbeitsbuchs für Studium und Praxis bietet eine grundlegende theoretische Einordnung der Landschaftsplanung mit Basismethoden zur Erfassung und Bewertung von Landschaftsfunktionen.

[IUP – Landschaftsplanung und Naturschutz]

Schröder, Jörg / Cappeller, Riccarda (Hg.): **NEW BAUHAUS CITY – PLACES OUTSIDE OF METROPOLIS.** Hannover, 2021.

New Bauhaus City bezieht sich auf die Initiative „New European Bauhaus", die darauf abzielt, kreative Maßnahmen zur Umgestaltung der bebauten Umwelt zu fördern, um Klimaneutralität zu erreichen. Die Zielsetzung der Stadtentwicklung ist in diesem Zusammenhang auf zwei entscheidende Punkte ausgerichtet: Städte werden Orte sein, an denen verschiedene sektorale Veränderungen zusammenspielen müssen, z. B. grünes Bauen, nachhaltige Mobilität, Kreislaufwirtschaft, Nutzung erneuerbarer Ressourcen; und Städte

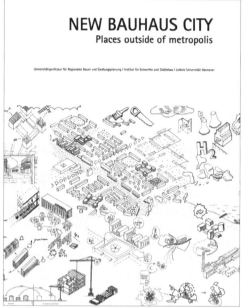

Schröder, Jörg / Diesch, Alissa (Hg.): **SEASIDE – A CREATIVE PLATFORM FOR COAST TERRITORIES.** Hannover, 2022.

Die Hälfte der Menschen in Europa lebt in der Nähe des Meeres, und sofort haben wir Städte am Meer wie Barcelona oder Kopenhagen vor Augen. *Seaside* sucht Orte abseits der Metropolen angesichts des steigenden Meeresspiegels und der klimatischen, sozialen und wirtschaftlichen Veränderungen als neue Hotspots zur Resilienzstärkung. Ziel ist es, Räume an der Schnittstelle zwischen Meer und Land mit hohen architektonischen und urbanen Qualitäten zu finden und diese zu entwickeln. Als Gestaltende können wir so zu lebendigen und dynamischen Orten in peripheren und marginalisierten Gebieten beitragen.

[IES – Regionales Bauen und Siedlungsplanung]   ▷

Diesch, Alissa (Hg.): **ATLAS UNCOVERING TERRITORIES IN BOGOTÁ.** Hannover, 2022.

Die Karten und Aufsätze in diesem Atlas bieten einen neuen Blick auf die Stadterweiterung von Bogotá und den Prozess der Metropolisierung der Sabana de Bogotá. Die kartografischen Ergebnisse zweier Doktorarbeiten in dem Band konzentrieren sich auf die räumlich-morphologische Transformation von Bogotá und dem Gebiet der Sabana (Arturo Calderón Esteban) sowie auf die sechs ehemaligen Dörfer Usme, Bosa, Fontibón, Engativá, Suba und Usaquén (Alissa Diesch). Das Verständnis und die Darstellung der Sabana de Bogotá als historisch gewachsenes, zusammenhängendes Territorium ermöglichen neue und kreative Visionen für die Region.

Open access: http://doi.org/10.15488/11902

[IES – Regionales Bauen und Siedlungsplanung]   ▽

Beckebanze, Lennart / Kapitola, Ina-Marie / Streletzki, Julia / Hölscher, Hannes (Hg.): **INNENSTADT IN TRANSFORMATION.** Berlin, 2022, 60 Seiten.
Die Innenstädte verändern sich nicht erst seit der Coronapandemie, auch der Klimawandel erfordert weit(er)reichende Veränderungen. Im Rahmen der Entwurfsprojekte „City Ring Update" (Prof. Andreas Quednau), „After the City" (Prof. Tim Rieniets) und „Hannover Totale" (Prof. Hilde Léon) wurden bereits stattfindende und zukünftig notwendige Veränderungen zum Ausgangspunkt für die Entwicklung von unterschiedlichen Szenarien für Hannovers Innenstadt genommen. Ergänzt durch Interviews und Essays sind

die Ergebnisse unter dem Titel „Innenstadt in Transformation – Zukunftsszenarien für das Stadtzentrum von Hannover" erschienen.

[IES – Städtebauliches Entwerfen]   ▽

Gick, Julian: **QUALITÄTEN LÄNDLICHER RÄUME. BINDEFAKTOREN IN DER MIGRATIONSENTSCHEIDUNG JUNGER FAMILIEN.** IUP-Arbeitsmaterialien Band 65. Hannover, 2021, 132 Seiten.
Junge Familien leisten einen Beitrag zur zukunftsfesten Entwicklung ländlicher Räume. Doch nach welchen Kriterien sie sich für ihren Wohnort entscheiden, ist noch weitgehend unerforscht. Methodisch wurde dem mit episodischen Interviews und einer Online-Befragung in zwei Gemeinden in der Mittelgebirgsregion Rhön sowie Experteninterviews zur planerischen Einordnung begegnet. Zentrale Erkenntnisse sind, dass soziale und landschaftliche Aspekte eine hohe Bindewirkung für junge Familien haben: Ländliche Räu-

me bieten die Nähe zur Natur und ermöglichen eine ausgewogene Work-Life-Balance, neue Wohnformen und multifunktionale Dorfkerne tragen wiederum zur Zukunftsfähigkeit und einem neuen positiven Image ländlicher Räume bei.

[IUP – Landschaftsplanung und Naturschutz]   ▽

Heins, Charleen: **BÜRGERSCHAFTLICHE DORFLÄDEN ALS BEITRAG ZUR DASEINSVORSORGE IN DER REGION HANNOVER. ABLEITUNG VON HANDLUNGSVORSCHLÄGEN AUS BEGÜNSTIGENDEN UND ERSCHWERENDEN FAKTOREN DER GRÜNDUNG UND DES BETRIEBES.** IUP-Arbeitsmaterialien Band 64. Hannover, 2021, 123 Seiten und Anhang.
Bürgerschaftliche Dorfläden sichern vielerorts die Versorgung mit Lebensmitteln und sind gleichzeitig wichtige soziale Treffpunkte. Dennoch gibt es kaum Untersuchungen, die die notwendigen Rahmenbedingungen von Gründung und Betrieb analysieren. Anhand von semistrukturierten Leitfadeninterviews mit bürgerschaftlichen Akteurinnen und Akteuren in der Region Hannover und einer qualitativen Inhaltsanalyse konnte beispielsweise herausgearbeitet werden, dass Dorfladeninitiativen große Unterstützung durch Ehrenamtliche und die Bevölkerung erfahren. Die Fördermittelakquise kann jedoch ein Hindernis sein. Abschließend wurden konkrete Handlungsvorschläge

erarbeitet, wie etwa die Bildung regionaler Dorfladen-Erzeuger-Netzwerke.

[IUP – Landschaftsplanung und Naturschutz] ▽

64

Arbeitsmaterialien

Herausgeber: Institut für Umweltplanung

Bürgerschaftliche Dorfläden als Beitrag zur Daseinsvorsorge in der Region Hannover
Ableitung von Handlungsvorschlägen aus begünstigenden und erschwerenden Faktoren der Gründung und des Betriebes.

Charleen Heins

Institut für Umweltplanung

Leibniz Universität Hannover

SYMPOSIEN UND WORKSHOPS

CIRCULAR TERRITORIES Die Konferenz „Circular Territories" am 5. Juli 2021 wurde organisiert von Jörg Schröder und Federica Scaffidi und versprach Austausch und Diskussion zwischen Fachleuten, unternehmerisch Tätigen, Aktivistinnen und Aktivisten sowie Forschenden zum Thema Kreisläufe und räumliche Entwicklung. Gäste aus Europa sowie aus Australien, Hongkong, Bangladesch, Neuseeland und Mexiko stellten innovative Beispiele für Initiativen, Programme und politische Agenden vor. „Circular Territories" wurde in Zusammenarbeit mit dem Verein INCUNA im Rahmen des Forschungsprojekts „Medways" der Italienischen Forschungsakademie Accademia dei Lincei organisiert.

[IES – Regionales Bauen und Siedlungsplanung]

RURAL COMMONS Die Konferenz „Rural commons and heritage regeneration" am 4. Juni 2021 in Terragnolo/Trentino war Teil des internationalen Festivals „Rural Commons". Unter den zahlreichen Vorträgen, Untersuchungen und Diskussionen zu *commoning practices* für die Entwicklung ländlicher Räume mit besonderem Bezug zum Kulturerbe waren auch vier Beiträge der Leibniz Universität Hannover: Jörg Schröder (Dynamics of Periphery: creativity for new habitats), Riccarda Cappeller (Agencies, initiatives, and networks provoking a cultural regeneration in the periphery), Alissa Diesch (Commoning, the village and the megacity), Federica Scaffidi (Rural commons as a reservoir of creativity and resilience).

[IES – Regionales Bauen und Siedlungsplanung]

CIRCULAR TERRITORIES BEI DER ARCHITEKTUR-BIENNALE Für den Workshop „Circular Territories" bei der 17. Architekturausstellung der La Biennale di Venezia am 24. Oktober 2021 kooperierte die Abteilung Regionales Bauen und Siedlungsplanung (LUH) mit der Università Politecnica delle Marche (UnivPM) in Ancona, im Rahmen des Programms „Biennale Sessions". Für den Workshop erarbeiteten Studierende beider Universitäten gemeinsam Videos zum Thema „Circular Scenes", neue Bücher zu Forschungsprojekten wurden vorgestellt und der internationale Austausch zu dem neuen Thema „Circular Territories" wurde gestärkt. Der Workshop wurde kuratiert von Jörg Schröder (LUH), Maddalena Ferretti (UnivPM) und Riccarda Cappeller (LUH).

[IES – Regionales Bauen und Siedlungsplanung]

EIN NEUES KULTUR- UND BILDUNGSZENTRUM IN RINTELN – STUDIERENDE PRÄSENTIEREN IDEEN BEI DER „NACHT, DIE WISSEN SCHAFFT" In Rinteln soll im Zuge der Um-, Neu- und Nachnutzung eines historischen Schulgebäudes sowie eines Stadtplatzes, genauer dem Kollegiengebäude und dem Kollegienplatz, ein Kultur- und Bildungszentrum entstehen. Eine Projektgruppe des Studiengangs Landschaftsarchitektur und Umweltplanung hatte sich zunächst analytisch mit der Thematik befasst, um anschließend mit den Nachnutzenden des Kollegiengebäudes gemeinsam Ideen zu entwickeln, die das neue Kultur- und Bildungszentrum lebhaft gestalten können. Im Rahmen der „Nacht, die Wissen schafft" präsentierten die Studierenden am 4. November 2021 ihre Ideen in einer Online-Veranstaltung. Betreuer des Projekts war Dr. Christoph Sommer.

[IUP – Raumordnung und Regionalentwicklung]

„VISION:EN 2040" – ERFOLGREICHER PRE-TEST DES NEUEN BETEILIGUNGSTOOLS FÜR EINEN LOKALEN ENERGIEWENDEDIALOG Seit September 2020 wird im Rahmen des Projekts „Lokaler Energiewendedialog" ein digitales Tool zur Beteiligung von Bürgerinnen und Bürgern am Energiewendeprozess entwickelt. Während eines Tagesstegreifs am 24. Juni 2021 wurde die erste Version der Anwendung und der Hardware von 17 Studierenden auf Herz und Nieren geprüft. Dr. Julia Thiele und Dr. Julia Wiehe freuten sich mit ihren Kolleginnen und Kollegen von der Klimaschutzagentur Region Hannover und der IP SYSCON GmbH über die lebhaften Diskussionen. Die hilfreichen Rückmeldungen fließen nun in die Weiterentwicklung von „Vision:En 2040" und das dazugehörige Veranstaltungskonzept ein.

[IUP – Landschaftsplanung und Naturschutz]

WORKSHOP ZU INSEKTEN UND HOCHMOORRE-NATURIERUNG Im Rahmen eines gemeinsamen Verbundprojekts mit der Region Hannover wurde am 25. März 2022 ein Online-Workshop zum Thema „Insekten & Hochmoorrenaturierung" veranstaltet. Zu Beginn des Workshops stellten Amanda Grobe und Lotta Zoch aktuelle Maßnahmen aus dem Projekt

„Insekten beleben Moore" vor. Fünf Gastvortragende gaben vertiefende Einblicke in verschiedene Insektengruppen der Hochmoore, wie zum Beispiel Ameisen, Stechimmen, Libellen, Laufkäfer. Im Anschluss diskutierten die rund 30 beteiligten Fachkundigen über Maßnahmen zur Verbesserung von Insektenlebensräumen auf abgetorften Hochmoorflächen. Die so gesammelten Ideen fließen in die Maßnahmenplanung und -umsetzung des Projekts ein.
[IUP – Naturschutz und Landschaftsökologie]

BARCELONA ARCHITECTURE WEEK Im Rahmen der Session „Cosmopolitan Habitat" bei der Barcelona Architecture Week 2021, organisiert am 10. Mai 2021 von Jörg Schröder, wurde das neue Buch *Cosmopolitan Habitat* vorgestellt. Diskutiert wurde unter anderem, wie Städte als Laboratorien für offene Gemeinschaften Strategien zur Verbesserung der Lebensqualität, der Integration und der wirtschaftlichen Innovation entwickeln und austesten können. Beiträge zur Session kamen von Carles Llop (UPC-ETSAV), Josep Bohigas (Barcelona Regional and ETSAB) und Chiara Farinea (IAAC) sowie von Germán Guillen-Espallargas (ETSAV), Riccarda Cappeller (LUH) und zwei Masterstudierenden der LUH, Lucie Paulina Bock und Michel Grändorf; die Moderation übernahm Alissa Diesch (LUH).
[IES – Regionales Bauen und Siedlungsplanung]   ▽

CLUSTER EVENT EUROPEAN GREEN DEAL Das MSCA Cluster Event on the European Green Deal am 6. und 7. Juli 2021, organisiert von der Europäischen Kommission, wurde von Prof. Jörg Schröder mit einem Beitrag zu „Creative Food Cycles" unterstützt, das als Innovationsprojekt im Rahmen des Creative Europe Programme gefördert wird. Das Ziel dabei ist es, kreative Forschung in Architektur und Städtebau stärker in die Forschungsprogramme der EU miteinzubeziehen.
[IES – Regionales Bauen und Siedlungsplanung]

STERNE ÜBER FULDA DIGITAL Die eintägige Online-Veranstaltung, vorbereitet von Dr. Roswitha Kirsch-Stracke und M.Sc.-Student Julian Gick, befasste sich am 5. Mai 2021 mit dem Thema Lichtverschmutzung und ihren Auswirkungen auf menschliche Gesundheit, Tierwelt und Bäume in der Stadt. Die Sternenstadt Fulda und der Sternenpark Rhön wurden dazu digital von 20 Studierenden besucht. Sabine Frank vom Landkreis Fulda zeigte Beispiele zur Reduzierung der Lichtimmission, thematisierte rechtliche Grundlagen und stellte umfassendes Informationsmaterial zur Verfügung. Am Nachmittag präsentierte Charis Wuthenow vom Umweltzentrum Fulda erste Ergebnisse des Forschungsprojekts „Artenschutz durch umweltverträgliche Beleuchtung (AuBe)".
[IUP – Landschaftsplanung und Naturschutz]

IRENES JOB-SHADOWING – VISION:EN 2040 FÜR EUROPA Im Projekt „IRENES" ist das Job-Shadowing der Praxispartnerinnen und -partner Teil des europäischen Austauschs. Am 16. November 2021 fand ein Online-Workshop statt, bei dem der wissenschaftliche Hintergrund, die technische Umsetzung und die Einsatzmöglichkeiten des Dialogtools „Vision:En 2040" vorgestellt wurden. Die digitale Anwendung soll den Dialog über einen mensch- und naturverträglichen Ausbau erneuerbarer Energien in Kommunen fördern und die Akzeptanz des Prozesses damit unterstützen. Friederike Stelter (Klimaschutzagentur Region Hannover) und Dr. Julia Wiehe (IUP) gaben eine kurze Einführung, bevor das webbasierte Tool dann über die Freigabe der Bildschirmsteuerung von den Teilnehmenden angewendet werden konnte.
[IUP – Landschaftsplanung und Naturschutz]

DREI ARBEITSEINSÄTZE IM THERAPIEGARTEN „GRÜNE STUNDE" Bereits im fünften Jahr unterstützen Studierende gemeinsam mit Dr. Roswitha Kirsch-Stracke den Verein „Grüne Stunde e.V." bei der Pflege seines Therapiegartens in Mellendorf. Im Gegenzug zeigt Gartentherapeutin Corinna Cieslik-Bischof, wie sie Menschen mit Demenz zum praktischen Tun anregt. Nachdem in der ersten Maiwoche jeweils Zweier-Teams im Therapiegarten gearbeitet hatten, konnten am 2. Juli 2021 wieder 14 Studierende den Garten gemeinsam besuchen. Zur Freude am praktischen Tun kam der Lerneffekt: Wissen über Zier- und Nutzpflanzen und die Artenkenntnis der Wildkräuter wurden aufgefrischt. Vor allem aber wurde vermittelt, wie ein Garten gestaltet und gepflegt werden muss, der therapeutischen Zwecken dient.
[IUP – Landschaftsplanung und Naturschutz]   ▽

EUROPEAN RESEARCH AND INNOVATION DAYS IN ASEAN 2021 Im Rahmen der vom MSCA-Programm der Europäischen Union veranstalteten Forschungs- und Innovationstage mit Fokus auf Asien, organisiert von EURAXESS Researchers in Motion, hielt Prof. Jörg Schröder am 16. November 2021 einen Beitrag zu dem Innovationsprojekt „Creative Food Cycles", das im Rahmen des Creative Europe Programme gefördert wird.
[IES – Regionales Bauen und Siedlungsplanung]

IMPRESSUM

HERAUSGEBERIN
Fakultät für Architektur und Landschaft,
Leibniz Universität Hannover
www.archland.uni-hannover.de

REDAKTION
Prof. Dr. Margitta Buchert
Christian Eickelberg
Valerie Hoberg
Kristin Korf
David Kreis
Morgane Martin-Alonzo
Katharina Niemann
Christoph Sander
Maleen Schrader
Lisa Seiler
Bignia Wehrli
Johannes Wolff

REDAKTIONSLEITUNG
Dr. Jens Broszeit
Sabine Junige

GESTALTUNGSKONZEPT, LAYOUT UND SATZ
Bucharchitektur\Kathrin Schmuck

LEKTORAT DEUTSCH Julia Blankenstein
LEKTORAT ENGLISCH Bianca Murphy
LITHOGRAFIE Bild1Druck, Berlin
Gedruckt in der Europäischen Union
SCHRIFT FF Scala Pro und FF Scala Sans Pro
PAPIER Munken Polar Rough, 120 g/qm
EINBAND Invercote, 260 g/qm

**BIBLIOGRAFISCHE INFORMATION DER
DEUTSCHEN NATIONALBIBLIOTHEK**
Die Deutsche Nationalbibliothek verzeichnet diese
Publikation in der Deutschen Nationalbibliografie;
detaillierte bibliografische Daten sind im Internet
über www.dnb.d-nb.de abrufbar.

jovis Verlag GmbH
Lützowstraße 33
10785 Berlin

jovis-Bücher sind weltweit im ausgewählten
Buchhandel erhältlich. Informationen zu unserem
internationalen Vertrieb erhalten Sie von Ihrem
Buchhändler oder unter www.jovis.de

ISBN 978-3-86859-764-6

Für die finanzielle Unterstützung bedanken wir uns beim Dekanat der Fakultät für Architektur und Landschaft und
beim Spar- und Bauverein Hannover sowie bei den Freunden der Architektur an der Leibniz Universität Hannover e.V.